SIEGBURGER STUDIEN

XXIII

RESPUBLICA-VERLAG SIEGBURG

P. MAURITIUS MITTLER OSB

BETRACHTUNGEN STUDIEN UND UNTERSUCHUNGEN ZUM SIEGBURGER KIRCHENSCHATZ

1991

RESPUBLICA-VERLAG SIEGBURG

Die Deutsche Bibliothek – CIP-Einheitsaufnahme

Mittler, Mauritius:
Betrachtungen, Studien und Untersuchungen zum Siegburger Kirchenschatz / P. Mauritius Mittler. – Siegburg: Respublica-Verl., 1991
(Siegburger Studien; 23)
ISBN 3-87710-149-6
NE: GT

Gedruckt mit Unterstützung des Landschaftsverbandes Rheinland, des Rhein-Sieg-Kreises und der Stadt Siegburg

Druck: Franz Schmitt, Siegburg
ISBN 3-87710-149-6

ANTONIO LEGNER ET
ANTONIO VON EUW ET
JOACHIM PLOTZECK
TRIUMVIRIS
MUSEUM ARTIS
CHRISTIANAE MEDIAEVAE
COLONIENSIS
PER PLURES ANNOS
DIRIGENTIBUS
ATQUE
THESAURUM ECCLESIASTICUM
SIGEBERGENSEM
CUSTODIENTIBUS
DEDICATUS

INHALTSVERZEICHNIS

VORWORT

In diesem Band „Siegburger Studien“ werden sechs Abhandlungen geboten, die nur eines gemeinsam haben, nämlich den Siegburger Kirchenschatz. Ansonsten sind sie sowohl von der Fragestellung wie auch von der Gewichtigkeit und vom Umfang her voneinander ziemlich verschieden. Zum einen wird versucht, den ursprünglichen Zustand einiger Reliquiare festzustellen. In anderen Beiträgen wird nach dem Sinn des Dargestellten gefragt. Das hängt damit zusammen, daß offensichtlich einige Stücke des Schatzes bei den verschiedenen Restaurierungen Veränderungen erfuhren, andere wiederum nach der Säkularisation durch Abnahme aller Silberteile starke Verluste erlitten. Ersteres gilt für die beiden Tragaltäre des Schatzes; nicht für die Deckplatte, sondern die Anordnung der Propheten an den Wänden. Das Zweite ist für den Mauritiusschrein leider zu sagen. Und beides gilt für den Annoschrein, an dem Verluste und Veränderungen feststellbar sind.

Der Anlaß, sich näher mit dem Schatz bzw. einzelnen Reliquiaren zu beschäftigen, war einerseits die längere Auslagerung ins Kölner Schnütgen-Museum, bedingt durch den Neubau der Schatzkammer an St. Servatius zu Siegburg, andererseits Arbeiten im Pfarrarchiv von St. Servatius, wo sich ja die meisten Dokumente befinden, die uns über das Schicksal des Schatzes während des vorigen Jahrhunderts Auskunft geben.

Die dortigen Dokumente wiesen weiter rückwärts auf Zeugnisse des 18. und 17. Jahrhunderts. Da war es denn das kleine Andachtsbüchlein des Raimundus Sebastiani von 1750, das den Blick vor allem auf den Mauritiusschrein lenkte. So wurde denn als erster Beitrag der Artikel III begonnen, der sich eben mit der ursprünglichen Ausstattung dieses Schreins beschäftigt. Diese Arbeit über den Mauritius- und Innozentiusschrein – so der volle Name – wurde zur Begutachtung Herrn Dr. Plotzeck vorgelegt, der damals noch Mitarbeiter am Schnütgen-Museum war. Er ermutigte mich, zu weiterer Forschung an den Reliquiaren des Siegburger Schatzes. Daraus entstanden dann die anderen Abhandlungen, die versuchen, auch zu klären, was bisher offensichtlich noch rätselhaft geblieben war. Sicher ist es mir nicht gelungen, alle Rätsel zu lösen, weder die, die durch das Fehlen von Quellen sich ergeben, wie z. B. den Veränderungen am Annoschrein (II) oder der oben zitierten Untersuchung zum Mauritiusschrein (III), noch die anderen Rätsel, die die Darstellungen selbst enthalten, wie so einige Ungereimtheiten am Gregorius-Tragaltar (V) oder die Darstellungen am Andreasreliquiar (VI). Immerhin haben mich diese Rätsel angespornt, nach einer oder mehreren Lösungen zu suchen.

Suchen hängt nicht nur sprachlich mit Untersuchung zusammen. Letztlich muß es um die Suche nach der Wahrheit gehen. So sind die Titel Untersuchungen und Studien zu verstehen. Wobei das zweite Wort ja den Titel der ganzen Reihe aufnimmt.

Was haben aber in diesen wissenschaftlich bestimmten Begriffen die Betrachtungen verloren? Man könnte an dem Wort Anstoß nehmen, da es offensichtlich doch der Wissenschaftlichkeit entbehrt. Dennoch möchte ich nicht darauf verzichten. Dies aus folgenden Gründen: Das, was untersucht wird, Reliquienbehälter, Andachtsgegenstände, entstanden aus einer Betrachtung der Kirche, des Glaubens, der uns durch Christus geschenkten Heilswirklichkeit. Sodann schöpften die Mönche von St. Michael die Motive, die sie den Goldschmieden zur Darstellung auftrugen, aus dem täglichen Tun ihres monastischen Lebens. So soll in den Betrachtungen versucht werden, etwas von dem aufzuspüren, was sie dachten und empfanden. Dabei dürfte mir zu Hilfe kommen die über 40-jährige eigene Erfahrung als Mönch der Abtei. Vieles erfährt man eben im täglichen Tun, dem Gottesdienst, den Lesungen aus der Heiligen Schrift und der Väter. So viel, daß man kaum noch in der Lage ist, nach streng wissenschaftlichen Methoden zu sagen, wer was zu diesem oder jenem Thema gesagt hat.

So lassen sich sicher manche Überlegungen, die im folgenden geboten werden, nicht beweisen; aber, und das wird ja auch immer wieder betont, vielleicht können sie uns doch etwas von dem künden, das den Schrein oder den Tragaltar formte. So könnten denn auch die Schätze wieder etwas von ihrer ursprünglichen Funktion zurückbekommen, nämlich, uns das Reich Gottes zu künden!

Nach dieser Begründung des Begriffes „Betrachtung" gilt es vielfachen Dank auszusprechen. Zunächst sei mit diesen Beiträgen den drei Herren gedankt, die sich in besonderer Weise um den Schatz verdient gemacht haben: Prof. Dr. Anton Legner, dem früheren Direktor des Schnütgen-Museums und seinen beiden Mitarbeitern, Prof. Dr. Anton von Euw und Dr. Joachim Plotzek. Dieses Triumvirat hat fast 20 Jahre die

Geschicke des Museums bestimmt. Ihm verdanken wir auch die Ausstellung „Monumenta Annonis“, die 1975, dem 900. Todesjahr Annos, des Gründers der Abtei Siegburg und ersten Stifters des Siegburger Reliquienschatzes, stattfand. Auf dieser Ausstellung wurde der Siegburger Schatz im Rahmen des mittelalterlichen Weltbildes in der St. Cäcilien-Kirche zu Köln, der Heimat des Schnütgen-Museums, vollständig präsentiert. Teile des Schatzes wurden vorher auf der Ausstellung „Rhein und Maas“ (1972) und später in „Ornamenta Ecclesiae“ (1985) gezeigt. Vor allem aber waren sie bereit, dem Schatz während der Zeit des Neubaus der Siegburger Schatzkammer im Schnütgen-Museum ein Asyl zu bieten. Diese Zeit - Sommer 1986 - Februar 1991 - machte den Schatz einem größeren Publikum bekannt. Bei der Verabschiedung von Prof. Legner als Direktor des Schnütgen-Museums wurde spontan der Entschluß gefaßt, diesen Band der Siegburger Studien obigen Herren zu widmen. Das damals gemachte Versprechen sei hiermit eingelöst.
Dank sei auch denen gesagt, die durch Beratung, Hinweise und Übersetzungen zum Gelingen des Werkes beitrugen. Nennen darf ich an dieser Stelle: Frau Bettina Stenz, Siegburg, Herr Dr. Wolfgang Herborn, Bonn/Sankt-Augustin, Pfarrer Winfried Rameil, Siegburg, St. Anno, Herrn Dr. Hermann-Josef Roggendorf, Siegburg, und Herrn Otto Treptow, Lohmar-Wahlscheid. Trotz vielseitiger Belastungen überprüfte Abt Placidus, mein Bruder, den Text auf Fehler.
Herrn Dechant Schwickerath von St. Servatius, Siegburg, sei gedankt, daß er mir auch während meiner Dienstzeit im Pfarramt immer wieder die Zeit einräumte, an den Beiträgen zu arbeiten.
Es bedurfte großer finanzieller Mittel, diese Arbeiten zu veröffentlichen. Druckkostenzuschüsse gaben der Landschaftsverband Rheinland, der Rhein-Sieg-Kreis und die Stadt Siegburg, die sich glücklich schätzen darf, einen solch bedeutenden Kirchenschatz in ihren Mauern zu beherbergen.
Weitere Mittel steuerten bei die Kreissparkasse Siegburg, die Volksbank Siegburg und die Druckfarbenfabrik Siegwerk in Siegburg. Selbstverständlich ließ es sich Herr Walter Mundorf nicht nehmen seinen Obolus beizusteuern.
Ihnen allen sei hiermit herzlich gedankt.
Wie immer darf ich auch Dank sagen der Druckerei Franz Schmitt für die beratende und technische Mitarbeit bei der Gestaltung und der Herstellung dieses Bandes.

Siegburg, im August 1991 P. Mauritius Mittler OSB

ABGEKÜRZT ZITIERTE LITERATUR UND QUELLEN

AA SS = Acta Sanctorum, ed. Bollandus etc. (Antwerpen, Brüssel, Tongerloo), Paris 1643 ff, Venedig 1734 ff, Paris 1863 ff.

AHVNrh, = Annalen des hist. Vereins f. d. Niederrhein, Köln 1855 ff.

Braun = Josef B., Der christliche Altar, 2 Bde, München 1924.

Busch, Anno = Sanct Anno und seine vielliebe Statt, Beiträge z. 900-jährigen Jubiläum, Herausgeg. v. Gabriel Busch OSB, Siegburg 1975.

– Trost der Bilder, Siegburg 1981.

CP = Corpus Praefationum, ed. E. Moeller, CC SL 161, Turnhout 1980/81.

CC CM = Corpus Christianorum, Continuatio mediaevalis, Turnhout 1971 ff.

CC SL = Corpus Christianorum, series Latina, Turnhout 1953 ff.

Fahne = A. F., Geschichte d. Kölnischen, Jülichschen u. Bergischen Geschlechter, Neudruck d. Ausg. v. 1848, Osnabrück 1965.

Fuchs = A. F., Die ursprüngliche figürliche Ausstattung des Annoschreins in Siegburg, Kunstgabe d. Vereins f. christl. Kunst im Erzbistum Köln u. Bistum Aachen, 1938.

Grotefend = H. G., Zeitrechnung d. deutsch. Mittelalters u. d. Neuzeit, 2 Bde, Neudruck d. Ausg. Hannover 1892, Aalen 1970.

HBlS = Heimatblätter d. (Rhein-) Sieg-Kreises, Siegburg 1925 ff.

Heimatbuch Siegburg II = H. d. Stadt S., Herausgeg. v. Herm. Jos. Roggendorf, Bd. II, Siegburg 1967.

Heinekamp = R. H., Siegburgs Vergangenheit und Gegenwart, Siegburg 1897.

Hesbert = R.-J. H., Corpus Antiphonalium officii, Rom 1963 ff.

Janssen-Lohmann, Der Weltklerus in den Kölner Erzbistums-Protokollen, Köln 1935/36.

Kölner Domblatt, Jahrbuch d. Zentral Dombau-Vereins, Köln 1948 ff.

Lexikon d. Mittelalters, München 1980 ff.

LThK = Lexikon f. Theologie u. Kirche, Freiburg 1957 ff.

MG SS = Monumenta Germaniae Historica, Scriptores, Berlin-Hannover 1826 ff.

MA = Monumenta Annonis, Köln-Siegburg, Weltbild und Kunst im hohen Mittelalter, Ausstellungskatalog, Köln 1975.

Niederau = K. N., Siegburger Konventualen. Anmerkungen, Ergänzungen u. Berichtigungen zum Band „Siegburg“ der „Germania Sacra“, SS XI, S. 1 ff, Siegburg 1977.

Organ f. christl. Kunst, Köln 1850 ff.

OE = Ornamenta Ecclesiae, Kunst u. Künstler d. Romanik. Herausgeg. v. A. Legner, 3 Bde., Köln 1985, Ausstellungskatalog.

Parler=Die P. u. d. schöne Stil 1350–1400, Handbuch z. Ausstellung, 3. Bde., herausgeg. v. A. Legner, Köln 1978.

PAS=Pfarr-Archiv St. Servatius, Siegburg.

Peters=H. P., Der Siegburger Servatiusschatz, Bad Honnef 1952.

PL=Patrologia Latina, herausgeg. v. J. P. Migne, Paris 1878/90.

Reg=Regesten d. Erzbischöfe v. Köln I, bearb. v. Fr. W. Oediger, Publ. d. Ges. f. Rhein. Gesch.-Kunde XXI, Bonn 1954/61.

RM 2=Rhein und Maas, Berichte, Beiträge und Forschungen, Köln 1973.

Sebastiani=Siegbergisches Heiligthum Oder Außführlicher Bericht Von denen Im Hoch-Adlichen Stifft Siegberg Dees Heil. Benedictiner Ordens befindlichen H. H. Reliquien ... Von P. Raymundo Sebastiani Minoriten Ordens ... Cölln ... 1750.

Siegburger Lektionar=Das S. L., herausgeg, v. M. Mittler, SS XII, Siegburg 1979.

Siegburger Liturgie I=M. Mittler, Untersuchungen zur S. L. I, SS XIII, Siegburg 1981.

SS=Siegburger Studien, Siegburg 1960 ff.

Torsy, Namenstagskalender=J. T., Der große Namenstagskalender, Freiburg 1976[13].

– Quellen=J. T., Quellen z. kirchl. Gesch. Siegburgs im 16. u. 17. Jh.; Heimatbuch Siegburg II, S. 111 ff.

UBS I=Urkunden und Quellen z. Gesch. v. Stadt u. Abtei Siegburg, bearb. v. E. Wisplinghoff, herausgeg. v. d. Stadt Siegburg, 1. Bd. (948) 1065–1399, Siegburg 1964.

VA=Vita Annonis archiepiscopi Coloniensis, ed R. Koepke, MG SS XI, Hannover 1954, S. 462 ff.

VAm=Vita Annonis minor – Die jüngere Annovita, Lateinisch – Deutsch, Herausgeg. v. M. Mittler, SS X, Siegburg 1975.

Verbeek Annograb=A. V., Das A. in Siegburg, Miscellanea pro arte, Festschrift Herm. Schnitzler, Düsseldorf 1965, S. 119 ff.

Wetzer u. Welte, Kirchenlexikon, Freiburg 1882–1903.

Wisplinghoff=Das Erzbistum Köln, 2. Die Benediktinerabtei Siegburg, Germania Sacra N. F. 9, herausgeg. v. E. W., Berlin 1975.

Zehnder=G. Z., der Servatiusschatz, Heimatbuch Siegburg II, S, 383 ff.

I. DIE VERLUSTE DES SCHATZES SEIT 1608

1 a) Einleitung

Der ehemalige Schatz der Abtei Michaelsberg zu Siegburg befindet sich heute mit Ausnahme des Annoschreins in der Schatzkammer der Siegburger St. Servatiuskirche. Der Schatz hat im Laufe der Zeit vielfältige Verluste erlitten. Als 1632 die Schweden Siegburg besetzten, gelang es den Siegburger Mönchen, diese Pretiosen zusammen mit dem Abteiarchiv nach Köln zu schaffen[1]. Dort fand er Zuflucht im Siegburger Hof. Erst 1750 erfolgte die Rückführung nach Siegburg. Darüber schreibt Sebastiani im Vorwort des „Siegbergischen Heiligthums“: „... welche am 5ten Mertz anher gebracht und in der Capellen S. Joannis Nepomuceni abgesetzet, folgenden Tags aber in Feyrlicher Procession zu hochgemeldtem Gottes-Hauß getragen worden, wo dan nebst denenselben alles übrige Heiligthum 3 Wochen außgesetzet, von mehr als 15 zahlreichen Processionen wehrender Zeit besuchet, auch von Sr Churfürstlichen Durchl. Unsrem Hochwürdigsten Ertz-Bischoffen Clemens August am 21. Mertz in höchster Person verehret, demnächst in eine hiezu bereitete und kostbar außgezierte Capell im untren Theil der Kirchen mit höchster Solemnität übersetzet worden“.

Doch bereits vor dem 30jährigen Krieg dürften Teile des Schatzes zu Schaden gekommen sein, denn in dem 1608 von dem Siegburger Stadtschreiber Gulich angelegten Inventar der Abteikirche[2] wird eine Holzbüchse[3] aufgeführt, die etliche Silberstücke und Edelsteine enthält, die von den Reliquiarien abgebrochen sind. Ferner wird die Silberfigur eines

[1] Wisplinghoff sagt S. 18: „Kurz vor dem Überfall der Schweden auf Siegburg Ende 1632 wurde das Archiv zusammen mit den abteilichen Reliquienschätzen in den Siegburger Hof nach Köln gebracht; es kam erst 1750 wieder nach Siegburg zurück ...“ Vgl. auch Ebda. S. 32, u. d. dort zitierten Heinekamp, S. 218 ff. Sebastiani sagt S. 6: „... so in vorherigen Kriegsgefahren nacher Cöllen geflüchtet und in so genanntem Siegberger Hoff in einer Krufft bewahret worden ...“

[2] Herausgeg. v. J. Torsy: Quellen zur kirchlichen Geschichte Siegburgs im 16. und 17. Jahrhundert; 5. Das Inventarverzeichnis der Abteikirche von 1608; Heimatbuch der Stadt Siegburg, Bd. 2, Siegburg 1967, S. 158 ff.

[3] Ebda. S. 162; s. auch I 3.

Bischofs[4] erwähnt, die vom Apollinarisschrein stammen soll. Eine Gegenüberstellung der beiden Inventare, nämlich dem von 1608 und dem von 1750, fördert einige interessante Fakten zutage. Sie wird im Anhang geboten[5]. Allerdings sei hier bereits darauf hingewiesen, daß beide Listen nicht vollständig sind. Sie sind auch öfter nicht so präzise in der Beschreibung der Reliquiare, daß man mit Sicherheit sagen könnte, welche der aufgeführten Pretiosen der einen Liste der der anderen Liste entspricht.

b) Reliquiare alphabetisch geordnet

Wenn man die einzelnen Reliquiare alphabetisch ordnet und dann miteinander vergleicht, kann man feststellen, daß z. B. vier Armreliquiaren von 1608 nur eines, eventuell zwei, bei Sebastiani gegenüberstehen. Fünf Kreuzen verschiedener Größe entspricht 1750 eines. An Reliquienmonstranzen führt Gulich 14 auf, während Sebastiani nur vier erwähnt. Allerdings muß man auch sagen, daß der Sebastiani ein Andachtsbüchlein sein will und deshalb keine vollständige Aufzählung bietet. Sebastiani sagt deshalb auch, daß sich noch eine ganze Reihe von Reliquiaren in Form von Kästchen, Kelchen und Monstranzen in der Siegburger Schatzkammer befänden, von denen er aber nur die bedeutendsten aufzählen und beschreiben will. Dies ist zu berücksichtigen bei der zahlenmäßigen Gegenüberstellung, die weiter unten geboten wird. Außerdem sind von Gulich die fünf großen Reliquienschreine des Abteischatzes offensichtlich nicht erwähnt. Sie befanden sich entweder auf den Altären der Abteikirche, oder sie waren zusammen im Hochaltar untergebracht, von dessen Öffnung und Inventarisierung er gesondert berichtet[6].
Die zahlenmäßige Erfassung der in beiden Quellen aufgeführten Reliquiaren sieht so aus:

---

[4] Ebda. S. 159; s. auch I 3.

[5] Siehe I 2; Gegenüberstellung der Reliquiare...

[6] Vgl. Torsy, Quellen, S. 163; s. auch I 1e.

[7] Wisplinghoff sagt zu ihm S. 18: „Zwar wurde dem zeitweiligen Prior Zollner von Brandt in einem Nachtrag zu seiner Aufschwörung das Lob erteilt, er sei ein sehr fleißiger Archivar gewesen (Hs. P XII 4, 38), doch ist über seine Tätigkeit im einzelnen nichts zu ermitteln". Mir scheint, daß die Signaturen der in Düsseldorf aufbewahrten Siegburger Urkunden von ihm stammen, wie der Vergleich mit der von ihm 1744 geschriebenen Annovita nahelegt; vgl. auch SS XIV. S. 81 ff. Wisplinghoff erwähnt ihn noch Ss. 43 f., 112 u. 180; Niederau, S. 21.

[8] Vgl. zu ihm Wisplinghoff, Ss. 18, 40 f., 44, 86, 117 u. 173; ferner Niederau, S. 13.

[9] Vgl. Anm. 7.

[10] Sie befinden sich jetzt im neuen Stadtmuseum Siegburg; Abb.: Busch, Trost der Bilder, Siegburg 1981, Ss. 35 u. 36; Busch, St. Anno und seine vielliebe Stadt, Siegburg 1974, vor S. 193, u. nach S. 560.

	1608	1750
Armreliquiare:	4	1
Greifenklaue:	1	–
Reliquienhäupter:	22	5
Hörner:	2	1
Kästchen:	16	4
Kamm Annos:	1	1
Kelch Annos:	1	–
Reliquienkelch:	1	1
Kreuze:	5	1
Kristallreliquiare:	2	1
Mitra:	1	–
Monstranzen:	14	4
Ring Annos:	1	–
Scheibenreliquiar:	1	–
Altar-Sepulchrum:	1	–
Stab Annos:	1	1
Topf-Reliquiar:	1	–
Zahn-Reliquiare:	3	–
Gesamtzahl aller Reliquiare:	78	20

Auch wenn man bedenkt, daß Sebastiani nicht alles aufführt, denn es geht ihm ja nicht um eine Inventur, so dürfte sich doch aus obigen Zahlen ergeben, daß im 30jährigen Krieg oder danach eine größere Anzahl von Reliquiaren in Verlust geraten ist.

c) Zolner von Brandt

Hier dürfte die Stelle sein, des Mannes zu gedenken, der sich um den Abteischatz sicher große Verdienste erworben hat, des Siegburger Priors und Thesaurars Christoph Adam Honorius Zolner von Brandt[7]. Sebastiani berichtet in seinen Büchlein, daß die Rückführung des Schatzes aus Köln auf Veranlassung des Abtes Georg Christoph von Hagen (1735–62)[8] erfolgt sei. Der eigentliche Initiator dürfte aber Zolner von Brandt gewesen sein. Er machte sich verdient durch die Ordnung des Abteiarchivs[9] und bemühte sich um die Erforschung der Abteigeschichte. Er ließ drei Bilder malen, die Szenen zur frühen Abteigeschichte darstellen[10]. Seiner Initiative war es wohl auch zu danken, daß die beiden Bilder des Annoschreins[11] von dem Siegburger Maler J. H. Fischer[12] entstanden. Diese Bilder wurden nach ihrer Fertigstellung an den Annoschrein angerührt und kamen dann in die Annonische Gründung Grafschaft im Sauerland. Heute werden sie in der ehemaligen Grafschafter Propstei Belecke am Möhnesee aufbewahrt. Folgende Inschrift befindet sich auf ihnen: „*Sanctae ac insigni abbatiae Annoniano-Graffschaftensi Godefridus IV. de Schaumberg, abbas Annoniano-Siegebergensis XLIV., et Christophorus de Zolner a Brandt, custos, has ideas ornaverunt anno 1764.* – Der heiligen und ausgezeichneten von Anno gegründeten Abtei Grafschaft haben diese Bilder verehrt Gottfried IV. von Schaumberg, 44. Abt der Annonischen Gründung Siegburg, und der Kustos Christoph Zolner von Brandt". Außerdem zieren die Wappen des Abtes[13] und des Priors[14] die Gemälde. Nach dieser kleinen Abschweifung nun wieder zum Thema, nämlich den Einbußen, die der Abteischatz im Laufe der Zeit erlitt. Und da ist die Bilanz in der Tat erschreckend, die sich nach der Aufhebung der Abtei im Jahre 1803 ziehen läßt.

d) Akten des Pfarrarchivs v. St. Servatius betr. Übereignung des Schatzes an St. Servatius

Wir sind über diese Zeit recht gut informiert durch die Akten und Aufzeichnungen, die das Pfarrarchiv von St. Servatius aufbewahrt. Ein 48 Seiten umfassender Bericht[15] wurde 1819 durch den damaligen Pfarrer Eskens meist von ihm eigenhändig verfaßt und aufgeschrieben. Er trägt den Titel: „*Circa ss. reliquias ecclesiae parochialis Siegburgensis notitia*

[11] Vgl. Monumenta Annonis, Köln 1975, E 2, Ss. 188/89; Busch, Trost der Bilder, Ss. 18 f. u. 28 f; s. auch II passim.

[12] Vgl. M. Mittler, Angestellte der Abtei Siegburg 1650–1803, Siegburg 1986, SS XVIII; Exkurs zu den Siegburger Künstlern, S. 83.

[13] Vgl. zu ihm Wisplinghoff, Ss. 38 f., 41, 43 f., 46 f., 173 f.; ferner Niederau, S. 13.

[14] Beide Wappen sind gut erkennbar auf den Abb. der Schreinsbilder in Busch, Trost der Bilder, S. 16. Das Wappen Zolners findet sich auch auf den drei Bildern zur Abteigeschichte. Vgl. hierzu Anm. 10.

[15] PAS VI, 21. Dieser Bericht enthält Ss. 1–38 von der Hand des Pastors Eskens alle Dokumente und Protokolle über die Eröffnung der Reliquiare; Ss. 39–46 von anderer Hand eine alphabetische Tabelle aller Reliquien; Ss. 46–48 ebenfalls von zweiter Hand die Inschriften der Reliquiare und eine schematische Zeichnung des Reliquienaltars. In der Akte IX, 3 finden sich ebenfalls von der Hand Eskans obige Berichte als Konzept und eine gewisse Vorausfertigung. Hierbei befinden sich auch die vom damaligen Landrat Hymmen beglaubigten Abschriften, sowie die Original-Antworten vom Kölner Generalvikar.

historica – Historischer Bericht über die Reliquien der Pfarrkirche zu Siegburg". Mehrere amtliche Erlasse aus den Jahren 1812–17 sind in beglaubigter Abschrift hier überliefert. Zunächst soll nun die oben erwähnte *Notitia historica* im lateinischen Original mit deutscher Übersetzung geboten werden:

Reliquiae[16] *illae insignes, quas hodiedum possidet Ecclesia parochialis Siegburgensis, olim pie servabantur in Abbatia ord. S. Benedicti in monte, quem Siegberg vocant, oppido contiguo. Cum autem anno XPi 1803 Abbatia haec extincta et saecularizata esset, reliquiae hae relinquebantur per tempus aliquod in Abbatia in arcis suis, pretiose et nitide ornatis, sed ibi contigit; ornamenta aurea et argentea, quas fulgebant, furtive et ausu impio ab eis avelli. Facinus hoc occasionem praebuit transferendi eas ad Ecclesiam parochialem custodiae causa. Cum autem ibi custodirentur, parochiani Ecclesiae filialis in Birk, ut eas obtinerent, clangulo libellum supplicem ad altum regimen Magni Ducatus Montensis dederunt, quorum petitioni antefatum regimen initio annuit quidem, sed cum percepisset, quam aegre cives Siegburgenses jacturam harum reliquiarum laturi essent, et angustiorem esse Ecclesiam in Birk, quam ut decenter has reliquias servare posset, revocata fuit haec concessio, et reliquiae illae omnes cum altare, in quo olim in Ecclesia Abbatiali expositae*

Jene bedeutenden Reliquien, welche jetzt die Siegburger Pfarrkirche besitzt, wurden früher in der Benedikinerabtei ehrfürchtig aufbewahrt, die auf dem Berg liegt, der an die Stadt angrenzt und Siegberg genannt wird. Als aber im Jahre des Herrn 1803 diese Abtei unterdrückt und säkularisiert wurde, blieben die Reliquien eine Zeit lang in der Abtei verlassen in ihren Schreinen stehen, die kostbar und prächtig geschmückt waren. Da aber geschah es, daß der goldene und silberne Schmuck, in dem sie erglänzten, auf diebische Weise und frevelhaften Sinnes von ihnen abgerissen wurden. Dieses Verbrechen war der Anlaß, sie zur Aufbewahrung in die Pfarrkirche zu überführen. Während sie dort aufbewahrt wurden, schickten die Pfarrangehörigen der Filialkirche von Birk heimlich eine Bittschrift an die hohe Regierung des Großherzogtums Berg mit der Absicht, den Schatz zu erlangen. Dieser Bitte stimmte die oben genannte Regierung anfänglich auch zu. Als man aber feststellte, wie übel die Siegburger Bürger den Verlust der

[16] PAS VI, 21, S. 1 f.

fuerant, donatae fuere Ecclesiae hujati parochiali per intrumentum tenoris sequentis:

Reliquien ertragen würden, ferner, daß die Birker Kirche zu klein sei, um diese Reliquien geziemend aufbewahren zu können, wurde diese Erlaubnis widerrufen. Alle jene Reliquien wurden mit dem Altar, in dem sie früher in der Abteikirche ausgestellt waren, der hiesigen Pfarrkirche geschenkt durch eine Urkunde folgenden Inhaltes:

Auszug eines Auszugs[17]

Extrait de l' inventaire du mobilier de l' Abbaye supprimé de Siegbourg. Objets destinés au Culte, mis á la disposition de Son Excellence de Ministre es l' interieur.

N. 49. une caisse de S Anno.
N. 50. une idem de S. Apollinaire.

N. 51. une idem de S. Innocent avec plusieurs pierreries sans valeur.
N. 52. une idem des Ss. Benigne et Willibalde.
N. 53. une idem de S. Honoratus.

N. 54. une caisse avec des reliques.
N. 61. un autel, sur lequel se trouvert les reliques ci dessus mentionnées.
Approuvé le present inventaire, et seront les objets y designés mis à la diesposition de Son Excellence le ministre de l' interieur, comme reservés a l' usage du culte.
Düsseldorf, le 7. Mars 1812.

Auszug aus der Inventarliste des Mobiliars der Abtei zu Siegburg, die aufgehoben wurde. Kultgegenstände, zur Verfügung Seiner Exzellenz des Ministers des Innern.
N. 49. Schrein des hl. Anno.
N. 50. desgleichen des hl. Apollinaris.
N. 51. desgleichen des hl. Innozenz mit verschiedenen Edelsteinen ohne Wert.
N. 52. desgleichen der hl. Benignus und Willibald.
N. 53. desgleichen des hl. Honoratus.
N. 54. eine Kiste mit Reliquien.
N. 61. ein Altar, in dem sich die genannten Reliquien befinden.

Die vorliegende Inventarliste ist genehmigt, die Gegenstände sind bestimmt für S. Exzellenz, den Minister des Inneren, reserviert für den sakralen Zweck.
Düsseldorf, 7. März 1812.

Es folgen dann die Unterschriften der Bevollmächtigten des Finanz- und des Innenministeriums, Bislinger und Brockdorf, ferner die mit dem Amtssiegel und der Unterschrift des Landrats versehene Beglaubigung vom 17.12.1819.
Interessant ist im Zusammenhang unserer Untersuchung über die Verluste des Siegburger Kirchenschatzes, daß hier nur die auch heute noch vorhandenen fünf großen Schreine erwähnt werden. Kein Wort über die zwei Tragaltäre und die übrigen Kleinreliquiare. Offensichtlich sind diese Pretiosen wirklich nur als Nebensache angesehen worden. Übrigens werden alle Reliquien und ihre Behältnisse in dem folgenden Brief als Nebensache bezeichnet. Da er interessante Einblicke in das Gerangel mit der Kirche von Birk bietet, sei er im Wortlaut geboten:

Der[18] Präfect des Rheindepartements an den Herrn Unterpräfecten zu Mülheim.

Düsseldorf, den 22-ten May 1812

Mein Herr Unterpräfect.
Unter dem 13. v. M. habe ich Ihnen die Verfügung über die Vertheilung der Kircheneffecten der Siegburger Abtei zu gehen laßen, gemäs welcher unter andern der Filial Kirche zu Birck, die in dem numerirten Etat unter den Nummern 49, 50, 51, 52, 53 u. 54 aufgeführten Reliquien Kasten von Seiner Excellenz dem Herrn Minister des Innern verschenkt worden sind.
Der Herr Maire zu Siegburg, hat unterm 16-ten dieses, dem hohen Ministerio direct angezeigt, daß die Wegbringung dieser Reliquien Unruhen in Siegburg zu erregen gedroht hätte[19], und die dortigen Pfarrgenossen dringend darauf antrügen, ihnen diese Reliquien um so mehr zu belassen, als die Kirche zu Birck den nötigen Raum zur Aufstellung derselben

---

[17] PAS VI, 21, S. 2; XI, 3, 1h. Die Übersetzung aus dem Französischen verdanke ich Fr. Bettina Stenz, Siegburg.

[18] PAS VI, 21, S. 3ff., u. IX, 3, 1 h.

[19] Diese Formulierung ist sehr euphemistisch, denn Heinekamp schreibt hierzu, S. 350: „Als die kostbaren Reliquienschreine von den Bewohnern Birks, denen sie vom Staate geschenkt worden waren, in Besitz genommen werden sollten, verstieg man sich zu offener Widersetzlichkeit und nötigte die Fuhrleute am Fuße des Berges, die teuren Kleinodien in der Stadt zu lassen. Die Regierung erkannte die Unbilligkeit ihres Verfahrens und gab im September 1812 ihre Einwilligung zu dem Erfolge des kühn in Szene gesetzten Gewaltaktes. Die Strafe blieb indes für die Schuldigen nicht aus. Frau Reuter z. B. mußte ein Jahr ins Gefängnis wandern und büßte mit Freuden die Eingebung ihres rechtzeitigen Lokalpatriotismus". Vgl. auch I. 5: Frau Reuter...

nicht habe. Die Reliquien sind bei der Vertheilung der Effecten immer als eine Nebensache verschenkt worden, damit sie wieder an einem geeigneten Orte aufbewahrt, und nicht verschleppt würden.
Sie haben auch für das Bedürfnis armer Kirchen keinen besonderen Werth, und daher haben Seine Excellenz der Herr Minister des Innern zur Beseitigung alle Conflicte, in Gefolge eines hohen Erlasses vom 19-ten d. M. zu bestimmen geruhet, daß die der Kirche zu Birck verschenkten Kirchen Effecten ihr zwar, die vorbezeichneten Reliquien Kästen jedoch der Pfarrkirche zu Siegburg verbleiben sollen. Der von dem Herrn Maire angeführte Irrtum, der unter N° 54 bezeichnete Reliquien Kasten seye der Kirche nach Birck und Troisdorf geschenkt, ist dadurch gehoben, daß diese N° nunmehr der Kirche zu Siegburg zugewiesen ist. Die der Filial Kirche zu Birck unter N° 21 verschenkten Leviten Kleider sollen nicht verabfolgt werden können, weil nach Aussage des Herrn Pfarrers selbige nicht mehr vorhanden seyen.
Da dieselben jedoch bei Anfertigung des Inventars wirklich vorhanden seyn mußten, und die inventarisirten Effecten nachher dem Pfarrer Zopus und dem Domainen Rentmeister in Verwahrung übergeben worden sind; so läßt es sich nicht wohl erklären, wie diese Gegenstände abhanden gekommen seyn sollen.
Wenn indessen die fraglichen Leviten Kleider wirklich ohne Schuld der Depositaren entkommen und nicht beyzuschaffen seyn sollten, so werden diese Stücke für die Pfarre Birck als nicht verschenkt zu betrachten seyn müßen.
Sie sollen hiernach so schleunig als möglich das Nöthige an den Herrn Maire zu Siegburg verfügen.
Genehmigen Sie die Versicherung meiner vollkommensten Achtung.
Unterzeichnet: Graf von Spee.
Ein weiterer Brief handelt von der Verschenkung des Reliquienaltars an St. Servatius. Auch er sei nun im Wortlaut mitgeteilt:

Der[20] Präsident des Rhein-Departements an den Herrn Unter Präfecten zu Mülheim.

Düsseldorf, den 3-ten August 1812

Herr Unterpräfect! Der Herr Pfarrer Zopus zu Siegburg hat in einer bei dem Ministerium des Innern direct übergebenen Vorstellung um Verschenkung des in dem Inventarium der Kirchen Effecten der aufgehobe-

[20] PAS VI, 21, S. 5f., u. IX, 3, 1 h.

nen Abtey Siegburg unter N^0 61 aufgeführten Reliquien-Altar gebethen. Da dieser Altar unter diejenigen Effecten gehört. welche mir von Seiner Excellenz dem Herrn Minister des Innern zur Disposition überlaßen worden sind, und derselbe auch bisher noch keine andere Bestimmung erhalten hat, so verschenke ich hiermit denselbigen der Kirche zu Siegburg, und ersuche Sie, den Herrn Pfarrer Zopus hievon in Kenntnis zu setzen.
Genehmigen Sie, Herr Unter Präfect die Versicherung meiner vollkommensten Achtung.
Für den abwesenden Herrn Präsident, der General-Secretär,
unterz.: Jansen.
Dann folgt die Beglaubigung durch den Landrat vom 17.12.1819.
An Hand der uns überkommenden Schriften können wir sagen, daß von 1803–1812 der Abteischatz in der Abtei gestanden hat. Ob es wirklich Diebe waren, wie Pfarrer Eskens meint, die den Schmuck der Schreine geraubt haben, oder ob alles, was aus Edelmetall an den Reliquiaren war, von staatlicher Seite abgenommen wurde, läßt sich aus den schriftlichen Aufzeichnungen nicht ersehen. Für die letztere Vermutung spricht die Tatsache, daß man offensichtlich zunächst Teile zur Probe entnommen hat. So wurde vom Annoschrein der vordere Giebelkamm abgenommen und wohl eingeschmolzen. Als man dann feststellte, daß es sich nicht um Gold oder Silber, sondern nur um Bronzeguß handelte, ließ man die übrigen Gußarbeiten des Schrein unangetastet, nämlich die übrigen Kämme, die Apostelfigürchen, sowie die Kapitelle und die Säulenbasen. Die in Silberblech getriebenen Heiligenfiguren der Stirn- und Längsseiten und die Flachreliefs vom Dach mit Darstellung des Lebens Annos wurden hingegen eingeschmolzen. Meiner Meinung nach läßt sich dieses planmäßige Vorgehen auf der Suche nach Edelmetall an allen Siegburger Reliquiaren feststellen. Da stellt sich dann auch der Verdacht ein, ob nicht Napoleon, als er seinen Feldzug nach Rußland plante, wofür er ja auch Geld benötigte, den Schatz ausplündern ließ. Ein Dieb geht so nicht vor. Er rafft zusammen, was er in der Eile bekommen kann. Es sei denn, daß jemand, der zu den Schätzen Zugang hatte, sich ab und zu etwas mitgenommen hat. Das mußte aber doch sicher einmal auffallen. Vielleicht findet sich einmal in einem Archiv ein Dokument, das hier nähere Auskunft geben kann.

e) Öffnung der Reliquiare durch Pfarrer Eskens

Etwa fünf Jahre nach der Schenkung sowohl der Reliquiare wie auch des Reliquienaltars bemüht sich nun der Nachfolger von Pastor Zopus, J.W. Eskens[21], beim Generalvikar von Caspers eine Erlaubnis zu bekommen, um die Schreine öffnen zu dürfen und so ihren Inhalt festzustellen. Diese Erlaubnis wird am 2. Oktober 1817 erteilt[22]. Diese Öffnungen fanden in folgender Reihenfolge statt[23]:

1. 22. 6. 1819, Mauritiusschrein;
2. 6. 7. 1819, Annoschrein;
3. 20. 8. 1819, Benignusschrein;
4. 10. 9. 1819, Reliquiar aus Fragmenten (Arca quadrata);
5. 19. 9. 1819, Honoratusschrein;
6. 27. 9. 1819, Kleines Limogesreliquiar (Scrinium B. M. V.);
7. 29. 9. 1819, Gregorius-Tragaltar;
8. 1. 10. 1819, Mauritius-Tragaltar;
9. 4. 10. 1819, Andreasreliquiar;
10. 6. 10. 1819, Großes Limogesreliquiar (Archa oblonga)
11. 6. 11. 1819, Apollinarisschrein.

Über die Reliquien, die man in den Schreinen fand, hat Dr. J. Torsy im Heimatbuch der Stadt Siegburg[24] berichtet. Er zählt allerdings nur alle Reliquien auf, während einige einleitende und begleitende Bemerkungen uns hier mehr interessieren. So stellt Pastor Eskens fest, nachdem er die Dokumente vorgelegt hat, die oben teilweise im Text gebracht wurden, teilweise auch nur erwähnt sind:

Hanc[25] recognitionem cum moliremur, providentia Dei O. M. factum est, ut media suppeditarentur queis arcae, ornatu suo turpiter nudatae, restaurarentur, et decenter ornarentur, itum est ergo ad recognitionem, eo ordine, quo fiebat singularum arcarum renovatio, et coeptum est ab arca, quam sancti Mauritii vocant.

Diese Besichtigung geschah unter der Vorsehung des höchsten und besten Gottes, damit wir uns mühen, die Mittel zu beschaffen, mit denen die schändlich ihres Schmucken entblößten Schreine, restauriert und geziemend geschmückt werden können. Es ist in dieser Ordnung bei dieser Besichtigung vorgegangen worden, in der die einzelnen Schreine erneuert werden[26] sollten. Begonnen wurde bei dem Schrein, der dem hl. Mauritius geweiht ist.

Am Rande wird sodann angegeben, welchen Platz das jeweils untersuchte Reliquiar im Schreinsaltar einnimmt. Danach stand der Mauritiusschrein *in cornu evangelii altaris posita, in inferiori parte* - auf der Evangelienseite, also links, im unteren Teil des Altares. Der Annoschrein stand *in cornu epistolae* - auf der Epistelseite, also rechts. Wie man dem Bild von 1888[27] entnehmen kann, standen beide Schreine nebeneinander auf der gleichen Höhe. Der Benignusschrein befand sich *supra arcas ss. Annonis et Innocentii* - über den Schreinen des hl. Anno und der hl. (Mauritius und) Innozentius. Die *Arca minor quadrata,* das Reliquiar aus Fragmenten, hatte ihren Platz in *summitate altaris* - zu oberst im Altar. Der Honoratusschrein befand sich *supra arcam s. Benigni* - über dem Benignusschrein. Das kleine Limoges-Reliquiar - *Scrinium B. M. V.* befand sich *super portatile s. Gregorii,* stand also auf dem Gregorius-Tragaltar. Dieser stand *in cornu evangelii* - auf der Evangelienseite, also links, wie die am Schluß beigegebene Zeichnung und die oben erwähnte Aufnahme zeigen, neben dem Benignusschrein. Auf der anderen Seite, in *cornu epistolae,* stand auf der gleichen Ebene der Mauritius-Tragaltar. Das Andreas-Reliquiar stand *in medio ante arcas Ss. Mauritii et Innocentii et S. Annonis* - zwischen Mauritius- und Annoschrein nach vorne gezogen. Das große Limoges-Reliquiar stand *super portatili S. Mauritii* - auf dem Mauritius-Tragaltar. Der größte Schrein, der Apollinarisschrein, hatte seinen Platz *infra arcas Ss. Mauritii et Innocentii et Annonis* - unter Mauritius- und Annoschrein.

Im Apollinarisschrein wurden auch zwei Urkunden gefunden. Die erste wurde von dem Siegburger Abt Pilgrim von Drachenfels 1493, Dez. 3, ausgestellt. Die zweite stammt von dem Siegburger Abt Wilhelm Spies

---

21 PAS IX, 3, 1e.

22 Das Original: PAS IX, 3, 1 f.; Abschrift: VI, 21, S. 7.

23 vgl. hierzu PAS VI, 21, Ss. 8–29; IX, 3, 2.

24 Torsy, Quellen, S. 190ff.

25 PAS VI, 21, S. 7f.

26 Hiernach wurden die Schreine nach der Öffnung und der Bestandsaufnahme des Inhalts restauriert. Da wir keine Unterlagen für spätere Arbeiten haben, sind offensichtlich damals die Hinterglasmalereien entstanden, die anstelle der abgenommenen Silberfiguren bis 1902 die Schreine schmückten, wie die uns erhaltenen Bilder zeigen. Diese Bilder zeigen aber auch, daß man damals offensichtlich am Annoschrein die Email- und Edelsteinplättchen in der Weise anbrachte, wie sie sich heute noch zeigen. Damals, also 1819, hat man auch die Edelsteinplättchen rechts und links beschnitten, damit man alles noch vorhandene unterbringen konnte. Vgl. dazu auch II: Veränderungen und Verluste am Annoschrein.

27 Abb. 1.

von Büllesheim und wurde 1446, April 21, ausgestellt. Während diese im Siegburger Urkundenbuch II, Nr. 309 als Regest veröffentlicht ist, war erstere offensichtlich bei der Veröffentlichung des I. Bandes 1964 noch nicht bekannt. Beide sollen deshalb im Anhang im Wortlaut geboten werden[28]. Von diesen beiden Urkunden sagt Eskens, daß er sie am 17. Juni 1820 in deutscher Übersetzung nach der Messe den Gläubigen verlesen habe. Beide Urkunden berichten über die Translation der Apollinaris-Reliquien von der Siegburger Propstei Remagen/Apollinarisberg nach Siegburg und der Anfertigung des Schreins.

f) Bericht von Pfarrer Eskens über weitere Reliquien

Pfarrer Eskens berichtet noch von weiteren Reliquien, die zwar nicht alle zum ehemaligen Abteischatz gehörten, der Vollständigkeit halber aber hier aufgeführt seien, da sie alle im Reliquienaltar Platz fanden.
Da sind zunächst einmal einige Reliquien von dem Troisdorfer Kind Johänneken[29], das angeblich von den Juden am Mühlenhof ermordet wurde. Diese Reliquien gelangten nach Bonn, wurden dann durch den Franziskanerpater Laurentius Textor[30] 1655 wieder nach Siegburg gebracht. Offensichtlich gelangten sie nach der Säkularisation vom Siegburger Minoritenkloster in die Pastorat, denn Eskens schreibt[31]: *Anno Xti 1818 die 12. Decembris inveni in domo mea pastorali* – Im Jahre des Herrn, am 12. Dezember 1818 fand ich in meinem Pastoratshause ... Diese Reliquien wurden am 7. 8. 1821 in den Schreinsaltar gelegt.
Er findet ferner den Kopf eines Kindes ohne jede Inschrift, große Gebeine in Seide eingefaßt und das Haupt eines anderen Heiligen, das ebenfalls in Seide eingeschlagen ist. Diese Reliquien werden von Eskens am 7. bzw. 8. Oktober 1821 in den Schreinsaltar gegeben[32].

---

[28] I 4: Zwei Urkunden, die sich im Apollinarisschrein befinden.

[29] S. Sebastiani, S. 50 ff.: Von der Hand eines Kinds, so umb des Glaubens willen von Juden ermordet worden. Vgl. auch Heinekamp, S. 81 f.

[30] Nach K. Eubel, Geschichte der Kölnischen Minoriten-Ordensprovinz, Veröff. d. Hist. Vereins f. d. Niederrhein I, Köln 1906, S. 78, war er 1639 Prediger in der Bonner Minoritenkirche (heute St. Remigius), S. 119, 1658 Guardian des Duisburger Minoritenklosters, u. S. 151, der erste Obere des 1667 gegründeten Siegburger Minoritenklosters: „Besondere Verdienste hierbei (bei der Instandsetzung der Gebäude) erwarb sich der erste Obere des neuen Minoritenklosters, P. Laurentius Textoris, ehedem Professor und Vorstand des Minoritengymnasiums und Guardian verschiedener Konvente der kölnischen Minoritenprovinz, welcher am 5. Sept. 1679 zu Münster starb. Vgl. zur Geschichte der Minoriten in Siegburg: H. Roggendorf, Die Minoriten in Siegburg, Heimatbuch der Stadt Siegburg II, Siegburg 1967, S. 79 ff., dort auch weitere reiche Literaturangaben.

Eine für die Pfarrkirche St. Servatius besonders interessierende Sache findet sich in dem folgenden Bericht, der deshalb im lateinischen Original wie auch in deutscher Übersetzung ganz geboten wird, obwohl er nicht direkt vom Siegburger Kirchenschatz handelt:

Cum[33] anno 1818 altare novum marmoreum S. Servatii extrucandum esset, de licentia Reverendissimi Domini Vicarii Generalis adhibitis caeremoniis praescriptis, praesentibus DD. Baldsiefen et Neuenhausen[34] presbyteris altare vetus S. Servatii dissolutum fuit. Reperta in eo fuere reliquiae vitro inclusae, quod lapide fissili tectum erat. Sed nullas in eo reperi schedulas, sed tantum fragmenta serici, vetustate corrupti, queis Ss. reliquiae involutae fuerant. Hoc vitrum inclusi novo involucro cui adjeci testimonium, signatum a me et DD. supra fatis, et dein exterius notavi hac inscriptione: Reliquiae, ex altari S. Servatii ablatae die quarta Maji 1818.

Als im Jahre 1818 der neue Marmoraltar des hl. Servatius errichtet werden sollte, wurde mit Erlaubnis des hochwürdigsten Herrn Generalvikars nach den vorgeschriebenen Riten der alte Altar des hl. Servatius abgebaut. Anwesend waren die beiden Priester Baldsiefen und Neuenhausen[34]. Da fand man in ihm Reliquien, die in ein Glas eingeschlossen waren, das von einem zersprungenen Stein bedeckt war. Man fand aber keine Urkunde in ihm, sondern nur Seidenfragmente, die durch Alter verschlissen waren; in sie waren die Reliquien gehüllt. Ich habe das Glas in eine neue Umhüllung geschlossen, der ich ein von mir und den beiden oben genannten Herrn unterschriebenes Zeugnis beigab, auf dem ich folgende Inschrift anbrachte: Reliquien aus dem S. Servatiusaltar, der am 4. Mai 1818 abgebaut wurde.

---

[31] PAS, VI, 21, S. 35f.

[32] Ebda, S. 36.

[33] Ebda, S. 36f. Demnach stammt der heutige Servatius-Altar nicht aus der Barockzeit, wie man vom Stil her zunächst vermuten könnte, sondern vom Anfang des 19. Jahrhunderts.

[34] Nach Janssen-Lohmann, Der Weltklerus in den Kölner Erzbistums-Protokollen, Köln 1935/36, Sp. 40, wurde Paul Christian Baldsiefen am 25. 4. 1785 in Oberbüschen, Pfarre Lindlar, Rhein-Berg. Kr., geboren. Er wurde vom Weihbischof von Münster zum Priester geweiht. Nach Vikarsjahren in Libur wurde er am 3. 11. 1818 Lehrer in Siegburg. Nach den Angaben des Pfarrführers für St. Servatius Siegburg, 1963, S. 24, wurde er 1810 geweiht, war 1817–1818 als Kaplan in St. Servatius und starb 1863 als Pfarrer von

Sodann fand Pfarrer Eskens eine kleine Bleikapsel, die vom Michaelsaltar der Abtei stammt[35]. Darin lag eine kleine Pergamenturkunde, die folgenden Text trug:

MDCCLVII, die XXVIII mensis Septembris, pridie S. Michaelis Archangeli Ego Godefridus L. B. de Schaumberg[36] *Abbas Siegbergensis consecravi altare hoc in honorem S. Michaelis, et reliquias S. Annonis Ep. et S. Apollinaris Ep. et martyris in eo inclusi.*

Am 28. September 1758, am Vortag des Erzengels Michael habe ich Gottfried Freiherr von Schaumberg[36], Abt von Siegburg, diesen Altar zu Ehren des hl. Michael geweiht und Reliquien des hl. Bischofs Anno und des hl. Bischofs und Martyrers Apollinaris in ihn eingeschlossen.

Die in einem Baumwollsäckchen befindlichen Reliquien wurden ebenfalls am 7. August 1821 in den Reliquienaltar gelegt.
Dazu kamen am gleichen Tag noch eine Reihe von Reliquien aus dem Apollinarisschrein, die keine Namensschilder mehr hatten.
Aus dem Pfarrarchiv wurden ebenfalls am 7. August folgende Reliquien dem Reliquienaltar anvertraut[37]: 1. Eine Bleikapsel mit dem Siegel des Abtes von Speyart[38], 2. Eine Bleikapsel und zwei Glasgefäße, die aus abgebauten Altären stammen, 3. Drei Häupter mit Schmuck aber ohne Namen. Auch sie wurden in den Reliquienaltar gegeben.
Als letztes wurde an diesem Tag folgendes Reliquiar in den Schreinsaltar gestellt[39]: *„In Vase, quod pyramidis vitreae truncatae formam habet* – In einem Gefäß, das die Form einer gestutzten gläsernen Pyramide hat, sieht man vier große Gebeine und eine Reihe kleinerer". Als Eskens dieses Gefäß untersucht, findet er eine deutsche Urkunde folgenden

---

Libur. Über Heinrich Neuenhausen schreibt W. Bers ebenfalls im Pfarrführer: (1822–1826), geb. 20. 9. 1786, zuerst Kapuziner, dann Weltpriester, ein heiligmäßiger Mann, ein „Vater der Armen, Witwen und Waisen". In den Jahren zwischen 1833 und 1846 ist er gestorben, vielleicht im Ruhestand in Siegburg. In der letzten Zeit seines Lebens war er überall zur Aushilfe tätig". Ein ausführlicher Bericht über ihn von W. Bers, HBlS Nr. 73, 1957, S. 58 ff.

[35] PAS VI, 21, S. 37.

[36] Vgl. Anm. 13.

[37] PAS VI, 21, S. 37.

[38] Letzter Abt der alten, 1803 aufgehobenen Abtei. Zu ihm vgl. Wisplinghoff, S. 174, u. Niederau, S. 14. W. Bers, Der letzte Abt von Siegburg bei der Aufhebung der Abtei im Jahre 1803, SS I, Ss. 57 ff. I. Achter, Das Bildnis des Siegburger Abtes Johann von Speyart in Kaiserswerth, SS XI, S. 95 ff.

[39] PAS VI, 21, S. 38.

Inhaltes: Diese hh. Gebeine wurden vor dem Ausbruche des französischen Revolutions-Kriegs auf der Probstei Apollinarisberg[40], in dem nämlichen Kasten, wo das Haupt des h. Apollinaris ruhete, mit welchem sie zugleich an bemeldten hingebracht worden, verehret; wegen Unsicherheit aber sind sie nach der Abtei Siegberg versetzt, und den übrigen hh. Gebeinen beigesetzt worden. Zur Warheit dessen wird dieses vom dasigen Hochwürdigen Herrn Abten bestätiget.
Siegburg, den 19. Julii 1804. J. von Speyart[41], Abt.
Interessant ist, daß der Abt etwa ein Jahr nach Aufhebung der Abtei eine Urkunde als Abt unterschreibt. Er hat ja noch einige Jahre in der Abtei gewissermaßen die Stellung gehalten, bis er sich dann 1807 nach Düsseldorf-Kaiserswerth zurückzog, wo er am 9. 12. 1817 starb.

g) Restaurierung 1819; seit 1750 verlorene Reliquiare

Nachdem wir über das Schicksal des Schatzes zu Beginn des 19. Jahrhunderts, die Öffnungen und Besichtigungen der einzelnen Reliquiare, den Platz, den sie im Schreinsaltar einnahmen, sowie einige kleinere Zusätze berichtet haben, müssen wir noch einmal auf eine Bemerkung von Pastor Eskens zurückkommen. Er schreibt: „... damit[42] wir uns mühen, die Mittel zu beschaffen, mit denen die schändlich ihres Schmuckes entblößten Schreine restauriert und geziemend geschmückt werden können!" Dies dürfte der einzige Hinweis auf die Restaurierung sein, die den Schatz in den Zustand versetzte, den er bis zu der großen Restaurierung hatte, die 1901/02 der Düsseldorfer Goldschmied Beumers vornahm. Damals sind also die Hinterglasmalereien entstanden, die die um 1810 geraubten Silbertreibarbeiten ersetzten. Über einige der Schreine und Tragaltärchen geben alte Fotografien Auskunft, die 1888[43] gemacht wurden. Leider sind die bemalten Scheiben alle verschwunden.
Hier seien nun die Reliquiare aufgeführt, die Sebastiani noch kennt, die heute leider verloren sind:

1. Trinkhorn Annos, S. 38,
2. Haupt des hl. Vitalis, S. 38,
3. Kopfreliquiar des hl. Georg, S. 39 f.,
4. Handreliquiar des Johänneken von Troisdorf, S. 50,

---

[40] Vgl. I 4: Zwei Urkunden ..., Anm. 6.
[41] S. Anm. 38.
[42] PAS VI, 21, S. ff.; vgl. Anm. 26.
[43] Abb. 1–7.

5. Armreliquiar des hl. Agapitus, S. 52,
6. Zwei Kopfreliquiare mit Häuptern der hl. Mauren, S. 54,
7. Glas mit dem Arm des hl. Gereon, S. 55,
8. Kopfreliquiar der hl. Spinosa, S. 55 f.,
9. Reliquiar in Kelchform, S. 56 ff.,
10. Viereckiges Kästchen mit Korallen, S. 57 f.,
11. Kleines Reliquienkästchen, S. 59,
12. Großes Reliquienkreuz mit Reliquien des hl. Benignus, S. 60,
13. Verschiedene Häupter und Gebeine, S. 60.

h) Berichte von Dr. Bock über den Schatz, Mitte 19. Jh.

In der Mitte des vorigen Jahrhunderts beschäftigt sich der Aachener Kunsthistoriker und Priester Dr. Franz Bock mit dem Siegburger Reliquienschatz. Im „Organ für christliche Kunst", Jg. 3, 1853 behandelt er ihn in mehreren Fortsetzungen unter dem Titel: „Der Reliquienschatz der ehemaligen Benediktiner-Abtei Siegburg"(S. 149 ff., S. 173 ff., S. 181 ff. u. S. 186 ff.). Einige Ausführungen bestätigen die Vermutung, daß nämlich alles Edelmetall auf staatliche Anordnung abgenommen worden sei. So sagt Bock, S. 173: „Diese grösseren Reliquiarien, deren sich allein in der Erzdöcese Cöln gottlob noch eine Menge vor der Metallsucht der Revolution gerettet haben, können insgesamt als unübertreffliche Meisterwerke mittelalterlicher Goldschmiedekunst bezeichnet werden". S. 175: „Wie schon früher bemerkt, hat eine sündige Menschenhand des wenigen elenden Metalles wegen sich an diesen edlen Kunstgebilden in einer von Wenigen nur noch gepriesenen Zeit vergriffen, in welcher die sonst so klaren Begriffe von Mein und Dein bei Hoch und Niedrig bereits in Verwirrung gerathen waren". S. 182: „Auch Christus sitzend in segnender Stellung und das Standbild des heil. Anno oder der Himmelskönigin an je einer der beiden Frontstücke[44], fehlen heute und sind zweifelsohne, da sie aus besserem Material gefertigt waren, mit den Statuetten der Apostel in einen und denselben Schmelztiegel gewandert".

Über den Reliquienaltar fällt Bock das vernichtende Urteil, S. 151: „... leider aber konnte in der damaligen drangvollen Zeit der eben gewonnene Schatz keine würdevolle und passende Aufstellung erhalten, sondern man begnügte sich damit, das ungeziemende Altarwerk, das der

[44] Bock kennt also offensichtlich die alten Bilder des Annoschreines in Belecke bzw. der Pariser Nationalbibliothek nicht. Vgl. auch Anm. 11.

unkirchliche Geschmack des 17. Jahrh.[45] im trostlosesten Zopfstyle[46] hatte anfertigen lassen, aus der Abteikirche in die Pfarrkirche zu übertragen und auf demselben die werthvollsten Reliquienbehälter theilweise in einer Art zu exponieren, so dass sie bis in die jüngste Zeit vor Staub und sogar vor Entwendung gar nicht gesichert waren".

Von der Hand Bocks befindet sich im Pfarrarchiv von St. Servatius in dreifacher Ausfertigung eine Aufstellung des Schatzes[47]. Die ausführlichste Fassung sei im Folgenden geboten, zeigt sie doch, daß seitdem noch einige kleinere Pretiosen in Verlust geraten sind.

Numerisches[48] Verzeichnis der Reliquiarien und Werthstücke in der katholischen Pfarrkirche zu Siegburg.

4 große Reliquienschreine (3 roman., 1 got.);
2 kleinere roman. Reliquienschreine;
2 altaria gestatoria, tragbare emailierte Altärchen: eines mit einem Porphyrstein, ein zweites mit einem Terpentinstein bedeckt;
1 tragbares Schreinwerk (feretrum) in rhein. Schmelz in Form eines Tragaltärchens, aber ohne consecrierten Stein auf der abgerundeten Oberfläche mit noch zu constatierenden Inschriften;
2 arculae oblongae in formam domus redactae. Limousiner Schmelzwerk, vom Schluß des XII. Jahrh. mit aufgesetzten relifierten Figuren;
17 emailierte Nimben (eingeschmelzte Heiligenscheine);
1 Pedalstückchen vom größeren tragbaren Altar (als Thierunhold);
1 emailiertes Säulchen vom S. Benignusschrein; (die fehlenden Theile des S. Annoschreines in Emaille glaubt Schreiber dieses im königl. Kunstgewerbe-Museum zu Berlin gesehen zu haben, wenn dieselben nicht von anderen Anfang dieses Jahrhunderts entkleideten Reliquienschreinen Cölns / S. Ursula ? / herrühren);
6 Bandstreifen mit Emaille=Inschriften von einem der Siegburger Schreine herrührend;
1 Band- oder Einfassungsstreifen mit eingravierten roman. Ornamenten;
Der Funeralstab des H. Anno (pecten eburneum cum figuris exsculptis);
1 durchbohrter Saphir in Bohnenform ohne Schleifung (als Cabucton);

---

[45] Muß heißen: 18. Jahrh., da der Altar 1750 angefertigt wurde.

[46] Nach der Brockhaus-Enzyklopädie 1974: ... „die Stilstufe bes. der dt. Kunst im Übergang vom Rokoko zu Klassizismus, soweit in ihr das Bürgerliche, Lehrhafte, Nüchterne der Aufklärungszeit hervortritt.

[47] Alle unter der Signatur IX, 3, 5 zusammengefaßt. Außerdem befindet sich im Raum des Pfarrarchivs noch das von Pfarrer Koch unterschriebene eingerahmte Exemplar als Bild.

[48] PAS IX, 3, 5a.

3 geschnittene Knäufe in Bergkristall von der metallischen Kammbekrönung von verschiedenen größeren Reliquienschreinen Siegburgs herrührend.
Auf Wunsch Sr. Hochwürden des Herrn Pfarrers Koch habe ich vorstehendes numerisches Verzeichnis der Reliquienbehälter und Werthstücke der Pfarrkirche zu Siegburg unter Beihilfe des Herrn Malers Halm[49] und des Herrn Küsters Mengelbier[50] nach Diktat angefertigt.
Diesem genauen Verzeichnis sind jedoch nicht einverleibt worden mehrere kleine gothisierende Reliquiengefäße des XVI. Jahrhunderts[51], da dieselben höchstens nur metallischen, dagegen nur geringen artistischen Werth beanspruchen dürfen.

Siegburg, im Juli 1894
Dr. Fr. Bock

Nun zu diesem Verzeichnis ein paar erklärende Worte:
Mit den 4 großen Schreinen sind Annoschrein, Mauritiusschrein, Benignusschrein und Apollinarisschrein gemeint.
Als die beiden kleineren romanischen Schreine sind der Honoratusschrein und der Reliquienkasten aus Fragmenten – *Arca quadrata* – zu verstehen.
Die beiden *altaria gestatoria* sind der Mauritius- und der Gregorius-Tragaltar.
Das tragbare Schreinwerk ist das Andreas-Reliquiar. Die Deckplatte ist leicht gewölbt und mit Inschriften versehen.
Die *arculae oblongae* sind die beiden Limogesreliquiare.

---

49 Franz Halm, *8.9.1845 in Siegburg, †26.2.1924 in Köln. Vgl. zu ihm: P. Henseler. Conrad Halm – Eine Studie zum taxischen Postwesen in Siegburg im letzten Drittel des 18. Jahrhunderts, HBlS, H. 86 (1964), S. 89ff.; am Schluß des Artikels ein Stammbaum der aus Uckerath stammenden Familie. Über Halms künstlerische Tätigkeit berichtet Ludwig Traude, Franz Halm, ein Siegburger Maler, HBlS, 15. Jg. (1939), S. 115f. Über seine Uckerather Ahnen vgl. J. Buchholz, Die Uckerather Post- und Bürgermeisterfamilie Halm, HBlS, Jahrbuch 1984, S. 104ff. und H. Fischer, Das „Familienbuch" des Franz Halm aus Uckerath, HBlS, Jahrbuch 1986/87, S. 82ff.

50 Nach dem Ehebuch von St. Servatius, Siegburg, heiratete am 29.1.1885 Hubert Gerhard Mengelbier, *12.9.1850 in Würselen als Sohn der Eheleute Josef M. und der Johanna Mommer, Helena Keller, *29.6.1863 als Tochter der Eheleute Johannes K. und der Agnes Schulte aus Siegburg. Vier Kinder des Paares sind im Taufbuch aufgezeichnet: 1885, 28.11.: Johanna; 1887, 17.2.: Hubert; 1888, 25.8.: Heinrich Ludwig; 1889, 21.7.: Nikolaus Apollinarius, der aber bereits am 8.8. starb. Da keine weiteren Angaben zu finden sind, dürfte die Familie nach 1894 Siegburg verlassen haben.

51 Vgl. hierzu, weiter unten, I 1i.

Von den 17 Heiligenscheinen in Emailarbeit sind noch 16 vorhanden; zehn sind an dem Altarkreuz[52] angebracht, das 1952 von dem Kölner Goldschmied Josef Jaeckel angefertigt wurde. Fünf weitere waren bis zur Renovierung der Marienkapelle 1979 auf dem dortigen Tabernakel angebracht. Diese Tabernakeltür[53] wurde 1959 von Egino Weinert, Köln, angefertigt. Heute sind sie lose Einzelstücke des Schatzes. Ein weiterer Nimbus befand sich auf einem Holzkreuz, das Dechant Becker in seiner Wohnung hatte. Er wurde ebenfalls abgenommen und dem Schatz beigegeben. Leider ist der 17. Heiligenschein nicht mehr auffindbar. Er dürfte verloren sein.

Das Pedalstückchen ist ein Fuß von einem der Tragaltärchen. Es diente als Muster zum Nachguß der fehlenden Füße, die bei der Restaurierung 1901/02 durch P. Beumers ergänzt wurden[54]. Das hier genannte Säulchen dürfte bei der oben genannten Restaurierung wieder an seinen Platz gekommen sein.

Von den 6 Bandstreifen sind leider nur noch 5 vorhanden. Da die Texte, die sie enthalten, für das Programm der alttestamentlichen Gestalten am Mauritius-Schrein von Bedeutung sind, könnte der eine nun fehlende Text vielleicht von entscheidender Bedeutung gewesen sein[55].

Wovon der Band- oder Einfassungsstreifen war, ob er bei der Restaurierung wieder an die richtige Stelle kam, läßt sich aus den spärlichen Angaben nicht erschließen. Es könnten aber auch damit die vier Emailplättchen gemeint sein, die am Fuß des Altarkreuzes 1953 von Josef Jaeckel angebracht wurden[56], falls sie sich auf einer gemeinsamen Unterlage befanden.

Anno-Stab und -Kamm[57] sind noch vorhanden.

Der durchbohrte Saphir ist nicht mehr da. Cabucton dürfte wohl für Cabochon stehen müssen, was nach dem Fremdwörter-Duden einen Schmuckstein mit kuppelförmiger Oberseite bezeichnet.

Falls die Bergkristallknäufe nicht bei der Restaurierung verwendet wurden, müssen sie auch als verloren gelten.

---

[52] Vgl. Zehnder, Nr. 12, 1, S. 450 f.

[53] Ebda. Nr. 12, 2, S. 451 ff.

[54] Ebda. Nr. 10, S. 440.

[55] Vgl. hierzu den Artikel: III. Das Bildprogramm des Mauritius- und Innozentiusschreins.

[56] Vgl. Anm. 52.

[57] Vgl. Zehnder Nr. 13, S. 453 ff. und Nr. 14, S. 456 ff.

Da wir uns etwas eingehender mit der in Klammern stehenden Vermutung Bocks zu beschäftigen haben, wonach er eventuell in Berlin emaillierte Teile vom Anno-Schrein gesehen habe, sei diesem Thema eine eigene Abhandlung[58] gewidmet.

i) Bocks Urteil über Reliquienmonstranzen

Wie sehr sich die Wertung späterer Kunstwerke geändert hat, zeigt die Bemerkung Bocks am Schluß des „Numerischen Verzeichnisses" über „mehrere kleine gothisierende Reliquiengefäße des XVI. Jahrhunderts", denen er nur Metallwert zuspricht. Gemeint sind doch offenbar die sechs silbernen Reliquienmonstranzen, die heute noch zum Schatz gehören. Ob es vor 100 Jahren noch mehr waren, läßt sich aus den vorhandenen Archivalien nicht feststellen. Während Zehnder 1967 nur drei Monstranzen kennt[59], gelang es mir bei einer Aufräumaktion 1974 weitere drei Monstranzen aufzuspüren[60]. Die kleinere entspricht genau dem Reliquiar, das Zehnder unter der Nr. 17 beschrieben hat. Die zwei größeren gehören eindeutig der gleichen Zeit an, wurden sogar wahrscheinlich vom gleichen Silberschmied gefertigt. Leider fehlt bei einer der kuppelförmige obere Abschluß. Wenn sie auch nicht den Wert haben wie romanische Stücke des Schatzes, so sind sie sicher viel wertvoller als nur der „metallische Werth". Zehnder beurteilt die beiden älteren Monstranzen, die unter den Nummern 15 und 16 beschrieben sind, als „gute kölnische Arbeit, wohl Anfang 16. Jahrhundert"[61]. Über das eine ihm bekannte Reliquiar Nr. 17 schreibt er: „Dieses[62] Reliquiarium mit seiner Mischung aus barocken und gotischen Formen verdeutlicht gut das lange Nachleben der spätgotischen Turmmonstranz in Köln". Er datiert die Montranz in die 1. Hälfte des 17. Jahrhunderts. Das Gleiche gilt dann auch für die drei 1974 gefundenen Stücke.

---

[58] Vgl. den Artikel: II. Die Veränderungen am Annoschrein.

[59] Vgl. Zehnder Nrn. 15–17, S. 458 ff.

[60] Sie wurden von dem damaligen Restaurator des Schütgen-Museums, Herrn Friedrich Schwarz restauriert. Eine Rheinbacher Glasbläserei fertigte die fehlenden Glaszylinder an.

[61] S. 459 u. 461.

[62] S. 462.

j) Frage nach Annos Trinkhorn (Hornreliquiar)

Im Pfarrarchiv befindet sich unter der Signatur IX, 2,2 ein Brief des Provinzialkonservators der Rheinprovinz, Dr. E. Renard, vom 28. 2. 1902. Es geht um die Beschickung der kunsthistorischen Ausstellung in Düsseldorf 1902. Darin heißt es: „Was die beiden kleinen Objekte angeht, Kamm des heiligen Anno und das Hornreliquiar, so würde ich Ihnen sehr zu Dank verbunden sein, wenn Sie zu Ende März die beiden Objekte durch einen Boten an das Kunstgewerbe Museum in Köln, Hansaring senden wollten". Unter dem Brief steht von der Hand des Pastors Bamberg: „Angefr. bez. Hornreliquiar am 10. 3. 02". Da erhebt sich auch unsere Frage: Gab es damals, also 1902 noch ein Hornreliquiar? Sebastiani kennt ja noch das schwarze, Silber beschlagene Trinkhorn Annos[63]. Vermutlich handelt es sich aber um eine Verwechslung, denn sonst wäre die Anmerkung unter dem Brief nicht recht verständlich. Außerdem wird dieses Trinkhorn, das ja auf den Belecker Gemälden noch dargestellt ist, nachher nicht mehr erwähnt. Bock kennt es jedenfalls in seinem „Numerischen Verzeichnis" von 1894[64] nicht.

Noch vorhanden ist, wenn auch nicht in Siegburg, sondern im Bayerischen Nationalmuseum zu München, die Reliquienbüste eines Bischofs. Dieses aus Holz gearbeitete Reliquiar aus der Mitte des 14. Jahrhunderts wurde von Hans Peter Hilger im Siegburger Heimatbuch, Bd. 2, beschrieben. Die beiden Wappen weisen als Stifter den Siegburger Abt Reinhard von Lülsdorf (1349–1358) aus[65].

Rückblickend kann man sagen: Schade für alles, was im Laufe der Zeit verloren ging. Aber es soll auch froh machen, was die Zeiten überdauerte. Vor allem aber möge es als ein Erbe gehütet werden, das uns zu treuen Händen anvertraut wurde. Dieses Erbe darf sich aber nicht nur auf die Bewahrung der erhaltenen Kunstwerke beschränken, sondern wir sollten wieder erkennen, wofür die Reliquiare geschaffen wurden, nämlich den Heiligen, die uns ja unter den Reliquien näher sind, eine würdige Bleibe zu schaffen, die aber letztlich unseren Blick auf die Kirche in der Vollendung lenken soll.

---

[63] Vgl. 2. Gegenüberstellung . . ., Hörner, Nr. 11.
[64] Vgl. oben, I 1h.
[65] Heimatbuch der Stadt Siegburg II. Bd., Siegburg 1967, S. 328 ff, Nr. IV.

2. Gegenüberstellung der Reliquiare, die im Siegburger Inventarverzeichnis von 1608 und in Sebastianis „Siegbergischem Heiligthum" von 1750 erwähnt werden[66]

1608	1750
ARMRELIQUIARE:	
1. Item ein kufferen arm, darin reliquiae Achabit martyris. (T 164)	In einem silbernen und verguldten Armb findet sich ein Gebein auß dem Armb des H. Jünglings Agapiti[67], welcher zu Präneste in Italien unter Käyser Aureliano umb des Christlichen Glaubens willen im 15ten Jahr seines Alters nach vielen außgestandenen Tormenten mit dem Schwerd hingerichtet worden. Von diesem Heiligthum meldet so wohl hiesiges Marter-Buch, als ein Uhralter auß Ertz gegossener und verguldeter Armb, worinnen sonst dasselbe muß auffbehalten gewesen seyn, weil auff selben mit guldnen Buchstaben gelesen wird: *Brachium S. Agapiti Martyris,* Der Armb des H. Martyrers Agapiti. (52/53)
2. Item zwen armen, ein de st. Benedicto, alter de sancto Albino. (T 163)	
3. Item brachium st. Quirini. (T 164)	

[66] Hans Peters hat in seinem Buch „Der Siegburger Servatiusschatz", Bad Honnef 1952, S. 29 einen Abschnitt: Verschwundene Werke. Diese 13 Positionen umfassende Liste ist sehr lückenhaft. Auf sie wird im Folgenden unter Peters verwiesen.

[67] Peters, Nr. 8.

[68] Peters, Nr. 12.

[69] Peters, Nr. 7.

GREIFENKLAUE:

4. Item ein greiffe klaw schwärtz mit silber beschlägen, darinnen auch verscheidene reliquiae erfindtlich. (T 164)

HÄUPTER (Kopfreliquiare):

5. Item noch ein heubtt d. Alexandri ex societate d. Achatii. (T 164)

6. Item caput s. Georgii martiris. (T 163)

Unter andren kleineren Reliquiarien besitzet hiesiges Gottes-Hauß eines, so in Form eines Haupts gemacht und mit rothem Sammet, und darauff vielen feinen Perlen umbgeben ist, mit angehefftem Pergament, worauff folgendes zu lesen: *Hic continentur reliquiae. Primo de capite S. Georgii*[68] *Martyris de Societate Thebaeorum, qui in visione se fuisse comitem & militem dicebat in tempore Martyrii XXXII. Dominorum. Item dens S. Mauritii. Item S. Benigni. Item S. Clementis Papae & Mart. S. Sebastiani. S. Quirini. S. Herenci M. S. Pancratii. S. Vitalis, Quatuor Coronatorum, Gregorii Papae, de hostiis S. Egidii, S. Agnetis, S. Barbarae, S. Eugeniae, S. Aleydis de Vylke, de Societate Gereonis & Sociorum suorum Mart. Item de Collegio undecim Millium Virg. Martyrum. h. i.* (39/40)

In einem auß Aertz gegossen und aussenher vergüldeten Haupt befindet sich das Haupt des H. Vitalis[69] eines Gesellen S. Mauritii. ... (38)

7. Im veirten gefäch funden zwei capita, eines de s. Primo martire, alterum de undecim milibus virginum. (T 163)

Nebst vielen eingefaßten Häuptern, wovon die Nahmen (Ohngezweifelt im Schwedischen Krieg, als man sie flüchten müssen) verlohren gangen, findet sich auch eins in blauen Sammet mit feinen Perlen reichlich besetzt, dem ein Pergamenten-Zettel angehefftet, woraauff zu lesen: *Haec est Virgo & Regina de principalibus duabus, quae se nominavit Spinosa.* Diese ist ein Jungfrau und Königin deren 2 fürnehmsten eine, die sich Spinosa genennet hat. (55/56)

8. Im zweitten gefach veir kistger, darauff drei grosser heubter, das mittelste kuffer ubergult. (T 163)
9. Im obersten gefach vierzehen capita auff funff kussen stehendt, funden. (T 163)
10. Item noch ein heubt de aliquo sancto. (T 165)

In 2 höltzernen in Form einer Arch gemachten Reliquiarien finden sich laut Uhralter Auffschrifft 2 Häupter von denen Heil so genannten Mauris oder Mohren, weil selbe auß Mauritanien oder Mohrenland gebürtig gewesen ... (54)
Item ein grosse Meng verschiedener Häupter und Gebeinen, von denen die Nahmen und Nachreichten im Schwedischen Krieg verlohren gangen, doch aber im Buch des Lebens verzeichnet seynd. (60)

HÖRNER:

11. Item zwei grösser horner, ein schwärtz. das ander weiss, in beiden reliquiae erfindtlich. (T 163)

Zweytens findt sich hier ein schwartzes Horn[70], auff denen äussersten Theilen mit Silber beschlagen, welches S. Anno für ein Trinck-Geschirr gebrauchet. (31)

KÄSTCHEN:

12. Im zweiten gefach veir kistger, darauff drei grosser heubter, das mittelste kuffer ubergult. (T 163; s. oben Nr. 10)
13. Item ein taffelgen und ein kistgen, darinnen auch reliquiae. (T 163)
14. Im dritten gefäch funff kistgen, deren eines helpen bein, in allen verscheidene reliquiae furhanden. (T 163)
15. Noch drei kistger in medio funden, im mittelsten reliquiae d. Mauritii, Gereonis et sociorum. (T 163)
16. Item ein weiss helpen beinen kistgen, inwendich mitt blawen sternen, darinnen auch reliquiae erfindtlich. (T 164)
17. Item ein klein alt kistgen uff hohen fuessgen. (T 165)
18. Item ein rondt helben beinen kistgen oder buchssgen mit silber geschlagen, darinn reliquiae s. Clarae. (T 164)

In einem viereckigen in Gestalt einer Arch formirten und mit Corallen besetzten Kästlein seynd folgende: ... (57)

[70] Peters, Nr. 3.

In einem andren von gleichem Format, auff dessen Boden diese Wort zu lesen: *Scrinium Beatae & Gloriosae semper Virginis Mariae Matris Dei:*[71] seynd folgende: ... (58)

In einem andren, auff dessen vordren Theil ein Crucifix Bild sich zwischen Maria der Jungfrau und S. Johanne zeigt seynd folgende: ... (58)

Nebst diesen findet sich noch ein kleineres Kistlein voller Reliq. so wegen Gefahr zerbrochen zu werden, nicht eröffnet worden. (59)

KAMM DES HL. ANNO:

19. Noch ein klein silberen kelch[72] cum patena et pectine s. Annonis, so im gräff funden. (T 159)

Letztens besitzet man den Kamm desselben, ein in Warheit herrliches Merckmahl dessen gröster Demuth, massen er viel zu grob und ungestallt, als daß er würdig gewesen wäre ein so heilig und ehrwürdiges Haupt berühren zu dörffen. (31)

KELCH MIT RELIQUIEN:

20. Item ein gröss rondt kelch, in quo quinque guttae sanguinis Christi, mit vielen edlen steinen ausswendlich. (T 164)

In einem silbern- und verguldeten auch mit vielen raren Steinen besetzten Kelch[73], dessen obrer Theil mit Christall umbgeben, auch in der mitten des Deckels unter einem Christall sich ein Tüchlein mit Bluts-Tropffen zeiget, seynd nach Inhalt dabey befindlichen Zettlein folgende merkwürdig: ... (56/57)

---

[71] Peters, Nr. 9. Dieses Reliquiar ist nicht verloren, denn hiermit ist das kleine Limogesreliquiar gemeint.

[72] Peters, Nr. 2.

[73] Peters, Nr. 1.

KREUZE:

21. Item ein silberen creutzgen ubergult, noch ein kleinn silberen creutzgen mit einem seiden bendell an dem anderen creutgen hangent. (T 159)

22. Item ein gröss silberen ubergultes creutz[74], daraussen ettliche perlen gröss und klein verloren, mit zweien anhangenden kleinen creutzer sambtt zweien grössen ringen mit blauwen steinen, einwendigh particula de sancto ligno, dartzu ein steckh mit silber uberzögen und ein kufferen fuss, darauff das creutz in summis festis gestelt wirdt. (T 160)

23. Item ein silberen creutzgen. (T 164)

24. Item ein kufferen creutzgen auff einem ronden fuessgen. (T 164)

25. Item ein monstrantz creutzgewiss, darinnen reliquiae s. Benigni. (T 164)

Item ein grosses silbern- und verguldetes Creutz, worinnen nebst vielen andren Reliquien auch ein Gebein S. Benigni befindlich ist. (60)

KRISTALLRELIQUIARE:

26. Item ein christeleinen gemech in gestalt einer wegen, darin reliquiae alicuius sancti, cuius non habetur. (T 163)

27. Item ein christeleinen pfeiffen, darin reliquiae de st. Thorotea. (T 164)

---

[74] Peters, Nr. 10.

In einem erhobnen Glaß findet sich ein mercklicher Partikel vom Armb S. Gereonis eines Führers 318 auß Aegypten bürtiger Kriegs-Leuthen, welche eben auff demselben Platz und unter selbigen Tyrannen (wovon im vorhergehenden Capitel gemeldet worden) umb des Christlichen Glaubens willen getödtet und mit der MarterCron gezieret worden. (55)

MITRA:

28. Item mitra Stephani papae et martiris. (T 163)

MONSTRANZEN:

29. Im understen gefach funden eine schöne monstrantz sub nomine Kobbenradt, in qua habetur spina de corona Christi. (Z 164)

Item 2 schöne silberne Monstrantzen, worin die H. Reliq. seynd. (59)

30. Item ein kleinn ding oder gebeins, in silber gefast auff einen hohen fuessgen, das man zu der seghnung st. Quirini wasser gebraucht. (T 164)

31. Item ein monstrantz, in qua effigies d. Catharinae cum reliquiis s. Barbarae. (T 164)

32. Item noch ein monstrantz, darinnen pallium s. Annonis et Hereberti archiepiscopi et costa s. Vincentii et pecten Thomae Canthuariensis. (T 164)

Item besitzet man das Pallium[75] oder Ertz-Bischöffliches sogenanntes Mäntlein S. Heriberti. (59/60)

[75] Peters, Nr. 11. Das Pallium des hl. Heribert ist noch vorhanden. Es wird aufbewahrt in der *arca quadrata*, dem Reliquiar aus Fragmenten.

Item ein monstrantz creutzgewiss (s. Kreuze; Nr. 24)

33. Item ein klein silberen monstrentzgen darin reliquiae s. Bartholomaei. (T 164)

34. Item ein monstrentzgen de police s. Jacobi. (T 164)

35. Item ein klein silber ubergultes monstrentzgen, darin de lacte et capillis d. virginis, mitt zweien gulden eugelger inwendlich. (T 164)

36. Item noch ein kuffer monstrentzgen, darinnen auch reliquiae erfindtlich. (T 164)

37. Item ein klein silber monstrentzgen de st. Sebastiano. (T 164)

38. Item ein klein silberen monstrentzgen de undecim milibus virginum. (T 164)

39. Item einn silberen monstrentzgen, in qua dens s. Apolloniae cum reliquiis d. Apolloniae cum reliquiis d. Agnetis virginis. (T 164/65)

40. Item ein klein silberen monstrentzgen de divo Paulo. (T 165)

41. Item noch ein silberen monstrentzgen, darinn Johanekes metzgen. (T 165)

In einem runden Glaß wird dahier gezeigt die unverwesene Hand eines Kinds in der mitten durchstochen, wie auch ein kleines Messer, wovon sich findet folgender Bericht: (Es folgt dann der Bericht über das Martyrium des Johänneken von Troisdorf.) 50 ff.

42. Item noch ein kufferen monstrentzgen, darinnen auch reliquiae erfindtlich. (T 165)

PLATTE:

43. Item ein rondt kuffer pletten, darinnen reliquiae erfindtlich. (T 164)

ANNORING:

S. Nr. 45 unter Annostab.

SEPULCHRUM
EINES ALTARES:

44. Item ein bleien kistgen, darinnen reliquiae und hiebevor in einem altär funden, (T 165)

ANNOSTAB:

45. Item Annonis stäff und ringh[76]. (T 163)

Nebst gemeldtem H. Leib oder Gebeinen dieses Heiligen ist hier befindlich und sehens würdig der Bischöffliche Stab desselbigen auß schlechtem, wie es scheinet, Apffel- oder Bier-Bäumen-Holtz, obenher mit Helffenbein, so in Form einer Schlangen gebogen ist, besetzt, und mit wenigem Messing beschlagen, auff welchem Beschlag dieser Vers zu lesen:
Tytire coge pecus, coecus ne ducito coecos.
Moribus esto gravis, rector fore disce suavis,
Astu Serpentis volucris tege simpla gementis.
Heißt ohngefähr zu Teutsch:
Treib Tytire dein Heerd, nicht blind den Blinden führe,

[76] Peters, Nr. 5. Nach dem Translationsbericht wurde dieser Ring im Grab Annos am 29. 4. 1183 gefunden. Vgl. *Libellus de Translatione s. Annonis Archiepiscopi* ..., Siegb. Stud. III. Siegburg 1966, S. 14 ff.

Die Richt-Schnur deines Ampts der Ernst und Liebe sey,
Daß deines Glaubens Haupt kein Glaubens-Feind berühre,
So für der Schlangen Witz die Tauben Einfalt bey. (30/31)

TOPF:

46. Item ein alt rond duppen, darinnen verscheidene reliquiae. (T 164)

ZÄHNE:

47. Item ein zant, in kuffer gefast. (T 163)
48. Noch ein zant divi Appolinaris. (T 163)
49. Item dens st. Nicolai in silber gefast. (T 164)

VERSCHIEDENE RELIQUIARE:

50. Item noch sieben kistger gröss und klein, darinnen verscheidene reliquiae. (T 164)

In unterschiedlichen Uhralten und kostbaren theils Kistlein und Pyramiden, theils Kelchen und Monstrantzen finden sich viel kleinere Reliquien, von denen man kürtze halber nur die fürnehmste anmerken will. (56)

3. Nachrichten zu den übrigen Reliquiaren:

Ein silberen uberguldt bildt sive effigies alicuius episcopi, binnen holl und zu st. Appollinaris käst gehorich. (T 159)
Ein alte hultze buchss, darinnen etliche stucker silbers und steinen von den Kästen abgebrochen. (T 162)

Das hohe altär eroffenet und im augenschein befunden, dass im understen theill des altars wenigh stein erfindtlich. In der obersten reien unden den cästen funden ein und dreissigh stein, unden funden sechs und zwentzigh. In medio uff der leisten funden sieben und zwentzigh stein. Zwischen denn leisten, da die veir evangelisten stehenn, ein und zwentzigh stein funden. Summa in allen casten seint ettliche stein und perlen aussgenommen. (T 163)[77]

4. Zwei Urkunden, die sich im Apollinarisschrein befinden

Bei der Öffnung der Siegburger Schreine, die Pfarrer J.W. Eskens 1819 mit Erlaubnis des Kölner Generalvikars vornahm, fanden sich im Apollinarisschrein zwei Urkunden, die über die Translation dieser Reliquien von Remagen nach Siegburg und die Anfertigung des Schreins berichten. Die ältere von Abt Pilgrim von Drachenfels besiegelte Urkunde findet sich nicht im Siegburger Urkundenbuch. Offensichtlich war sie 1964 noch nicht bekannt, als der erste Band erschien. Die zweite Urkunde, die unter Abt Wilhelm Spies von Büllesheim ausgestellt wurde, findet sich in Band II des Urkundenbuches als Regest. Zehnder erwähnte beide Diplome bei der Beschreibung des Schreins 1967. Niederau zitiert öfter in seiner Aufstellung der Siegburger Konventualen die Chroniken und Darstellungen 202 des Hist. Archivs der Stadt Köln.

Für die folgende Edition können leider nicht die im Schrein liegenden Originale herangezogen werden, sondern nur die drei Abschriften, die 1819 durch Pfarrer Eskens angefertigt wurden:

a) Das Konzept, das nach Ausweis der Nachschrift am 4. Dezember 1819 von Pfarrer Eskens geschrieben wurde. Es enthält mehrere Veränderungen. Die Beschreibung der Siegel ist von anderer Hand. Der Doppelbogen Büttenpapier, der als Wasserzeichen „GH“ und ein Einhorn zeigt, trägt die Signatur IX, 3, 1 a.

---

[77] Außerdem führt Peters noch folgende Teile des Schatzes an, die heute verloren sind: Nr. 4. Das Annoschwert, allein auf dem oben genannten Gemälde (den Belecker Bildern des Annoschreins) abgebildet. Der Heilige soll es von Kaiser Heinrich III. enpfangen haben, der der Siegburger Abtei das „Ius gladii“ verliehen habe(?). Nr. 6. Eine Schaumonstranz der Zeit um 1700 mit dem Unterkiefer des hl. Anno, abgebildet auf einem der oben erwähnten Gemälde des Annoschreins. Nr. 13. der Löwenstoff (s. Seite 27): „... ein Werk von höchster Bedeutung in der Geschichte der vormittelalterlichen, der byzantinischen Kunst, während der letzten Kriegs- oder Nachkriegsjahre – nicht ohne Leichtsinn und auf rätselhafte Weise – verloren gegangen, vermutlich verbrannt ist ...“ Während der Drucklegung dieses Buches stellte sich heraus, daß der Löwenstoff im Kunstgewerbe-Museum von Berlin Köpenik aufbewahrt wird. Vgl. den Katalog zur Kaiserin-Theophanu-Ausstellung, S. 82; Mitt. v. Dr. H.-J. Roggendorf.

b) Urkunde I auf feinem dünnen Büttenpapier mit dem Wasserzeichen: Kleiner Garten mit Blumen und Spaten?, darüber die Inschrift PRO PATRIA. Rechts: „AF“.
Urkunde II auf beschnittenem Büttenpapier mit Goldrand, Wasserzeichen: VANDER MUELEN & COMP. Sie wurde ebenfalls am 4. Dezember 1819 von Pastor Eskens geschrieben und mit dem Siegel der Christianität Siegburg versehen. Signatur: IX, 3, 1b und 1c.
c) Im Bericht über die Eröffnung der Reliquienschreine, Ss. 30–34, auf dem gleichen Papier geschrieben wie b, Urkunde I. Vermutlich Ende 1819–Anfang 1820 geschrieben, da der folgende Bericht über die Verlesung der Übersetzung beider Urkunden nach der Messe am 17. Juli 1820 handelt. Signatur: VI, 21.

Urkunde I: Siegburg, 1394, Dezember 3
Universis Christi fidelibus praesentibus et futuris Pilgerinus de Drachenveltz[1], Dei gratia Abbas Monasterii Sybergensis, Ordinis Sancti Benedicti, Coloniensis Dioecesis, salutem in Domino cum notitia veritatis: Noveritis, quod Nos anno a Nativitate Domini nostri Jesu Christi Millesimo Trecentesimo Nonagesimo Quarto, Indictione III., die Jovis, mensis Decembris tertia, hora meridiei vel quasi, pia ducti intentione, quatenus videlicet[a] Sanctorum reliquiae amplius et condecentius venerentur, reliquias Sanctorum Apollinaris[2] martyris et Winibaldi[3] confes-

---

[a] *scilicet* C.

[1] Zu ihm vgl. Wisplinghoff, S. 165f., u. Niederau, S. 8.
[2] Nach Torsy, Namenstagskalender, lebte er um 200 als Bischof in Ravenna, wo er nach qualvollen Peinigungen die Drangsale der Verfolgung überlebte. Nach der späteren Legende soll er nachher mit einer Keule erschlagen worden sein. Die Reliquien in Remagen (angebliche Übertragung 1164) und Siegburg (Schrein des 15. Jahrhunderts) stammen sicher nicht von dem Bischof von Ravenna. Die beste Zusammenfassung über die obige Übertragung bietet immer noch Wetzer und Weltes Kirchenlexikon, Bd. 1, Sp. 1092: „... Die Überlieferung der Kölnischen Kirche behauptet, daß Erzbischof Rainald von Köln gleichzeitig mit den Leibern der heiligen Dreikönige im J. 1164 auch die Gebeine des hl. Apollinaris in Mailand erhalten und nach Deutschland gebracht habe. Als aber das Schiff mit den Reliquienschätzen in die Gegend von Remagen gelangt sei, habe eine unsichtbare Gewalt dasselbe plötzlich in seinen Laufe gehemmt, bis Rainald die Reliquien des hl. Apollinaris an's Land brachte und in einer 1121 von Erzbischof Friedrich erbauten Kirche des hl. Martin auf einem Hügel bei Remagen feierlich beisetzte; dann erst habe die Fahrt nach Köln vollendet werden können. Dieser Bericht erscheint zuerst bei Theoderich Pauli, Vicedecan zu Gorkum, in einer bei Quentel zu Köln 1526 gedruckten Schrift. Derselbe beruft sich auf Urkunden, die mit dem Siegel Johannes von Arkel, Bischofs von Maastricht (gest. 1378) versehen seien. Auszüge aus

soris atque os brachii Sancti Alexis[b4] confessoris, cum quampluribus ossibus de eodem[c] in sacculo propriis titulis ac notitiis insignitas et insignita, nec non aliorum plurimorum Sanctorum sine titulis huic capsae[5] imposuimus et reclusimus condecenter. Quas quidem reliquias omnes et singulas in tumba lapidea in medio Chori Ecclesiae cellae nostrae Regimagensis[6] ab olim conditas, per dilectum Nobis in Christo

---

[b] *Allexis* aus *Alexii* A; *Alexis* B u. C. [c] *eadem* B. [d] *Mestorp* A.

jener Schrift gab der Jesuit Crombach (Hist. Trium Magorum, Colon. 1654, 663 sq.) und suchte die in der Erzählung liegenden historischen Schwierigkeiten zu beseitigen. Die Bollandisten dagegen (Julii V, 330 sq.) weisen überzeugend nach, daß der Leib des hl. Apollinaris nie nach Mailand übertragen wurde, sondern daß die Kirche St. Apollinaris in Classe sich in dessen unanfechtbarem Besitz befinde". Nach den „Kunstdenkmälern, Kr. Ahrweiler", S. 560, sind die Gebeine „zuerst im 14. Jh. nachweisbar (aus dieser Zeit auch das Hochgrab), vielleicht stammen sie aus dem reichen Reliquienbesitz der Abtei Siegburg. In einer Fehde mit dem Siegburger Abt raubte sie der Herzog Wilhelm v. Jülich vom Apollinarisberg, um sie 1383 dem Lambertusstift in Düsseldorf zu schenken. Einige in der Steintumba auf dem Berg verbliebene Gebeinteile übertrug der Abt 1394 nach Siegburg und setzte sie in dem 1446 vollendeten Apollinarisschrein bei. Das Haupt des Heiligen war vor dem Herzog von Jülich nach der Landskron gerettet worden und kam vermutlich 1394 auf den Berg zurück". Das Lexikon des Mittelalters weiß folgendes hierzu: „Otto III. brachte nach dem Besuch in Ravenna den Kult nach Burtscheid bei Aachen, Dieses und die Abtei Siegburg, die vielleicht durch Anno Reliquien (Dijon?) erhalten hatte, verbreiteten den Kult im Rheinland. Seit dem 14. Jh. ist wichtigster Kultort von A. die Siegburger Propstei Apollinarisberg bei Remagen. Die Translatio durch Ebf. Reinald v. Dassel ist eine durch den Zusammenfall von Apollinarisfest und Translatiosfest der Drei Könige am 23. Juli angeregte Erfindung um 1450".

3 Winibald/Wunibald wurde nach Torsy, Namenstagskalender, 701 in Südengland geboren. Er war der Bruder Willibalds und Walburgas. Bonifatius gewann auf seiner zweiten Romreise 737/738 W. für die deutsche Mission. Er wirkte in Thüringen, der Oberpfalz und in Mainz. 752 gründete er das Kloster Heidenheim. Hier starb er am 18. 12. 761. Sein Bruder Willibald erhob den noch unversehrten Leib am 24. 9. 777.

4 Alexius war nach Torsy, Namenstagskalender, ein junger römischer Patrizier, der nach einer syrischen Legende des 5. Jahrhunderts am Hochzeitstag nach Edessa entfloh, wo er nach einem entbehrungsreichen Leben in der Verborgenheit von dieser Welt dahingeschieden ist. Im 10. Jahrhundert wurde seine Verehrung auch im Abendland bekannt.

5 Hiernach muß also bereits 1494 ein Vorgänger des heutigen Schreins angefertigt worden sein, der ja nach der Urkunde II 1446 von dem Kölner Goldschmied Hermann von Aldendorp angefertigt wurde. Über seine Größe und Form ist uns nichts bekannt, auch nicht, ob Teile des alten Schreins an dem heutigen verwendet wurden. Nach dem Katalog „Die Parler", Bd. 1, Köln 1978, S. 372, könnte der Wappenschmuck auf den Dachflächen von dem älteren Schrein stammen, denn: „Wappenschmuck solcher Art (wie am Sebaldusschrein von Nürnberg) findet sich nur selten auf Reliquienschreinen, und dann beschränkt auf die Dachflächen; zu nennen sind vor allem der mit einem Datum von 1446 verbundene, aber wohl weitgehend aus dem 14. Jahrhundert stammende Schrein des Heiligen Apollinaris in Siegburg und der Schrein der Heiligen Gertrud aus der Kathedrale von Nivelles aus den Jahren 1272–1298".

Rutgerum de Eltzfelt[7], thesaurarium infra scriptum, anno nondum elapso ab inde ad Monasterium Nostrum praedictum adduci fecimus reverenter. Actum praesentibus religiosis et in Christo Nobis dilectis Godfrido Winter[8], Priore, Joannes de Westorp[d9], Subpriore, et Rutgero[10], thesaurario monasterii Nostri praedicti, nec non Burchardo[11] Notario monasterii atque Oppidi Nostri Sybergensis subscripto[e] testibus ad praemissa. Cujus rei in testimonium praesentes litteras per Dominum Notarium fieri mandavimus, quas etiam sigilli Nostri appensione fecimus communiri. Datum Anno, Indictione, mense etc. quibus supra.

Et[f] ego Burchardus de Clotingen, Notarius supra tactus, praemissarum reliquiarum impositioni et reclusioni praesens interfui. Has praesentes litteras, per alium fidelem scriptas, exinde confeci meque manu propria subscripsi, de mandato dicti Domini Abbatis in amplius testimonium praemissorum.

(L. S.)[12]

---

[e] fehlt C. [f] der folgende Passus fehlt B.

[6] Hierzu s. Wisplinghoff, S. 75 ff., Semmler, S. 52 f. Zu dem oben erwähnten Hochgrab vgl. Kunstdenkmäler, Krs. Ahrweiler, S. 561.

[7] Näheres zu ihm bei Wisplinghoff, S. 176, u. Niederau, S. 15.

[8] Vgl. Wisplinghoff, S. 176, u. Niederau, S. 15.

[9] Vgl. Wisplinghoff, S. 181, u. Niederau, S. 23.

[10] S. Anm. 7.

[11] Er stellte auch die Urkunden UBS I 484, 1379, März 29, u. 508, 1384, März 17 u. Mai 19, aus. Daraus ergibt sich, daß er Kleriker der Kölner Kirche war und in Siegburg wohnte. Nr. 484: „Geschehen im Wärmeraum *(estuario)* des Hauses gen. *Limburgh* des Notars zu Siegburg. Dieses Haus, auch *Limperg* u. *Limperich* genannt, lag nach mündlicher Mitteilung von Herrn Otto Treptow, Wahlscheid, in der Mühlenstraße 17. Es wird erstmals in obiger Urkunde erwähnt.

[12] Das Siegel wird in den drei Abschriften und der deutschen Übersetzung beschrieben: Es stellte einen Bischof oder Prälat dar; unten befand sich ein kleiner Schild mit einem geflügelten Drachen. Wie sich aus dem Text ergib, war es das Siegel des Abtes Pilgrim von Drachenfels. Abbildung des Wappens nach Fahne, S. 81: Nach Wisplinghoff, S. 166 war: „Sein Siegel spitzoval, 4,3 x 6,8 cm, zeigt unter einem im Spitzbogen stehenden Geistlichen mit Buch in der linken und seitlich vom Körper gehaltenen Abtsstab einen Wappenschild mit Drachen. Umschrift in Majuskeln: .. ELEGR ... GRA (TIA) A ..... MON ....“ Diese Inschrift ist wohl so zu ergänzen: P (ELEGR) INUS DEI GRA (TIA) A (BBAS SIGE (MON) TANUS.

Urkunde II: Siegburg, 1446, April 21

Universis Christi fidelibus tam praesentibus quam futuris Wilhelmus Speys de Buellessem[1], Dei patientia Abbas monasterii in Siberg, Ordinis Sancti Benedicti, Dioecesis Coloniensis, salutem in Domino sempiternam: Noveritis, quod Nos Anno a Nativitate Domini Millesimo quadringentesimo quadragesimo sexto, Indictione nona, die Jovis, quae fuerat Vigesima prima mensis Aprilis, hora nonarum vel quasi* et cum pia ducti intentione, quatenus Sanctorum reliquiae amplius et decentius venerentur, reliquias Sanctorum: Apollinaris martyris et Wynibaldi confessoris, atque os brachii Sancti Alexis confessoris, cum quampluribus ossibus de eodem, in sacculo, propriis titulis ac notulis, seu notitiis insignitas et insignita, nec non aliorum plurimorum Sanctorum sine titulis huic novae Capsae, quam de nostris fructibus et emolumentis, Nobis a Deo ratione Nostrae Abbatialis Dignitatis datis et collatis construi procuravimus in honorem Salvatoris et Domini[a] nostri Jesu Christi, Beataeque Mariae Virginis omniumque Sanctorum, necnon ipsorum, quorum ossa in eadem reclusa sunt. Quas quidem reliquias praenotatus piae memoriae Pilgerinus de Drachenfeltz, praedecessor noster Abbas ad praesens monasterium per quendam Rutgerum[b] de Eltz, Sacristanum praesentis Nostri monasterii dum vixit Anno Domini Millesimo trecentesimo nonagesimo quarto, Indictione tertia, die Jovis, tertia mensis Decembris hora meridiei de praepositura Nostra in Remagen de tumba lapidea[c], ibidem in medio chori sita reverenter deduci et huc deportari procuravit, prout hoc in quadam patente Littera[2], sigillo ejusdem quondam Domini Pilgerimi Abbatis sigillata, ac per quendam Burchardum de Cloetingen scripta, nec non subscripta didicimus in veritate.

Acta sunt haec in Sacristia monasterii Siegbergensis praedicti, praesentibus religiosis Nobis maximopere dilectis: Joanne Stoeter[3], Priore, Wolbero de Horech[4], Sacrista, Caesario van dem Brynke[5], rectore disciplinae, Meinardo[6] Subcustode, Joanne de Fremerstorp[7], Arnoldo de Betz-

---

* Die aus der Vorurkunde hier inserierten Stellen im Kleindruck.

[a] *Domini et Salvatoris* B. [b] *Ruttgerum* B. [c] *de tumba lapidea* fehlt C.

[1] Vgl. Wisplinghoff, S. 166, u. Niederau, S. 8.

[2] Zu den Heiligen vgl. oben die Anm. 2–4.

[3] Johann Stoeter von Duisenschuir, s. Wisplinghoff, S. 177.

[4] Vgl. Wisplinghoff, S. 202, u. Niederau, S. 48.

[5] Vgl. Wisplinghoff, S. 187, u. Niederau, S. 57.

[6] Meinhard von Lövenich, s. Wisplinghoff, S. 223, u. Niederau, S. 57.

[7] Vgl. Wisplinghoff, S. 194 f., u. Niederau, S. 38.

[8] Vgl. Wisplinghoff, S. 198, u. Niederau, S. 43.

torp[8], monachis, nec non Magistro Hermanno de Aldendorp[9], qui praesentem capsidem construxerat, ac quampluribus aliis devotis Christi fidelibus, nec non Joanne de Brilon[10], Pastore in Lare, Scriba et Notario Nostro, cui praesentes litteras in publica forma redigendas commisimus, ac Nostro sigillo muniri. Datum et actum ut supra.
(Signum D. Notarii) Et ego Joannes Masculus de Brilon, presbyter Coloniensis Dioecesis, publica Imperiali authoritate Notarius, quia de mandato Venerabilis Domini mei Abbatis praesens praemissis fui, omnesque reliquias manibus meis ad praesentem capsidem, uti[d] profertur, reverenter imposui, ideo hoc praesens publicum scriptum desuper publicavi, et in hanc publicam formam redegi, scripsi, subscripsi, signoque et nomine meo solitis et consuetis signavi, in fidem praemissorum rogatus et requisitus.
(L. S.)[11]

In der schon mehrfach erwähnten *„Notitia historica“* (PAS: VI, 21) wird S. 34 berichtet, daß Pfarrer Eskens am 17. Juli 1820 diese beiden Urkunden den Gläubigen nach der Messe in deutscher Übersetzung verlesen habe. Diese Übersetzung ist erhalten und wird unter der Signatur IX, 3, 1d im Pfarrarchiv aufbewahrt. Am Schluß schreibt Pastor Eskens: „Die vorstehenden zwei Urkunden habe ich Endsunterzeichneter aus den lateinischen Urschriften von Wort zu Wort treu übersetzt, und werden hiermit denselben ganz gleichförmig attestirt. Siegburg, den 4. Dezember 1819. Joan. Wilhelm Eskens, Landdechant und Pastor zu Siegburg,

---

[d] *ut* B.

[9] Nach Zehnder, Servatiusschatz, S. 420, „1422–67 als Ratsherr aus dem Kreis der Goldschmiede in Köln belegt“.

[10] Der als Notar wirkende Pastor von Sieglar J. Masculi (Masculus, Menken) war nach UBS II an der Abfassung folgender Urkunden beteiligt: 256, 262, 270, 294, 298, 299, 309 (unser Diplom), 312, 313, 314, 426 und 435. Er ist also für den Zeitraum von Dez 1440–Juli 1471 als Notar bezeugt.

[11] Auch dieses Siegel ist in gleicher Weise beschrieben, wie das des Abtes Pilgrim von Drachenfels. Auch hier ergibt sich, daß es sich bei der abgebildeten Person um den Abt Spieß von Büllesheim handelt, dessen Wappen unter ihm angebracht ist. Das Wappen, Fahne S. 407. Nach Wisplinghoff, S. 166 war: „Sein Siegel spitzoval, 5,2 x 8 cm, zeigt einen unter einem gotischen Baldachin stehenden Geistlichen, der in der rechten Hand seitlich vom Körper den Abtsstab, links ein geschlossenes Buch hält; darunter Wappenschild. Umschrift in Minuskeln: S(igillum) Wilhelmi ... de Bulles ... dei gracia abb(atis) mon(asterii) Siberg ...“

zur Rekognition der Reliquien vom hohen Ordinariate besonders beauftragt". Da diese Übersetzung für uns in der Originalfassung voll verständlich ist, sei sie im Folgenden geboten:

I. Urkunde:

Wir, Pilgerinus von Drachenveltz, durch Gottes Genaden Abt des Klosters zu Siegberg, Cölnischer Diözese, sagen allen Christgläubigen, so wohl gegenwärtigen als zukünftigen, Unsern Gruß im Herrn, nebst Bekanntmachung der Warheit: Wir haben, im Jahr nach der Geburt Unseres Herrn Jesu Christi Eintausend, Dreihundert Vier und Neunzig zu der III. Indiction, auf Donnerstag, den dritten des Monats Dezember, ungefehr um die mittägige Stunde, durch gottseelige Absicht bewogen, nämlich: damit die Reliquien der Heiligen mehr und anständiger mögen verehret werden, die folgenden Reliquien, nämlich des h. Martyrers Apollinaris, des h. Beichtigers Winibaldus, den Armknochen des h. Beichtigers Alexis, mit mehr andern Gebeinen von demselben, in einem Säcklein, mit ihren eigenen Aufschriften versehen, so wie auch vieler anderer Heiligen ohne Aufschriften in diesen Kasten gelegt, und beständig verschlossen. Diese Reliquien waren ehemals samt und sonders in einem steinernen Sarge in der Kirche unserer Wohnung zu Remagen mitten auf dem Chor aufbewahrt, und wir haben dieselbe von da zu unserm hiesigen obenbenannten Closter durch Unsern in Christo geliebten Schatzmeister Rutgerus von Eltzfelt vor einem noch nicht ganz verloffenem Jahre mit Ehrbietung bringen lassen.
Geschehen in Gegenwart der Geistlichen, uns in Christo Geliebten: Des Priors Godfrid Winter, des Subpriors Joannes von Westorp, und des Schatzmeisters unsers obgehörten Closters Rutgerus, so auch des Burchardus, des Notars unsers Closters und Städtleins Syberg, der hier unterschrieben, und die Zeugen bei dem Vorgange waren. Zu dessen Urkunde wir den gegenwärtigen Brief durch den Herrn Notarius fertigen und auch durch Anhängung Unseres Siegels haben befestigen lassen. Gegeben im Jahr, Indiction, Monath usw. wie oben.
Und ich Burchardus von Clotingen oberwehnter Notarius, bin bei der Einlegung und Verschließung der vorverzeichneten Reliquien gegenwärtig gewesen, und habe die gegenwärtige Urkunde, die ein anderer treu geschrieben hat, darüber verfertiget, und mich mit eigener Hand unterschrieben, auf Befehl des gehörten Herrn Abtes, zu mehrerer Bestättigung des Vorerwehnten.
(L. S.)

II. Urkunde:

Wir Wilhelmus Speys von Buellessem, durch Gottes Geduld Abt des Closters zu Siberg, des Ordens des heiligen Benedictus, Cölnischer Diözese, wünschen allen Christgläubigen, den gegenwärtigen so wie den zukünftigen, ewiges Heil im Herrn: Euch wird bekannt gemacht, daß Wir im Jahr nach der Geburt des Herrn Tausend Vierhundert sechs und Vierzig, zu der Neunten Indiction am Donnerstage, welcher war der einundzwanzigste des Monats April, ungefähr um Neun Uhr, aus der gottseeligen Absicht, daß die Reliquien der Heiligen desto mehr und anständiger möchten verehret werden, die Reliquien des heiligen Martyrers Apollinaris, des h. Beichtigers Wynibaldus und den Armknochen des heiligen Beichtigers Alexis, mit vielen andern Gebeinen von eben diesem Heiligen, in einem Säcklein, mit ihren eigenen Inschriften und Noten bezeichnet, so auch vieler anderer Heiligen, ohne Inschriften und Noten, in diesen neuen Kasten, den wir aus den Einkünften und Emolumenten, die Uns von Gott in Hinsicht unserer Aebtlichen Würde verliehen und gegeben sind, haben fertigen laßen zu Ehren unsers Heilands und Herrn Jesu Christi, der seeligsten Jungfrau Maria und aller Heiligen, so auch jener, derer Gebeine darin aufbewahrt sind. Welche Reliquien der Abt Pilgerinus von Drachenfeltz, unser Amts Vorgenger seeligen Andenkens durch den Rutgerus von Eltz, der bei Lebzeiten Sakristan dieses unseres gegenwertigen Closters war, im Jahr des Herrn Tausend Dreihundert Vier und Neunzig, in der III. Indiction, auf Donnerstag den dritten des Monats Dezember um die Mittägige Stunde, aus Unserer Probstei zu Remagen aus dem steinernen Sarge, der dort mitten im Chor steht, ehrbietig herausnehmen, und hieher hat überbringen laßen, wie Wir dieses aus einem offenen Briefe, der mit dem Siegel des weiland Herrn Abtes Pilgerimus versehen, und von Burchardus von Cloetingen geschrieben und unterschrieben war, in Warheit verlesen haben. Dieses ist geschehen in der Sakristei des vorgehörten Siegberger Closters in Gegenwart der uns sehr lieben Geistlichen: des Priors Johannes Stoeter, des Sakristans Wolsberus von Horech, des Rectors der Zucht Caesarius von dem Brynke, des Unterküsters Meinardus, der Mönche Joannes von Fremerstorp und Arnoldus von Betzdorp, so auch des Meisters Hermannus von Aldendorp, der den gegenwärtigen Kasten verfertiget hat, und vieler anderer Gottseeliger Christgläubigen, und eben so des Joannes von Brilon Pastors zu Lare Unseres Schreibers und Notarius, dem wir

den gegenwärtigen Brief in öffentlicher Form zu verfassen und mit Unserm Siegel zu befestigen übertragen haben. Gegeben und geschehen wie oben.
(Signum D. Notarii)
Und Ich Joannes Masculus von Brilon, Priester der Cöllnischen Diözese, und durch öffentliche Kaiserliche Authorität Notarius, weil ich auf Befehl meines Ehrwürdigen Herrn Abtes Wilhelmus bei der vorbeschriebenen Handlung gegenwärtig gewesen bin, und alle Reliquien mit meinen Händen in den gegenwärtigen Kasten ehrbietig gelegt habe, deswegen habe ich die gegenwärtige öffentliche Schrift darüber bekannt gemacht, und in diese öffentliche Form gebracht, geschrieben unterschrieben und mit meinem gewöhnlichen Zeichen und Namen versehen, zu Begläubigung des Vorerwehnten erbeten und ersucht.
(L. S.)

5. FRAU REUTER, die Retterin des Schatzes; nach den Standesbüchern von St. Servatius.

Heinekamp berichtet in seiner Geschichte Siegburgs auf S. 350: „Als die kostbaren Reliquienschreine von den Bewohnern Birks, denen sie vom Staate geschenkt worden waren, in Besitz genommen werden sollten, verstieg man sich zu offener Widersetzlichkeit und nötigte die Fuhrleute am Fuße des Berges, die teuren Kleinodien in der Stadt zu lassen. Die Regierung erkannte die Unbilligkeit ihres Verfahrens und gab im September 1812 ihre Einwilligung zu dem Erfolge des kühn in Szene gesetzten Gewaltaktes. Die Strafe blieb indes für die Schuldigen nicht aus. Frau Reuter z. B. mußte ein Jahr ins Gefängnis wandern und büßte mit Freuden die Eingebung ihres rechtzeitigen Lokalpatriotismus". Offensichtlich waren bei diesem „Aufstand" noch mehr Siegburger Frauen beteiligt. Aber Heinekamp überliefert uns nur den einen Namen. Nun denn, dieser Name reizte die Neugier. War über diese Frau etwas mehr zu erfahren? Vielleicht in den Standesbüchern von St. Servatius?
Es wurden folgende Bücher des Pfarrarchivs durchsucht: II, 37: Taufen 1745–1809 (Kopie der beiden Brühler Originale 1745–1788 u. 1788–1809); II, 28: Taufen 1800–1848) II, 23: Trauungen 1790–1799 u. Sterbefälle 1790–1800; II, 34: Sterbebuch 1800–1858. Die Taufen 1794–1815, also der Amtszeit des Pfarrers von St. Servatius F. B. Zopus finden sich auch in Bd. XIX/XX der Siegburger Studien: Taufbuch der Pfarre St. Ser-

vatius Siegburg 1794–1814, Siegburg 1988. Dabei wurde zunächst einmal festgestellt, daß es zu dieser Zeit nur eine Familie Reuter in Siegburg gab. Und zu dieser Familie wurden folgene Daten gefunden:
Am 3. März 1777 wurde durch Pfarrer Brüninghausen Anna Gertrud, die eheliche Tochter der Eheleute Johannes Wilhelm Keller und Maria Katharina Büllesfeld in St. Servatius getauft. Paten waren Heinrich Kraus und Anna Gertrud Dahlhausen.
Am 22. Juli 1797 gaben sich vor Pastor Zopus Adam Reuter und Anna Gertrud Keller das Ja-Wort fürs Leben. Trauzeugen waren Johannes Kuttenkeuler und Daniel Keller. Adam Reuter stammte aus Thorr, Kr. Bergheim-Erft. Seine Eltern waren Peter Reuter und Gertrud Schwann.
Dieser Ehe entsprossen folgende zwölf Kinder:

1. Johannes, * 5. 1. 1798.
2. Daniel, * 7. 7. 1799.
3. Peter Joseph, * 1. 11. 1800.
4. Anna Maria Katharina, * 11. 2. 1802.
5. Katharina, * 24. 11. 1803.
6. Johannes Adam, * 8. 9. 1805.
7. Johannes Adam, * 12. 11. 1808.
8. Christophorus, * 17. 8. 1810.
9. Christian, * 4. 8. 1812.
10. Joseph Alexander, * 10. 3. 1814.
11. Margaretha Josepha, * 10. 11. 1816.
12. Friedrich Wilhelm, * 27. 7. 1819.

Als Kleinkinder starben am 15. 6. 1803, die am 11. 2. 1802 geborene Anna Maria Katharina (Nr. 4), am 1. 9. 1807 die am 24. 11. 1803 geborene (Anna Maria) Katharina (Nr. 5) und am 9. 9. 1807 der am 8. 9. 1805 geborene Johannes Adam.
Offensichtlich im Gedenken an das verstorbene Geschwisterchen wurden den beiden danach geborenen Kindern deren Name gegeben. So konnte es denn im Sterbebuch auch zu der Verwechslung kommen, daß Pfarrer Zopus für die am 1. 9. 1807 verstorbene Anna Maria Katharina die Geburtsdaten ihrer gleichnamigen Schwester eintragen konnte.
Übrigens ist die 1807 verstorbene Anna Maria Katharina Reuter die erste, die auf dem am 5. August 1807 benedizierten heutigen alten Friedhof an der Johannesstraße beerdigt wurde. Ihr Grabstein ist, wie mir Pfarrer Rameil von St. Anno mitteilte, noch vorhanden.

Der 1814 geborene Johannes Alexander starb am 1. 5. 1834 im Alter von 19 Jahren. Die weiteren Schicksale der übrigen Kinder wurden nicht untersucht.
Am 12. 10. 1834 starb Adam Reuter im Alter von 64 Jahren. Seine Frau folgte ihm fast 10 Jahre später am 16. 4. 1844. Sie wurde 66 Jahre alt.
Außer diesen Lebensdaten verraten die Eintragungen aber auch etwas über das Leben dieser Familie. Bei der Taufe von Katharina am 24 11. 1803 und von Johannes Adam am 8. 9. 1805 wird vermerkt, daß die Kinder im Haus Nr. 34 geboren wurden. Nach der topographischen Karte Siegburgs, die Otto Treptow herausgegeben hat, ist dies das Haus an der Ecke Bergstraße-Mühlenstraße, in dem sich heute das Modehaus Osberghaus befindet. Das heutige Kolpinghaus hatte die Nr. 35 und das Pfarrhaus Nr. 36. Dies sind die Hausnummern, die unter Napoleon 1802 eingeführt wurden. Nach Treptow: Untersuchungen zur Topographie der Mühlenstraße, in Festschrift „Finanzamt Siegburg", Siegburg 1987, S. 34, hatten diese Häuser folgende Namen: 34 = Zum Adler, 35 = Der Lederhof und 36 = Des Pastors Hof.
In mehreren Taufeintragungen wird der Beruf des Vaters angegeben. Einige Male heißt es *Nundinarius*, einmal *Mercator*. Beide Begriffe zeigen, daß er Kaufmann, Krämer war. Wahrscheinlich betrieben die Reuters an der günstig gelegenen Ecke ein Gemischtwarengeschäft. Das erklärt auch zum Teil das Handeln von Frau Reuter. Sie war ja mit dem Geschehen in der Stadt aufs engste verbunden. Dies sowohl durch die Lage des Geschäftes, wie auch durch den Verkehr mit der Kundschaft. So war sie sicher immer über alle Neuigkeiten gut unterrichtet.
Wie sich nun im Einzelnen das Ereignis abspielte, das ihren Namen bekannt machte, berichten unsere Quellen nicht. Aber es gibt einige Stellen, die zum mindesten etwas Licht in die Angelegenheit bringen können. So sagt Pfarrer Eskens in dem oben 1d aufgeführten Bericht, daß die Schreine aus der aufgehobenen Abtei in die Pfarrkirche St. Servatius überführt worden seien, um sie besser bewachen zu können. Anlaß für diese Überführung sei der Raub des goldenen und silbernen Schmuckes gewesen, in dem sie einst erstrahlten. Während der Schatz dann in der St. Servatiuskirche stand, bemühten sich die Birker bei der Regierung in Düsseldorf darum, den Abteischatz für ihre Kirche zu erhalten. Aus dem Brief des Präfekten des Rheindepartements an den Unterpräfekten in (Köln)-Mülheim geht hervor, daß diese Erlaubnis am 13. April 1812 gegeben wurde. Am 16. Mai 1812 teilte Bürgermeister v. Ley aus Siegburg mit, daß deswegen Unruhen in der Stadt gedroht hätten, weshalb er

bäte, diese Erlaubnis zurückzunehmen und die Schätze der St. Servatius-Kirche zu überweisen. Dies geschieht dann durch den oben zitierten Brief des Präfekten, Graf Spee, vom 22. Mai 1812. Danach hat die Rettungsaktion von Frau Reuter Ende April/Anfang Mai 1812 stattgefunden.

Wie hat sich nun möglicherweise die Aktion abgespielt. Die Birker sind doch wohl mit dem Schreiben aus Düsseldorf, das ihnen den Schatz zusprach zum Pfarrer oder wahrscheinlicher zum Bürgermeister gegangen. Vermutlich hatten sie, um ganze Sache zu machen, bereits die nötigen Pferdefuhrwerke mitgebracht. Sie luden die Schätze sicher auf mehrere Karren und fuhren dann durch die Holzgasse, um über die Zeithstraße den Schatz nach Birk zu bringen. Die Nachricht vom Vorhaben der Birker konnte natürlich nicht verborgen bleiben, denn noch bestanden die vier Tore und der Mauerring um Siegburg. Alles, was in die Stadt wollte und herausging, mußte also eines dieser Tore passieren. Ob Frau Reuter bereits das Aufladen der Schreine beobachtet hatte, oder erst

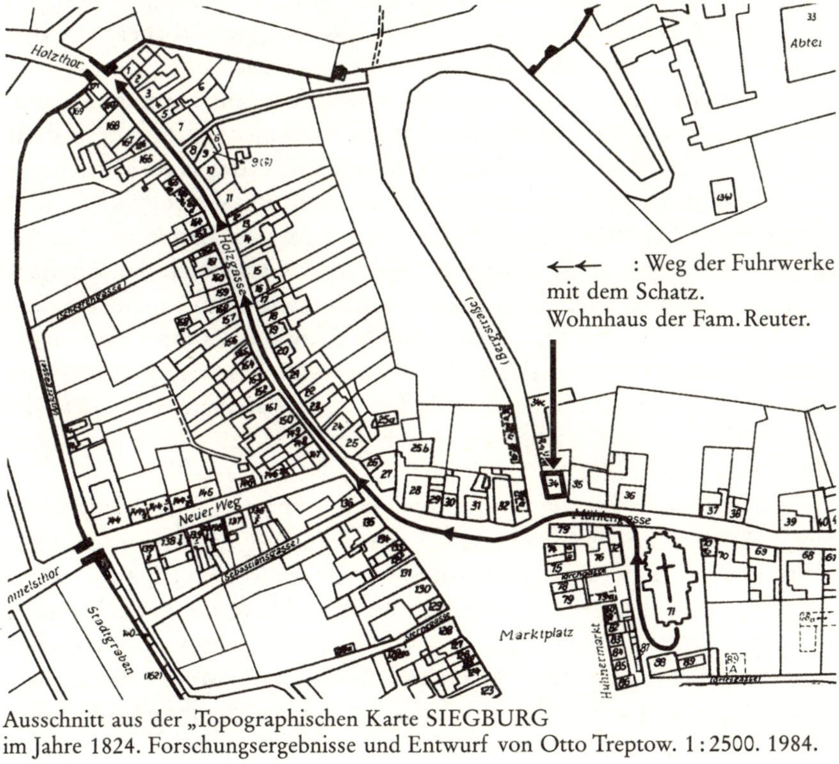

Ausschnitt aus der „Topographischen Karte SIEGBURG im Jahre 1824. Forschungsergebnisse und Entwurf von Otto Treptow. 1:2500. 1984.

durch die vorbeifahrenden Fuhrwerke aufmerksam wurde, wissen wir nicht. Jedenfalls schlug sie sofort Alarm, als sie merkte, was geschah, und sorgte dafür, daß das Holztor geschlossen wurde. Das war natürlich Widerstand gegen die Staatsgewalt.
Wie Heinekamp in dem oben zitierten Abschnitt sagt, wurde sie für ein Jahr ins Gefängnis geschickt. Wann diese Verurteilung geschah, sagt er nicht, kann auch aus den Unterlagen des Pfarrarchivs nicht erschlossen werden. Dies dürfte möglicherweise aus anderen Unterlagen möglich sein. Vielleicht geben die Abstände, die zwischen den Geburten der Kinder 9–11, also Christian, Joseph Alexander und Margarethe Josepha, liegen einen Hinweis.
Christian wird am 4. August, also etwa 3 Monate nach dem Coup, geboren. Auch damals wird man kaum eine schwangere Frau ins Gefängnis gesteckt haben. Auch deutet nichts darauf hin, daß die Geburt nicht zu Hause stattfand. Allerdings muß man auch feststellen, daß der für die Jahre 1803–1810 mitteilungsfreudige Pastor Zopus in seinen Eintragungen karger geworden ist. Der nächste Sohn, Joseph Alexander, wird am 10. 3. 1814 geboren, das sind 1 ¾ Jahr Abstand vom vorhergehenden Kind. Wenn man bedenkt, daß eine Mutter sicher mehrere Monate lang ihr Kind stillte, bleibt kaum Zeit, auch noch ein Jahr Haft abzusitzen. Sicher war man in den hier abgehandelten Zeiten nicht so human, wie wir das heute als selbstverständlich voraussetzen. Aber eine Mutter mit einem Säugling steckte man auch damals nicht ins Gefängnis.
Ein größerer Abstand liegt dann allerdings zum nächsten Kind, Margaretha Josepha. Hier bieten die über 2 ½ Jahre Zwischenzeit die Möglichkeit, eine einjährige Haftstrafe abzusitzen. Das würde aber bedeuten, daß sie nicht durch die französisch beeinflußte Regierung, sondern durch die Preußen für ein Vergehen gegen die Staatsgewalt verurteilt wurde. Denn nach Ausweis des Taufbuches von St. Servatius waren am 8. 11. 1813 die Russischen Truppen in Siegburg eingezogen, die ja zu den gegen Napoleon verbündeten Heeren gehörten.
Heinekamp hat leider nur wenige Quellenangaben gemacht. Stichproben beweisen aber immer wieder, daß er sehr sorgfältig gearbeitet hat. Hier sollte nur versucht werden, aus den mir direkt zugänglichen Quellen etwas Licht in das Leben der Frau und ihrer Helferinnen zu bringen, denen wir einen der größten Kirchenschätze der Welt aus romanischer Zeit verdanken. Zugleich mögen sie Anstoß sein, weiter nachzuforschen, damit ihr nachträglich der Dank zuteil wird, der ihrem resoluten, entschlossenen Tun gebührt.

II. DER ANNOSCHREIN

Verluste, Veränderungen, Deutungen.

A. Einleitung

In dem Buch, das P. Gabriel Busch OSB 1974 aus Anlaß des 900. Todestages von Erzbischof Anno von Köln, dem Gründer der Abtei Siegburg, unter dem Titel „Sankt Anno und seine viel liebe statt" herausgab, hat Prof. Dr. Anton Legner, Köln, den Annoschrein mit begeisterten Worten gepriesen[1]. Ausgehend von der Beschreibung, die der Siegburger Minorit Raymundus Sebastiani in seinem „Siegbergischen Heiligthum"[2] 1750 von dem Schrein bietet, stellt er diesen in seiner ursprünglichen Gestalt vor, wie er durch zwei Zeichnungen des Siegburger Malers Johann Wilhelm Fischer[3] dargestellt wurde. Wichtiger aber sind die beiden großen Ölgemälde, die vermutlich Johann Heinrich Fischer, wahrscheinlich ein Bruder Johann Wilhelms, 1764 für die Annonische Gründung, die Abtei Grafschaft, malte[4]. Diese Bilder befinden sich heute in der ehemaligen Grafschafter Propstei Belecke im Sauerland.
Während die beiden Zeichnungen zwar den Aufbau des Schreins und das Bildprogramm zeigen, aber weder Inschriften noch die Muster der Emailplättchen erkennen lassen, sind die beiden Gemälde, die den Schrein in etwa im Maßstab 1 : 1 darstellen, wesentlich genauer. Aller-

---

[1] S. 351 ff.

[2] Siegbergisches Heiligthum Oder außführlicher Bericht Von denen Im Hoch-Adlichen Stifft Siegberg Des Heil. Benedictiner Ordens befindlichen H. H. Reliquien So daselbsten alle Jahr Vom 3ten Sonntag in der Fasten biß den 5ten einschließlich zu öffentlicher Verehrung außgesetzet werden: Sampt beygefügten Andachts-Übungen Deren sich Christliche Seelen nützlich bedienen können auß dasigen uhralten Bücher und Schrifften zusammen getragen Von P. Raymundo Sebastiani Minoriten Ordens Abbatiae Sigbergensis Concionatore. Cölln bey Hilger Hamecher im Rosenbaum. Zu haben in Siegburg bey Wilhelm Fuchsius Raths-Verwandten 1750.

[3] Busch, Anno, Ss. 351 u. 353; Abb. 1 u. 2. Zu den beiden Siegburger Malern vgl. M. Mittler, Angestellte der Abtei Siegburg 1650–1803, Exkurs zu den Siegburger Künstlern, SS XVIII, S. 81 ff, Siegburg 1986. Zu deren Erwähnungen in den Standesbüchern v. St. Servatius vgl. das Namensregister.

[4] Ebda Ss. 354–356; Busch, Trost der Bilder, S. 116 ff.; Monumenta Annonis, S. 188 ff.; dort auch mehrere Detailaufnahmen; vgl. auch I 1c.

dings handelt es sich auch bei ihnen nicht um Fotografien, sondern eben um Gemälde; und der Vergleich mit dem heutigen Schrein zeigt, daß sich der Maler auch einige Freiheiten herausgenommen hat. Dennoch können sie uns vielfältige Hinweise geben, wie es sicher oder doch sehr wahrscheinlich einmal gewesen ist. Versuchen wir also festzustellen, welche Verluste der Schrein erlitt durch die Beraubung vor 1812, welche Veränderungen durch die beiden Restaurierungen 1819 und 1901/02 vorgenommen wurden und, welche Deutungsmöglichkeiten sowohl für die Gesamtkonzeption des Schreins wie auch für Detailfragen die Belecker Bilder bieten.

1. Die Schriftbänder

Zunächst soll durch den Vergleich einiger Schriftbänder der Unterschied zwischen den erhaltenen Originalen und den Darstellungen auf den Belecker Bildern (B) dargelegt werden. Hierzu seien die beiden Giebelseiten ausgewählt, da sie die auffälligsten Unterschiede aufweisen. Die Enden der einzelnen Bandstücke sind durch / gekennzeichnet.

a) Vorderer Giebel

Auf dem vorderen Giebel ist nur der Dreipassbogen über Anno und den beiden begleitenden Engeln mit einem Schriftband versehen. Die Umrandungen der drei Nischen über Anno, die Christus und zwei Cherube enthielten, waren nach den Belecker Bildern mit Edelsteinen besetzt. Seit der Restaurierung durch P. Beumers 1901/02 sind dort Ornamentstreifen in Blauemail angebracht. Die Vermutung, daß sich hier ursprünglich auch eine Inschrift befand, wird von Zehnder[5] mit Hinweis auf die Belecker Bilder zurückgewiesen.
Die Inschrift lautet im Original und nach den Bildern von Belecke (B):

	ALME PATER PATRIE / PLEBEM SACER ANNO TVERE	
B:	ALME PATER PATRIAE PLE / BEM SACER ANNO TUERE	
	QVOS(que) FOVES MENBRIS/	HIS FER OPEM MERITIS
B:	QUOSQUE FOVES MEM / BRIS	HIS FER OPEM MERITIS

Folgende Unterschiede können wir zwischen Original und gemaltem Text feststellen: Die Aufteilung auf die drei Bogenstücke ist verschieden.

[5] Zehnder, S. 391 f.

Die mittelalterliche Schreibweise PATRIE wird in die klassische Form PATRIAE umgewandelt. In TVERE wird statt des häufig in Majuskelschriften verwendeten V das gebräuchlichere U gesetzt. Die Abkürzung für *que* an QUOSQUE wird B ausgeschrieben. Das N in MENBRIS wird in das klassische MEMBRIS verändert. Es finden sich also fünf Unterschiede zwischen dem Original und den Belecker Bildern.

b) Rückwärtiger Giebel

Am rückwärtigen Giebel ergibt sich ein ähnlicher Befund. Hier sind aber zwei Inschriften angebracht: Die Schriftbänder über den drei Erzengeln und das Distichon auf den Umrandungen der Nischen, die einmal Maria und die beiden Märtyrinnen Sabina und Serapia enthielten. Die Inschrift über den Erzengeln lautet:

SIGNIFER ETHEREIS MIC / HAEL PRELATE CHOREIS
B: SIGNIFER AETHEREI / S MICHAEL PRAELATE CHOREIS
EXIME NOS MORTI / TRANSFER AD ALTA POLI
B: EXIME NOS MOR / TRANSFER AD ALTA POLI

Auch hier finden wir wieder eine etwas andere Verteilung des Textes auf die drei Bänder. B läßt die beiden letzten Buchstaben von MORTI aus. Wiederum wird das für AE stehende E in ETHEREIS und PRELATE in AE umgewandelt.

Die drei Nischen, die Maria und die beiden Martyrinnen enthielten, haben folgende Inschriften:

VIRGO SALVTARIS PE / LAGIQVE
B: S SERAPHIA VIRGO SALU / TARIS PELAGI QUOQUE
STELLA VOCARIS NOS VICE MATER / NA PROTEGE
B: STELLA VOCARIS NOS VICE MATERNA PROTEGE /
SALVIFICA
B: SALVIFICA S SABINA

Der gravierendste Unterschied zwischen dem Original und B besteht darin, daß B die Namen der beiden Märtyrinnen der Widmung an Maria beifügt. Diese Namen dürften wohl ursprünglich die Heiligenscheine geziert haben. Dadurch bedingt ist auch der Text auf die drei Bögen anders verteilt. Ferner bemerken wir auch hier den Austausch von V zu U. Das PELAGIQUE des Originals wird B zu PELAGI QUOQUE. Dadurch gerät aber das Versmaß aus den Fugen.

c) Die Kleeblattbögen

Ähnliche Unterschiede ließen sich auch bei den Inschriften der Kleeblattbögen aufweisen, die sich an den Seitenwänden befinden. In diesem Zusammenhang sei hier auf eine andere Beobachtung hingewiesen, die Legner so beschreibt: „Aber[6] der ältere Meister fügt die drei Teile der Inschriftstreifen der Kleeblattbögen sehr sorgfältig auf Gehrung geschnitten und wie es sich ästhetisch gelöst gehört zusammen, der jüngere dagegen kümmert sich nicht um solche Sorgfalt, die ihn sein Meister Nikolaus zwar gelehrt hatte (wie aus der Zusammensetzung der Kleeblattbogen am Klosterneuburger Retabel zu ersehen) und fügt statt dessen die seitlichen Bogensegmente etwas unbekümmert hart an den äußeren Umriß des durchlaufenden mittleren Bogens an. Letztere Bildung zeigt übrigens auch der Kleeblattbogen an der annonischen Giebelseite, indes die Metallbeschläge des Kleeblattbogens an der Michael-Mariengiebelseite wieder auf Gehrung zusammengefügt erscheinen. So erweisen sich auch die beiden Giebelseiten schon von solchen Kleinigkeiten der Werkstattübung her jeweils einer der beiden Stilgruppen zugehörig: Die Stirnseite mit Michael hätte danach der ältere Meister besorgt, die Annoseite dem jüngeren oblegen, was der bisherigen Stilaufteilung in der kunstgeschichtlichen Literatur entgegensteht, die die Heiligen- und Annoseite als dem älteren Stil, die Bischofs- und Michaelseite dem Nikolausstil zuteilen möchte".
Diese Unterschiede sind auf den Gemälden ebenfalls nicht erkennbar. Der Maler hat alle Kleeblattbogen so gemalt, als wenn sie auf Gehrung geschnitten wären.

2. Die Gußarbeiten

Während die Treibarbeiten, also die großen Figuren der Giebel und Wände, wie auch die Dachreliefs mit Darstellung aus dem Leben Annos, nicht mehr auf ihre Wirklichkeitstreue überprüfbar sind, sind die meisten Gußarbeiten noch vorhanden.

a) Die Kämme

So stellen wir fest, daß die Kämme recht genau abgemalt wurden. Man erkennt deutlich die vier Stücke des Firstkammes wieder, wie sie sich auch heute noch dem Beschauer darbieten. Ebenso kann man auf den

---

6 Monumenta Annonis, S. 192 f.; Busch, Anno, S. 369.

beiden Teilen des rückwärtigen Giebelkammes die drei kleinen nackten Gestalten erkennen. Nicht erkennen kann man allerdings, daß die beiden oberen Männchen den Flügelhut des Hermes tragen. Auch ist nicht erkennbar, daß der linke einen Vogel in der rechten Hand hält. Aus fotografischen Aufnahmen von 1888 wissen wir, daß der vordere Kamm vor 1812 abgenommen und wahrscheinlich eingeschmolzen wurde. Heute ist der vordere Kamm das Original vom Michaelsgiebel[7]. Der dortige Kamm ist ein Nachguß des Originals von 1901–02. Der ursprüngliche Giebelkamm über Anno war anders. Man erkennt auf den Gemälden aus dem Rankenwerk herauswachsende Löwenköpfe, einzelne nackte Figürchen. Auf dem linken Stück erkennt man oben ganz deutlich zwei sich einander zuwendende Gestalten, vielleicht die Dioskuren: Kastor und Pollux? So ergibt sich auch die Frage, ob in den beiden Giebelkämmen nicht vielleicht in Parallele zu den Dämonen des Firstkammes mit den nackten Gestalten heidnische Götter gemeint sind. Dabei könnte das Psalmwort *Omnes dii gentium daemonia* – alle Götter der Heiden sind Dämonen (Ps. 95/96 5) eine Rolle gespielt haben. Die Einheitsübersetzung der Heiligen Schrift belehrt uns, daß der Text der Vulgata nicht mit dem hebräischen Original übereinstimmt, denn sie übersetzt: Alle Götter der Heiden sind nichtig. Das war aber für den auf den lateinischen Text angewiesenen Menschen des Mittelalters ohne Belang.

b) Die Kapitelle

Im Unterschied zu den Kämmen kann man die Kapitelle nicht voneinander unterscheiden. Sie sind einfach als Blattkapitelle gemalt, obwohl sie doch sehr unterschiedlich gestaltet sind. Blattornamente finden sich nur an den vier Eckkapitellen. Alle übrigen sind mit den verschiedensten Fabelwesen verziert. Prof. A. Legner hat sich eingehend damit beschäftigt. Er verweist auf die Vorbilder aus der Bauplastik[8].

---

[7] Zehnder, S. 390; was Zehnder hier vermutet, wird durch alte Aufnahmen zur Gewißheit; vgl. Abb. 2–5. Auch die Abb. im Heinekamp, nach S. 58, zeigt den Schrein von der Marien-Michaelsseite. Da man diesen von dem älteren Meister geschaffenen Kamm bei der Restaurierung von 1901/02 vorne auf den Annogiebel setzte, konnte es zur Zuordnung der ganzen Seite an den älteren Meister kommen.

[8] Vgl. Monumenta Annonis, S. 195; Busch, Anno, S. 387 ff.; vgl. auch dazu die eingehenderen Ausführungen weiter unten: B 3a.

c) Edelsteine an den Kämmen

Genau feststellbar ist, daß die Kämme einmal mit Edelsteinen verziert waren. Die zu Blattvoluten aufgerollten Schwänze der Basilisken tragen auf jeder Seite einen großen Edelstein. So ist jedes der vier Kammstücke vom First mit acht Steinen besetzt. Auf dem vorderen Giebelkamm lassen sich neun Edelsteine zählen. Auf dem hinteren, der heute vorne befestigt ist, sind es aber dreizehn.

d) Edelsteine auf den Dachleisten und Knäufen

Auch die Messingleisten, die die je fünf Reliefs mit Abbildungen aus dem Leben Annos auf dem Dach umrahmten, waren nach den Belecker Bildern ursprünglich mit Edelsteinen geschmückt. Zwischen den quadratischen und rautenförmigen Blauemailplättchen mit Köpfen war je ein großer Edelstein angebracht. Auf jeder Seite kann man 32 Steine zählen. So waren also auf dem Dach insgesamt 64 Edelsteine angebracht, die heute verloren sind.

Ebenfalls waren mit Steinen besetzt die Reifen, die die drei Emailknäufe zusammenfügten. Heute hat nur noch der vordere Knauf diesen mit Steinen besetzten Ring. Der mittlere und der hintere Emailknauf werden durch einen einfachen Messingreif zusammengehalten. Wie die Fotografien von 1888 zeigen[9], war dies bereits der Zustand vor der Restaurierung durch P. Beumers. Hier tritt auch wieder eine Schwäche der Belecker Bilder zutage: Der mittlere Emailknauf ist mit vier figürlichen Abbildungen versehen, die man auf beiden Bildern nicht erkennen kann. Er unterscheidet sich nicht von den beiden Außenkäufen, die ja mit ornamentalem Grubenschmelz verziert sind.

3. Die Emailarbeiten

Sehr gut unterrichten uns die Belecker Bilder über die Anzahl und die Anordnung der Schmuckplättchen an den Gesimsen und dem umlaufenden Sockelstreifen, sowie der Blauemailplättchen auf dem Dach.

a) Blauemailplättchen auf dem Dach; symbolische Bedeutung; Vision der hl. Hildegard

Beginnen wir mit den letzteren. Heute sind noch 54 dieser Plättchen erhalten, 34 quadratische und 20 rautenförmige. Nach unseren Bildern waren es einmal 32 quadratische und 24 rautenförmige Plättchen mit

[9] Abb. 2–5.

Köpfen. Es sind heute also mehr quadratische Plättchen erhalten, als ursprünglich am Schrein angebracht waren. Hier wäre das nun einzufügen, was Prof. D. Kötzsche in seinem Diskussionsbeitrag, Zum Stand der Forschung der Goldschmiedekunst des 12. Jahrhunderts im Rhein-Maas-Gebiet, gesagt hat[10]: „Am Annoschrein scheint bei der Wiederherstellung in den Jahren 1901–1902 durch P. Beumers mehr ausgetauscht oder kopiert worden zu sein, als man zunächst glauben möchte. Das bezieht sich zum Beispiel auf die quadratischen Grubenschmelzplättchen mit Köpfen auf den beiden Dachflächen. Drei solcher Plättchen besitzt heute die Walters Art Gallery in Baltimore, wohin sie über die Coll. J Brummer, New York, aus der Sammlung des ‚kaiserlichen Hofjuweliers Paul Beumers' in Düsseldorf gelangt sind. Eine weitere Platte befindet sich in Boston, Museum of Fine Arts und eine fünfte am Musée Départementale in Niort. Mindestens zehn der quadratischen Emails mit Köpfen, die sich heute auf den Dachflächen des Schreins befinden, hat Beumers damals erneuert, denn sie sind von ihm entsprechend gemarkt worden". Es sei in diesem Zusammenhang auch darauf hingewiesen, daß die Bilder von 1888 zeigen[11], daß auf der sogenannten Kölner- oder Bischofsseite rechts unten auf dem Dach einer der gravierten Messingstreifen fehlt, auf dem drei dieser Plättchen angebracht waren. Damals also fehlten mindestens drei dieser Blauemails.

Eine kleine Abschweifung sei hier gestattet. Haben die ursprünglich 56 Plättchen nicht vielleicht eine symbolische Bedeutung? Es sind ja 7 x 8 Plättchen mit Gesichtern, also Abbildern von Menschen. Nach dem LThK 10, Sp. 1303 ff. ist die 7 das Zeichen der Fülle und Vollkommenheit. Sie wird in diesem Sinn aus der babylonischen und israelitischen Religion von den Griechen, aber auch von Augustinus übernommen. So sei nur auf einige der dort angeführten Beispiele hingewiesen: 7 Vaterunserbitten, 7 Tugenden (3 göttliche und 4 Kardinaltugenden), 7 Sakramente, 7 Gaben des Heiligen Geistes, die vielen 7-ner Gruppen der Geheimen Offenbarung. Die 8 weist hin auf die 8 Seligpreisungen, 8 ist Zahl der Auferstehung Christi, deshalb wird das Baptisterium in Oktogonform gebaut. Ferner sei an die Feier der Oktav von hohen Festen erinnert. Man ist auch versucht, an eine Vision der hl. Hildegard in ihrem prophetischen Buch *Scivias*[12] zu denken. Sie sieht einen Berg, von dem sie

---

[10] Rhein und Maas 2, S. 221 f.

[11] Abb. 2.

[12] Wisse die Wege – Scivias, nach dem Originaltext ... ins Deutsche übertragen u. bearbeitet v. Maura Böckeler., Salzburg 1963[5].

sagt: „Der[13] große eisenfarbene Berg bedeutet die Kraft und Ständigkeit des ewigen Reiches Gottes". Und in diesem Berg sieht sie „sehr viele Fensterchen, in denen Menschenhäupter, teils bleich, teils weiß, erscheinen". Diese Verschiedenheit des Aussehens deutet nach Hildegard auf Lässigkeit oder Eifer im Guten hin. Aber die ganze Vision ist ein Bild der Kirche, wie ja auch der Schrein die Kirche in der Vollendung zeigen soll.

b) Emailplättchen am Fries

Sehr hilfreich sind die Belecker Bilder, wenn man versucht, den ursprünglichen Standort der Emailplättchen festzustellen. Danach befanden sich 1764 am Annoschrein 40 rechteckige Emailplättchen, die so aufgeteilt waren: An den beiden Stirnseiten waren nur unten je vier Plättchen; an den Langseiten oben je zehn und unten je sechs Plättchen angebracht. Zwischen den Emailplättchen waren oben Filigran-Edelsteinplättchen von etwa den gleichen Ausmaßen wie die Emails; unten waren diese von doppelter Breite. Auf den Stirnseiten waren im Giebel nur Edelsteine, während unten Emailplättchen mit Edelsteinplättchen wechselten.

Heute befinden sich am Annoschrein noch 38 Emailplättchen[13a]. Während sich unten ringsum eine glatte Messingleiste herumzieht, sind oben an jeder Seite 13 Emailplättchen angebracht, statt ursprünglich zehn. Um das zu ermöglichen, wurden die Filigran-Edelsteinplättchen rechts und links beschnitten. Nur die breiteren Plättchen, die mit acht statt mit fünf Steinen besetzt sind, die rechts und links jeweils den vorletzten Platz einnehmen, haben an einer Seite noch den ursprünglichen Perlenstab als Rand. Wie die Aufnahmen von 1888 zeigen[14], muß dieser Eingriff in den Schmuck des Schreins bereits vor der Beumerschen Restaurierung von 1901/02, also 1819 erfolgt sein. Allerdings erfolgten 1901/02 noch einige Umänderungen. Anhand einer Tabelle wollen wir versuchen, die ursprüngliche Anordnung der Plättchen am Schrein festzustellen, soweit das möglich ist. Darin werden der Anordnung der Belecker Bilder die Anbringung der Emails nach den Aufnahmen von 1888 und von heute gegenübergestellt.

---

[13] Ebda, S. 96 u. Abb. 2.

[13a] Alle heute am Annoschrein befindlichen Emailplättchen in der heutigen Reihenfolge im Bildteil unter Nr. 8.

[14] Abb. 2–5.

Rechte (Kölner, Bischofs-) Seite:

Oben:	1	2	3	4	5	6	7	8	9	10
1888:		L 8	H 4	L 3?	L 1	L 2		H 3	R 3/9	L 9
Heute:		L 8	V 5	L 3?	L 1	L 2		V 4	R 4	L 10
Unten:	1	2	3	4	5	6				
1888:		-	R 12	V 3	R 10	V 2				
Heute:		-	R 12	V 3	R 5	H 4				

Linke (Siegburger, Martyrer-) Seite:

Oben:	1	2	3	4	5	6	7	8	9	10
1888:	H 4	R 6/7	L 5	L 10	H 5	R 3/9	L 3?		V 5	L 7
Heute:	H 3	R 7	L 11	L 6	H 2	R 11	L 3?		V 2	L 9
Unten:	1	2	3	4	5	6				
1888:	V 1	R 13	R 2	-	V 6	L 4				
Heute:	V 1	H 5	R 2	-	V 6	L 4				

Vorderer Giebel:	1	2	3	4
1888:	-			-
Heute:	-			-

Hinterer Giebel:	1	2	3	4
1888:	H 2	L 11	R 5	
Heute:	L 12	L 5	R 9	

Zu dieser Tabelle folgende Anmerkungen: ? = die Zuordnung ist fraglich; - das Plättchen ist nicht mehr vorhanden; / = oder (es kommen beide Plättchen infrage); Lücke = es war keine Zuordnung möglich.
Generell kann man sagen, daß alle heute noch vorhandenen Emailplättchen mit zwei Ausnahmen symmetrisch gestaltet sind. Nur die beiden Plättchen am hinteren Giebel 1 und 6 sind unsymmetrisch. Sie zeigen nach rechts bzw. nach links gewendet je drei Blätter. Obwohl sie heute links und rechts etwas beschnitten sind, scheinen sie ursprünglich nicht rechteckig gewesen zu sein, sondern hatten diese Schrägung, die es wahrscheinlich macht, daß sie einmal den Giebelfries eines Schreins schmückten. Dies kann aber nach den erhaltenen Bildern nicht der Annoschrein gewesen sein.

Die mit – bezeichneten Plättchen waren, falls sie auf den Gemälden richtig wiedergegeben sind, unsymmetrich gestaltet. Außer den beiden oben beschriebenen Emailplättchen 1 u. 6 finden sich solche heute nicht mehr am Annoschrein.
Nach Zehnder[15] finden sich „unter den 38 Schmelzplatten des Schreins .. 32 verschiedene Muster“. Danach wären sechs Dubletten unter den Emailplättchen. Sie befinden sich heute an folgenden Stellen (V=Vordergiebel, H=Rückgiebel, R=Rechte Seite, L=Linke Seite): R 2 – R 12; R 8 – L 7; R 4 – R 11; L 1 – L 13; H 2 – R 10; R 7 – L 12. Alle diese Emails sind zweigeteilt und aus geometrischen Figuren gebildet. Fast gleich sind auch die aus reichem Blattwerk bestehenden Plättchen L 9 und H 5. Spiegelbildlich gleich sind H 1 und H 6, also die beiden mit Blättern verzierten Emailplättchen, die sicher nicht zum ursprünglichen Bestand des Annoschreins gehören. Starke Ähnlichkeit weisen außerdem die beiden Plättchen L 4 und L 6, sowie R 3, das gewisse Ähnlichkeit mit dem Paar R 8 – L 7 hat, auf.

c) Die Säulchen

Auch die Anordnung der Säulchen, die die Dreipassbögen an den Giebeln und Längswänden tragen, war sowohl nach Aussage der Belecker Bilder wie der Aufnahmen von 1888 eine andere als heute. Heute sind die Säulchen, die zu je zwei mit gleichem Muster verziert sind, paarweise angeordnet[15a]. An den Eckpfeilern ordnete man die beiden Säulen rechts und links in den Giebeln und rechts und links außen an den Langseiten zueinander. Jeweils zwei zusammengehörige Säulchen bezeichne ich mit einer Zahl. Beginnt man vorne mit 1, so erhalten die beiden Säulchen auf der rechten Seite, die links und rechts außen angebracht sind die Nr. 2. Die dazwischen liegenden Paare die Nr. 3–7. Die Rückseite in gleicher Weise Nr. 8 und die andere Längsseite 9–14. Ein Vergleich lohnt sich nur mit den Fotos von 1888, denn auf den Bildern von Belecke kann man zwar feststellen, daß die Säulen nicht, wie heute, paarweise gleich angeordnet waren, aber es ist fast nicht möglich mit Sicherheit zu sagen, welches Säulchen damals an welcher Stelle war. Bevor wir nun versuchen die Veränderungen in einem Schema darzustellen, muß noch gesagt werden, daß zwei Säulenpaare in doppelter Ausfertigung vorhanden sind. Es sind 2 und 14, sowie 4 und 6. So läßt sich an Hand der Aufnahmen nicht fest-

[15] Zehnder, S. 393.
[15a] Alle Säulchen in der heutigen Anordnung im Bildteil unter Nr. 9.

stellen, welches der vier gleichen Säulchen an welcher Stelle war. So bezeichnen die einfachen Zahlen jeweils zwei Säulchen, die Doppelzahlen aber vier.
Wenn man jeweils von links nach rechts zählt, ergibt sich für die vier Seiten folgende Anordnung:

Vorne:	1						2					
1888:	1						1					
Rechts:	1	2	3	4	5	6	7	8	9	10	11	12
1888:	9	4/6	8	4/6	5	2/14	6/6	5	4/6	2/14	10	2/14
Hinten:	1						2					
1888:	8						3					
Links:	1	2	3	4	5	6	7	8	9	10	11	12
	2/14	7	12	7	10	3	13	11	12	13	11	9

4. Die Edelsteine

Große Verluste erlitt der Schrein auch an Edelsteinen. Während die Aufnahmen von 1888 in etwa den gleichen Bestand zeigen, wie er auch heute noch vorhanden ist, sind hier die Bilder von Belecke besonders wertvoll, da sie uns den vollen einstigen Schmuck zeigen. Eine Aufstellung ergibt folgendes Bild:

	Belecker Bilder	*Heutiger Zustand*
Vorderseite:	Giebelleisten mit 13 großen und 122 kleinen Steinen.	Vier Plättchen mit je 5 Steinen, ein Plättchen mit einem großen Stein.
	Umrandung Christi und der Cherube: 58 Steine.	Verloren.
	Gewänder Annos und der begleitenden Engel, ca. 50 Steine.	Verloren.
	Eckpfeiler mit je 9 Steinen.	←
	Zwickel rechts und links von Anno: 3 große und 4 kleine Steine.	Je vier große Steine.
	Unten: Drei Plättchen mit je 5 Steinen.	Glatt.

	Belecker Bilder	*Heutiger Zustand*
Rückseite:	Giebelleisten: Wie vorne.	Wie oben.
	Umrandungen Mariens und der hl. Sabina und Seraphia in Email.	←
	Gewänder der Erzengel, ca. 20 Steine.	Verloren.
	Eckpfeiler mit fünf Steinen und vier Perlen.	←
	Zwickel, wie vorne.	Wie oben.
	Unten, wie vorne.	Glatt.
Rechte Seite,		
Oben:	10 Plättchen mit je fünf Steinen, 1 Plättchen mit 1 Stein.	10 Plättchen mit je 5 Steinen. 2 Plättchen mit je 8 Steinen.
Unten:	6 Plättchen mit 10 Steinen 1 Plättchen mit 1 Stein.	Glatt.
Linke Seite:	Alles wie rechte Seite.	Wie oben.
Emailknäufe:	Alle drei mit je ca. 20 Steinen besetzt.	Vorderer Knauf mit steinbesetztem Ring; 1 Stein fehlt.
Dach:	Auf jeder Dachfläche waren zwischen den Blauemails 32 große Edelsteine angebracht; zusammen 64.	Verloren.
Kämme:		
Vorne:	Neun Steine.	Verloren.
Hinten:	Zwölf Steine.	Verloren.
First:	Auf der Seite 16 Steine, zusammen 32.	Verloren.

B. Das Programm des Annoschreins

Wichtiger dürften die Belecker Bilder aber sein, wenn es darum geht, das Programm des Annoschreins zu erkennen und zu deuten. Anton Legner hat sowohl in dem von P. Gabriel Busch herausgegebenen Buch „Sankt Anno und seine vielliebe statt“[16] wie im Ausstellungskatalog „Monumenta Annonis“[17] in unübertrefflicher Weise dieses Programm gedeutet. Auch die Beziehungen zu den zeitgenössischen Schreinen des Rhein-Maas-Gebietes werden aufgedeckt.

Im folgenden sei deshalb auf die Details hingewiesen, die uns nur die Bilder überliefert haben, weil die Originale heute veloren sind. Im einzelnen sollen betrachtet werden: Vordere Giebelseite; Rückwärtige Giebelseite; Rechte Seite (Bischöfe); Linke Seite (Martyrer); Dachschrägen.

1. Die vordere Giebelseite

Ursprünglich nahm die Mitte Anno ein, flankiert von zwei Engeln, die Stab und Buch tragen. Über Anno in einem Dreiviertelbogen Christus als den Pantokrator mit einem Buch in Händen. Rechts und links von ihm zwei Cherube. Die Bögen um Christus und die Engel waren mit Steinen besetzt, während der Dreipass die oben bereits mitgeteilten Inschriften[18] heute noch enthält. Die beiden Engel, die Stab und Buch tragen, weisen auf Annos Lehr- und Hirtengewalt hin.

a) Das „Kirchenmodell“ in Annos Hand

Näher eingehen müssen wir auf das „Kirchenmodell“, das Anno in Händen hält. Fuchs sagt dazu: „In[19] der Mitte steht unter der großen Kleeblattarkade der heilige Anno, mit beiden Händen ein sehr reiches Kirchenmodell mir beherrschender hochaufgipfelnder Mitte haltend. Das Modell macht fast den Eindruck einer Gruppe von drei Kirchen, und man möchte annehmen, daß das komplizierte dreiteilige Gebilde als eine Zusammenfassung der auf den Dachflächen dargestellten drei Kirchengründungen Annos, von denen noch zu reden sein wird, aufzufassen ist“. Diese Feststellung ist insofern von Wichtigkeit, als Zehnder fast 30 Jahre später[20] von „einem vieltürmigen Kirchenmodell“ spricht, das Anno in

[16] S. 351 ff.
[17] S. 180 ff.
[18] Vgl. A 1a.
[19] S. 9 ff.; vgl. auch Verbeek, A., Zur Geschichte der Baukunst in Siegburg, Heimatbuch Siegburg II, S. 300 ff.
[20] Zehnder, S. 390; s. auch Abb. 10.

Händen habe. Im Katalog „Rhein und Maas“[21] von 1972 wird dann gar nur ganz einfach von „einem Kirchenmodell“ gesprochen. Erst im Katalog „Monumenta Annonis“[22] von 1975 heißt es dann wieder: „In den Händen hält der heilige Erzbischof die Modelle dreier von ihm gegründeten Kirchen (vermutlich die, deren Stiftungen auf den drei mittleren Dachreliefs der Vorderseite dargestellt sind)“.

b) Deutung des „Kirchenmodells“ als Abbild der Kirchen, die den Annoschrein stifteten

Dazu ist nun zu bedenken, daß für die Ausstellung MONUMENTA ANNONIS die beiden Bilder fachmännisch restauriert wurden. Vor allem wurden Übermalungen beseitigt. Dadurch wurden einige Darstellungen klarer. Was Fuchs nur vermuten konnte, wurde dadurch zur Gewißheit, nämlich, daß Anno wirklich drei Kirchen in Händen hält. Wir können heute wohl mit Sicherheit sagen, daß es, wie oben schon gesagt, die beiden Kölner Stiftskirchen Mariengraden und St. Georg sind. Und ich meine, daß man auch sagen darf, daß – von Anno aus gesehen – rechts St. Georg und links Mariengraden dargestellt sind.

Da Anno aber fünf kirchliche Gemeinschaften gründete, muß man wohl auch fragen, warum nur die beiden Kölner Stiftskirchen zusammen mit Siegburg dargestellt sind und nicht auch die beiden Benediktinerklöster Saalfeld und Grafschaft. Vermutlich war wegen der größeren Entfernung der Kontakt zu diesen beiden Abteien im Lauf der über 100 Jahre, die zwischen Annos Tod und seiner Heiligsprechung liegen, abgebrochen. Wahrscheinlich haben sich auch die beiden Stifte an der Finanzierung des Schreins mit beteiligt. Deswegen sind ihre Kirchen Anno in die Hand gegeben und ihre Gründung durch Anno auf der vorderen Dachschräge dargestellt.

Diese beiden Gemeinschaften haben offensichtlich Annos Heiligsprechung mit innerer Anteilnahme verfolgt, denn sie machen sich am Samstag nach Christi Himmelfahrt mit all ihrem Gefolge auf, um den neuen Heiligen, ihren Gründer, zu verehren[23]. Von St. Georg wissen wir, daß sich dort eine frühe Abschrift der ca. 1180 verfassten Jüngeren Anno-

---

[21] S. 321.

[22] S. 190.

[23] Libellus de translatione sancti Annonis archiepiscopi et miracula sancti Annonis – Bericht über die Translation des heiligen Erzbischofs Anno und Annonische Mirakelberichte (Siegburger Mirakelbuch), Lateinisch – Deutsch ... herausgeg. v. Mauritius Mittler OSB, SS II-V, Siegburg 1966–68, S. 19 ff. u. S. 223 ff.

vita[24] befand, die heute leider verloren ist, die aber im 18. Jahrhundert noch abgeschrieben wurde. St. Georg besaß auch eine Armreliquie Annos[25], die am 25. August 1183 feierlich von Siegburg nach dort übertragen wurde. Auch die eventuelle Darstellung eines Kanonikers von St. Georg[26] legt es nahe, daß die beiden Stifte, vor allem aber St. Georg einen großen Anteil an Annos Heiligsprechung und der Herstellung seines Schreins hatten.

c) Die Siegburger Abteikirche

Wenn man die beiden Abbildungen der Siegburger Abteikirche, die sich auf dem Annoschrein befanden, miteinander vergleicht, macht man eine verblüffende Feststellung: Die Kirche, die im vierten Dachrelief Anno dem Erzengel Michael überreicht, sie also seinem Schutz anvertraut, ist in groben Zügen die Kirche, die Anno am 22. September 1066 weihte, eine dreischiffige Kirche mit zwei Flankierungstürmen rechts und links vom Chor, aber ohne den mächtigen Westturm. Fuchs meint zu diesem Bild[27]: „Man erkennt eine Kirche mit zweitürmiger Westfassade. Zwischen den sehr weit auseinandergerückten Türmen erscheint der Westgiebel des Mittelschiffs. Eine in Höhe des Giebelfirstes verlaufende waagerechte Linie läßt auf ein Querschiff schließen". Mir scheint, daß die Kirche nicht von Westen, sondern von Osten, also mit Blick auf den Chor dargestellt ist. Denn die beiden östlichen Flankierungstürme sind durch Ausgrabungen gesichert, die nach den Zerstörungen des zweiten Weltkrieges durchgeführt wurden. Im Westen hingegen fand man nichts, was auf diese Türme hinweisen würde. Auch scheint mir dort nicht das Westportal abgebildet zu sein, sondern die gegenüber der Breite des Mittelschiffs eingezogene Apsis. Und diese ist deutlicher auf der Abbildung der Stirnseite[27a] zu erkennen.

d) Der Westturm der Abteikirche

Hier ist zusammen mit den beiden Flankierungstürmen der Westturm dargestellt. Dieser Turm ist offensichtlich erst in der Mitte des 12. Jahrhunderts in die Kirche hineingebaut worden. Dafür gibt es mehrere

---

[24] Vita Annonis minor, ... Lateinisch – Deutsch, herausgeg. v. Mauritius Mittler OSB, Siegburg 1975, SSX, S. XXIII ff. (Handschrift 3 u. 4).

[25] Vgl. Anm. 23; S. 54 (Miracula I, 63, Anm. 90).

[26] Vgl. weiter unten, B 2a.

[27] Fuchs, S. 14.

[27a] Vgl. Abb. 10.

Anhaltspunkte. Bei den Ausgrabungen, die nach den Zerstörungen ab 1947 begonnen wurden, fand man auch etwa 1 m vor dem Turm die Basis eines romanischen Pfeilers. Da die Pfeiler- bzw. Säulenstellung der Kirche durch weitere Funde bekannt war, stellte man fest, daß es bis zur heutigen Westwand des Turmes genau zwei Bögen waren. So dürfte diese die ursprüngliche Westwand der Kirche gewesen sein. Dafür spricht auch das heute noch vorhandene Karniesprofil des Sockels, das nach Prof. Albert Verbeek[28] aus dem 11. Jahrhundert stammt. In diesem Profil läßt sich auch nicht eine Lücke erkennen, die für ein großes Westportal notwendig gewesen wäre, das doch offensichtlich Fuchs zu erkennen glaubt.
Weiter fand man am 10. November 1934 bei Restaurierungsarbeiten im Turm das Grab des zweiten Siegburger Abtes Reginhard. Dieser am 4. November 1105 verstorbene Abt wurde aber sicher nicht im Turm, sondern in der Kirche beerdigt. Es ist auch nicht feststellbar, daß der Turm ursprünglich zur Kirche hin geöffnet war, wie z. B. in Siegburg, St. Servatius, oder der ehemaligen Siegburger Propsteikirche Oberpleis.

e) Zeitpunkt des Turmbaus und Glocken

Für den Zeitpunkt des Turmbaues ist eventuell das kleine Fragment eines *Liber precum*[29] von Bedeutung, das berichtet, daß am 11. Juli 1161 der Bischof Walo von Havelberg drei neue Glocken weihte, die von Abt Nikolaus, sowie dem Prior Hermann und dem Konvent gestiftet worden waren. Über die Größe und Stimmung der Glocken wird in diesem Text nichts gesagt. Wenn man aber einen großen Westturm baut, will man ihn auch sicher mit entsprechenden Glocken bestücken. Kleinere Glocken hingen sicher vorher bereits in den beiden oben erwähnten Flankierungstürmen. Sie waren nötig, um die Zeiten zu den verschiedenen Gottesdiensten anzugeben. Vom Geläut aller Glocken wird öfter in dem älteren Siegburger Lektionar[30] und den *Consuetudines*[31] berichtet.

[28] Mündl. Mitteilung von Prof. Verbeek vor etwa 25 Jahren. In mehreren Arbeiten hat er sich mit der Siegburger Abteikirche beschäftigt; z. B. in der Anm. 19 zitierten Untersuchung: Zur Geschichte der Baukunst ...; Vgl. auch: Das Annograb in Siegburg, Miscellanea pro Arte, Festschrift H. Schnitzler, Düsseldorf 1965, S. 119 ff. (dort auch mehrere Abb.); Der salische Gründungsbau der Siegburger Abteikirche und seine Nachfolge, Gedenkschrift Ernst Gall, München–Berlin 1965, S. 31 ff.; vgl. auch Kubach – Verbeek, Romanische Baukunst an Rhein und Maas, Bd. 2, Berlin 1976, S. 1015 ff.

[29] SS XIV, G 2, S. 106; M. Mittler, Von alten Siegburger Büchern, in: Wege zur Buchwissenschaft, herausgeg. v. Otto Wenig, Beitr. z. Bibliotheks- u. Bücherkunde 14, Bonn 1966, S. 58, Nr. 12.

Diese beiden unterschiedlichen Darstellungen der Abteikirche sind aber auch ein Beweis, daß man auch im Mittelalter geschichtlich dachte, denn Anno übergibt dem hl. Michael die Kirche, wie sie sich bei der Weihe dem Beschauer zeigte. Der neue Heilige und Gründer des Klosters nimmt aber die Kirche in seinen Schutz, wie sie aussah, als man Anno kanonisierte und den Schrein schuf.

2. Die Dachreliefs

a) Die Gründung von St. Georg in Köln

Fuchs[32] deutet den auf Bild 3, Gründung von St. Georg in Köln, vor dem Martyrer Georg knieenden Mönch mit der Beischrift GERT als Abt Gerhard. „Mit den Händen hält diese kleine Figur, ähnlich wie das Mönchlein vor dem heiligen Heribert, einen anscheinend kugelförmigen, aber nicht näher bestimmbaren Gegenstand, der jedenfalls irgendeine Opfergabe darstellen soll, zum heiligen Georg empor". Diese Deutung ist aber doch ziemlich unwahrscheinlich, da nicht einzusehen ist, was Abt Gerhard von Siegburg mit St. Georg zu tun hat. Eher dürfte einer der beiden Gerharde infrage kommen, die in der Urkunde 6 des Kölner Stiftes St. Georg[33] von 1188 genannt werden. Dort sind folgende Männer dieses Namens als Zeugen aufgeführt: *Gerardus choriepiscopus* und ein weiterer *Gerhardus* ohne weiteren Zusatz. Dann wäre auch klar, daß sich das Stift St. Georg, bzw. einer der Stiftsherren an der Finanzierung des Annoschreins beteiligt hätte. Fuchs standen übrigens die 1966 editierten Urkunden von St. Georg bei Abfassung seines Artikels nicht zur Verfügung.

b) Das Stiftungsbild; Beziehung des Bildes zum Mittelknauf

Etwas näher müssen wir uns mit dem sogenannten Stifungsbild beschäftigen. Da ist zunächst einmal die merkwürdige Stellung dieses Bildes vor Annos Tod und Begräbnis, also eine Durchbrechung der chronologi-

---

[30] Das Siegburger Lektionar, herausgeg. v. M. Mittler, SS XII, Siegburg 1979. Dort auch die entsprechenden Auszüge aus den *Consuetudines Sigebergenses;* so heißt es z. B. 18, 157, S. 31: *campane non sonentur* als Anweisung für den Palmsonntag. Alle Stellen, wo von Glockenläuten die Rede ist, vgl. das Register 5, S. 135 f., unter den Stichworten: *campana* und *signa.*

[31] Vgl. Anm. 30; vgl. CCM CII-1, S. 152. Dort sind unter dem Sigel S die Siegburger Gebräuche ediert.

[32] Fuchs, S. 13.

[33] Herausgeg. v. A.-D. v. d. Brincken, Mitteilungen a. d. Stadtarchiv Köln 51, Köln 1966.

schen Abfolge, wie sie sonst doch bei diesen zehn Bilder gewahrt wird. Anton Legner meint hierzu[34]: „Auf dem Dach des goldenen Hauses ... erscheinen also in querrechteckigen Relieffeldern Bilder der Heiligenvita: auf der einen Hälfte die Gründungen in historischer Reihenfolge, eingeleitet mit dem politischen und kirchenpolitischen Auftrag und absetzend mit der Darstellung der Wundertätigkeit, der auch die beiden ersten Bildfelder der Gegenseite eingeräumt sind. Doch hier stehen die Bildszenen nicht im chronologischen Ablauf, denn auf die Wunderwirkungen zu Lebzeiten Annos folgt die Schreinsstiftung, die erst über ein Jahrhundert nach dem Tode des Erzbischofs erfolgt war, vor dessen Darstellung sie aber, die zeitliche Reihenfolge so unterbrechend, eingeschoben ist. Die Szene der Stiftung des Annoschreins hat eine betont hervorgehobene Placierung erhalten, genau in der Mitte der Langseite des Schreins, genau unter dem die Langseite artikulierenden erhöhten prachtvollen Mittelknauf, an dessen Halbkugeln gegenständig Vögel und Tiere sich laben, aus der ambrosischen Quelle getränkt wie in Paradiesesvorstellungen schon frühchristlicher Mosaiken in Baptisterien und Mausoleen, emporgehoben und entrückt und entzogen dem Zugriff der im Ornamentalen gebändigten Drachen, die auf dem First des Daches hausen". Eine schöne, schwungvolle, poetische Deutung! Aber, stimmt sie auch? Da müssen wir zunächst einmal den Knauf selbst betrachten. Er ist in acht halbkreisförmige Felder aufgeteilt. Von diesen sind die vier auf den Firstkamm ausgerichteten ornamental verziert in der gleichen Art wie die beiden Eckknäufe. Die vier nach vorn bzw. hinten schauenden Felder tragen hingegen figürlichen Schmuck. Vorne, also zur Kölner Seite hin, trinken unten zwei Schafe aus einer Quelle, aus der auch eine Pflanze aufwächst, in deren Stamm man ein Kreuz erkennen kann. Darüber fressen zwei Hasen an der Knospe einer Pflanze. Auf der Rückseite schlägt im unteren Feld ein Raubvogel – Falke oder Habicht – ein Kaninchen[35]. Darüber picken zwei schwarze Vögel mit hellen Tupfen – Raben oder Stare – an der Knospe einer Pflanze mit drei Knospen.

---

[34] Busch, Anno, S. 357f.; Monumenta Annonis, S. 186; Abb. d. Knäufe: Busch, Anno, S. 352, 373, 378 u. 379.

[35] Vielleicht ist hier auch ein hasenschlagender Adler dargestellt. Vgl. hierzu die Untersuchung von Werner v. Schmieden, Zur Herkunft des hasenschlagenden Adlers als Herrschaftszeichen Kaiser Friedrichs d. II., in Symbolon, Jahrbuch f. Symbolforschung, N.F., Bd. 1, Köln 1972, S. 79ff. Selbstverständlich kann Kaiser Friedrich II, der erst 1194, also 11 Jahre nach Herstellung des Annoschreins geboren wurde, mit seinem Herrschaftszeichen nicht auf Abbildungen des Schreins Einfluß gehabt haben.

Es wird also die „ambrosische Quelle“ dargestellt. Es ist aber doch nur eine unter vier Darstellungen, die noch der Deutung harren. Und diese Darstellung ist dem Stiftungsbild abgewandt. Vielleicht war es ursprünglich einmal anders, denn bei einer der Restaurierungen könnte ja der Knauf eine Drehung erfahren haben.

c) Exkurs zu den Dachknäufen

Nun, ich glaube, wir müssen diesen Knauf in Beziehung zu den anderen vier Knäufen sehen. Die beiden Filigranknäufe, die an 2. und 4. Stelle angebracht sind, sind fast identisch. Anders ist es mit den Emailknäufen. Alle drei sind von verschiedener Größe und auch verschieden in ihrem Emailschmuck. Am kleinsten und auch am einfachsten ist der rückwärtige Knauf gestaltet. Einfache Blattspiralen sind in künstlerich vollendeter Komposition auf ihm angebracht. In gleich vollendeter Technik, aber mit reicherer Phantasie gestaltet ist der vordere Knauf, der auch nur Blattelemente in Fülle zusammenstellt.
Die Spitze bildet ganz eindeutig der Mittelknauf, der die ornamentalen Elemente der beiden Eckknäufe mit den oben genannten figürlichen Darstellungen verbindet.

aa) Mittelknauf, Sinnbild der Erde?

Könnte dieser Knauf nicht ein Sinnbild für unsere Erde sein mit ihren vielfältigen Formen des Lebens? Denn sowohl pflanzliches wie tierisches Leben ist dargestellt. Letzteres wiederum in Form der Vögel und der Säugetiere. Auch das lebenspendende Wasser ist als Quelle vorhanden. Zeigen die Bilder aber nicht auch, daß Leben nur durch Leben genährt und weitergegeben werden kann? Vögel und Hasen fressen von den Pflanzen; der Raubvogel schlägt ein anderes Tier.

bb) Knäufe, Sinnbilder und Planeten?

Sollen dann die anderen Knäufe die übrigen bekannten Planeten symbolisieren? Nun waren ja seit der Antike als mit bloßem Auge erkennbare Planeten bekannt: Merkur, Venus, Mars, Jupiter und Saturn. Die Erde

---

Aber diese Darstellung läßt sich bis hin zur griechischen Antike verfolgen. Am nächsten kommt unserer Darstellung eine Byzantinische Bodenplatte aus Trapezunt (S. 83). Das Motiv findet sich auf dem Gebiet des ehemaligen oströmischen, später byzantinischen Kaiserreiches, wo man Hasen mit Greifvöglen zu jagen pflegte (s. 79 f.). Da es als ein Siegeszeichen (S. 81) gilt, stellt sich die Frage: Was hat dieses byzantinische Siegeszeichen am Annoschrein für eine Bedeutung?

selbst war nach diesem Weltbild Mittelpunkt, um die die Planeten kreisten. Auch bei dieser Anordnung der Knäufe wäre die Erde Mittelpunkt. Nur müßte dann einer der anderen Planeten gefehlt haben. Es dürfte aber müßig sein zu überlegen, welchen Knauf nun welchen Planeten darstellen soll. Wichtig scheint mir bei dieser – vielleicht irrationalen – Betrachtung: Die Erde ist der Mittelpunkt der Welt, denn auf ihr gibt es Leben. So ist sie auch der Ort, wo Gott Mensch wurde und uns das Heil schenkte.

cc) Christus und Maria, Sinnbilder von Sonne und Mond?

Aber zu den Planeten zählte man im Mittelalter auch jene beiden großen Wandelsterne, die das ganze menschliche Leben in besonderer Weise beeinflussen: Sonne und Mond. Stehen für sie vielleicht Christus und Maria? Christus, der ja die Sonne der Gerechtigkeit genannt wird. Und von Maria heißt es, daß sie schön ist wie der Mond. Sicher kannten die Mönche von Siegburg die dem Hohen-Lied entnommene Benediktus-Antiphon vom Fest Mariä Himmelfahrt: „*Quae est ista, quae ascendit sicut aurora consurgens, pulchra ut luna, electa ut sol. terribilis ut castrorum acies ordinata* – Wer ist die , die da aufsteigt wie die aufgehende Morgenröte, schön wie der Mond, auserlesen wie die Sonne, furchtbar wie ein geordnetes Kriegsheer?"
Diese Stelle aus dem Hohen Lied (6,9) erklärt der sicher auch in Siegburg bekannte Rupert von Deutz: „*Quando*[36] *autem Spiritus sanctus in te supervenit et filium virgo concepisti, virgo peperissti, tunc tu et ex tunc pulchra pulchritudine divina, pulchra, inquam, non quomodocumque, sed ut luna. Sicut enim luna lucet et illuminat luce non sua, sed ex sole concepta, sic tu o beatissima, hoc ipsum, quod tam lucida es, non ex te habes, sed ex gratia divina, gratia plena. Quando autem de hoc mundo assumpta atque ad aethereum thalamum translata es, tunc electa ut sol; electa, inquam, nobis, quia sicut ex te natum Dei Filium solem verum, solem aeternum adoramus et colimus ut Deum verum, sic et te honoramus atque veneramur, ut veri Dei genitricem, scientes quia totus honor impensus matri sine dubio redundat in gloriam filii*". – „Weil aber der Heilige Geist dich überschattete und du als Jungfrau den Sohn empfangen und als Jungfrau geboren hast, damals und seit dem bist du schön durch göttliche Schönheit, schön, nicht irgendwie sage ich, sondern schön wie der Mond. So, wie nämlich

---

[36] Ruperti Tuitiensis commentaria in Canticum Canticorum 6,9, ed. Hrabanus Haacke O.S.B., CC Cont. Med. XXVI, Turnholti 1974, S. 140.

der Mond leuchtet und erleuchtet nicht durch sein eigenes Licht, sondern durch das Licht, das er von der Sonne empfängt, so hast du, o Seligste, das gleiche, daß du so leuchtend bist, nicht aus dir, sondern durch göttliche Gnade, durch die Fülle der Gnade. Als du aber aus dieser Welt aufgenommen und ins himmlische Brautgemach eintratest, warst du erwählt wie die Sonne; erwählt sage ich für uns, weil so, wie durch dich Gottes Sohn, die wahre Sonne, geboren wurde, den wir als die ewige Sonne anbeten und verehren als wahren Gott, so ehren und verehren wir dich als wahre Gottesgebärerin in dem sicheren Wissen, daß jede Ehre, die wir der Mutter erweisen, ohne Zweifel der Ehre des Sohnes zukommt".

Wenn man so nach Rupert von Deutz Maria und Christus in die Reihe des Knäufe mit aufnimmt, ist auch die heilige Siebenzahl erreicht, womit die Gesamtheit der Schöpfung gemeint ist. Diese wiederum findet ihre Vollendung in der Herrlichkeit des Himmels, von der wiederum der Schrein ein Abbild ist.

Und nun zurück zur Deutung von A. Legner! All das, was er zur Deutung des Mittelknaufes sagte, kann bestehen bleiben. Aber muß es nicht zugleich in einem größeren Zusammenhang gesehen werden? Wenn die Knäufe auf das ganze geschaffene Universum hinweisen, ja sogar es darstellen – mit Christus und Maria auch den erlösten Kosmos – dann haben auch das Böse, also die „im ornamentalen gebändigten Drachen[37]" des Firstkammes und die heidnischen Götter im Giebelkamm[38] ihre Bedeutung für die Vollendung der Welt im Reiche Gottes. Es ließe sich viel sagen über den Sinn des Bösen in dieser Welt[39]. Hier nur noch dies: Im Tod Christi, des Gottessohnes, erlebt der Teufel seinen höchsten Triumph und zugleich seine tiefste Niederlage. Seitdem ist das Kreuz das Zeichen unserer Hoffnung[40], im Kreuz ist Heil[41]!

---

[37] Busch, Anno, S. 358; Monumenta Annonis, S. 186.

[38] Vgl. oben, A 2a.

[39] Man wird an das Paulinische *Mysterium iniquitatis* erinnert (2 Thess 2,7) Hierzu schreibt das LThK unter dem Stichwort Mysterium: „Auch die widergöttlichen Mächte sind in die Sphäre des Mysteriums getaucht: Das M. des Frevels ist schon am Werk u. wird in der Offenbarung „des Menschen der Bosheit" seinen Höhepunkt erfahren".

[40] Vgl. hierzu den Hymnus *Vexille regis prodeunt* von Venantius Fortunatus, der in der Vesper der Passionszeit und an Kreuzerhöhung (14. 9.) gesungen wird: „*O Crux, ave, spes unica* ... – Sei gegrüßt o Kreuz, du einzige Hoffnung".

[41] Vgl. Gotteslob, Katholisches Gebet- und Gesangbuch, Stuttgart 1975, Nr. 205,1. u. Nr. 776,8.

d) *Deutung des Stiftungsbildes*

Nach dieser längeren Abschweifung zurück zum eigentlichen Thema: Die Deutung des Stiftungsbildes. Fuchs beschreibt es mit folgenden Worten: „Von[42] dem mittleren Felde der Rückseite war soviel bekannt (d. h. bevor die Belecker Bilder näher bekannt wurden), daß hier Anno, der Abt Gerhard, der Custos Henricus und viele Mönche abgebildet und dazu die Inschrift: *Memor esto congregationis tuae* angebracht war. Es ist eine Art Stifter- oder Widmungsbild, das hier vor den Szenen des Todes und der Bestattung des Heiligen eingeschoben ist. Das Feld ist durch drei Arkaden aufgeteilt. In der mittleren erscheint ANNO, das Haupt nach links gewendet. Hier steht unter der seitlichen Arkade hart am linken Bildrand, durch Beischrift im Bogen der Arkade kenntlich gemacht, ABBAS GERHARDUS, den Abtsstab in der Hand. Vor ihm kniet in der Mönchskutte, durch Unterschrift gekennzeichnet, HENRICUS CUSTOS. Er faßt mit beiden Händen ein großes Schriftband, auf dem zu lesen ist: MEMENTO CONGREGATIONIS TUAE QUAM POSSEDISTI AB INITIO. Das ist Psalm 73,2 der Vulgata. Nach den alten Abschriften hat hier statt *Memento* aber *Memor esto* gestanden. Dies entspricht auch dem genauen Wortlaut des Psalmes. Rechts von Anno ist der übrige Convent dargestellt, im Vordergrund drei Mönche, von denen der erste in das mittlere Bildfeld vortritt, im Hintergrund dann noch soviele Köpfe, als der Raum zuließ. Die ganze Klosterfamilie, an der Spitze der Abt und der Custos, hat dem heiligen Stifter des Klosters den kostbaren Schrein bereitet und empfiehlt sich hier seinem besonderen Schutze".

Zu dieser Beschreibung sind nur bezüglich der Texte ein paar kritische Anmerkungen zu machen. Ähnliche Ungenauigkeiten, wie wir sie bei der Behandlung der übrigen Inschriften feststellten, dürften auch hier dem Maler unterlaufen sein. Wahrscheinlich wurde Abt Gerhard ohne H geschrieben, also GERARDUS. So schreiben auch die beiden Urkunden 68 und 74 des Siegburger Urkundenbuches[43] von 1181 bzw. 1183. Ebenso dürfte der Küster Heinrich[43a] nicht HENRICUS sondern HEINRICUS geschrieben worden sein. Auch das TUAE aus dem Psalmvers war sicher ursprünglich der Schreibweise der Zeit entsprechend ein TUE. Außer diesen stilistischen Unterschieden meint Fuchs

[42] Fuchs, S. 15.
[43] UBSI, S. 153 f. u. S. 163 ff.
[43a] Zu ihm vgl. C Anhang: Exkurs zu Heinricus custos.

aber das MEMENTO des Schriftbandes nach der Vulgata und „alten Abschriften" in MEMOR ESTO verändern zu müssen. Leider sagt er nicht, wo sich diese Abschriften befinden. Sebastiani kennt jedenfalls die Leseart MEMENTO[44]. Mir scheint, daß sie als die ungewöhnlichere, dem Psalmtext nicht genau entsprechende, den Vorzug verdient. Könnten die „alten Abschriften" nicht durch den Vulgatatext beeinflußt worden sein?

e) Annos Begräbnis

Von besonderem Interesse ist ebenfalls das letzte Bild mit Annos Begräbnis. Fuchs beschreibt es so: „ANNO[45] wird von zwei Mönchen zu seinen Häupten und einem dritten am Fußende in einen mit Rundbögen und Säulen(?) geschmückten Sarkophag gelegt. Hinter diesem stehen, durch Beischriften namhaft gemacht, die beiden Bischöfe, die nach der Vita bei der Bestattung wirklich gegenwärtig waren: rechts mit Mitra und Stab EGILBERTUS[46], Bischof von Minden, und links von ihm mit Mitra und Buch, FRIDERICUS von Münster[47], Annos ehemaliger Studiengenosse in Paderborn. Am linken Bildrand steht noch ein Kleriker, der den Stab dieses Bischofs in der Linken trägt, während er die Rechte auf die Schulter des hier am Fußende mit der Einbettung der Leiche beschäftigten Mönches legt. Nach oben ist das Feld durch einen reichen Bogenfries abgeschlossen, dessen Bögen durch turmartige Architekturen getrennt sind".

aa) Annos Grab

Das Bild ist deshalb von besonderem Wert, weil es einen Ausschnitt der Kirche zeigt, wie sie 1183 aussah. Ebenfalls komplettiert es unsere Kenntnisse vom Annograb, das nach den Zerstörungen des letzten Krieges bei Ausgrabungen 1947 entdeckt wurde.

---

[44] S. 29.

[45] Fuchs, S. 16.

[46] Zu ihm vgl. die Anm. 2 zu II,9 von VAm, SS X, S. 80: „Egilbert war Bischof von Minden 1055–1080. Nach II,27,1 war er mit Bischof Friedrich von Münster bei Annos Beerdigung anwesend. Vgl. zu ihm auch Lück, Anno, S. 61, Anm. 309; danach war er vorher Kanoniker in Bamberg und als solcher wohl auch Annos Lehrer".

[47] Zu ihm vgl. die Anm. 2 zu II,27 von VAm, SS X, S. 123: „Friedrich von Münster (1064–1084) war zusammen mit Imad von Paderborn und Anno in Paderborn an der dortigen Domschule von dem Lehrer Meinwerk erzogen worden; im Februar 1069 weihten beide, Friedrich und Anno, mit Eilbert von Minden Benno zum Bischof von Osnabrück. Zu Friedrichs Verhalten im Kölner Aufstand 1074 vgl. II,17, Anm. 1".

Dargestellt ist ein Teil der südlichen Arkadenreihe, die das Mittelschiff zum Seitenschiff hin öffnete. Die Schmuckmotive in den Zwickeln („turmartige Architekturen" nach Fuchs) lassen auf eine reiche malerische oder plastische Ausstattung im Obergaden schließen.
Das Grab selbst zeigt die Tumba, die sich wohl etwa 80 cm über den Fußboden der Kirche erhob. Das dürfte sich aus dem Verhältnis zu den dargestellten Personen ergeben, denen sie etwa bis zur Leistenbeuge reicht. Die Langseite der Tumba ist in drei Felder aufgeteilt, wobei mit ziemlicher Sicherheit Säulen deren Seiten begrenzten. Die Felder selbst waren durch einen Bogen in der Mitte und jeweils zwei runde Fenster(?) aufgegliedert. So entstand von außen der Eindruck einer kleinen Kirche. Durch die Ausgrabungen wissen wir, daß die Tumba auf einem Sockelstreifen stand, der aus Kalksinter bestand. Der westliche Abschlußstein war noch an Ort und Stelle. Leider wurde er beim Wiederaufbau der Kirche nicht geborgen. Er liegt westlich des heute durch eine schwarze Schieferplatte gekennzeichneten Grabes im Schutt zwischen romanischem und heutigen Kirchenboden. Unter der Tumba befindet sich ganz unten, auf dem Felsen des Michaelsberges aufruhend, der Sarkophag, der nach Verbeek[48] aus Sandstein besteht und möglicherweise römisch ist. Er hat etwa 60 x 200 cm lichter Weite und ist mit „den[49] typischen Viertelstäben in den Ecken und sogenanntem Gardinenschlag an den Innenwandungen" versehen. „Bis auf die östliche sind diese Wände etwa 70 cm hoch bis zum Kirchenboden aus Tuffsteinen bündig übermauert, mit je zwei flachen Rundbogenblenden an den Langseiten und einer in der westlichen Schmalwand, die Flächen verputzt, Gewände und Bogensteine frei gelassen. ... Nach Osten, am Fußende, ist diese schmale Gruft um eine schachtartige verputzte Kammer von etwa 50 x 70 cm erweitert, deren Boden mit einer Stufe aus dem gewachsenen Fels bis fast zur Sohle des Sarkophags hinabreicht, während sie von einer verbindenden Bogenöffnung nur noch die Ansätze bewahrt hatte".

bb) Der Gabenaltar

Der Gabenaltar[50], dessen Fundament man westlich vom Grab fand, ist auf dem Bild nicht dargestellt. Vielleicht ein Hinweis, daß er erst nach der Heiligsprechung Annos gebaut wurde, zugleich ein Argument mehr, daß der Schrein seinen Platz auf der Tumba fand. Dafür spricht auch der Befund, den Verbeek so beschreibt: „Die[51] in Bodengleiche liegenden Randsteine, Die an der Nordseite noch fast vollständig in situ angetroffen wurden, weisen dicht neben der Sockelplatte eine Reihe von Dübellöchern auf, für in Blei vergossene Eisenstäbe, sei es von einem Gitter oder von Kerzenleuchtern." Vermutlich stammen sie von einem Gitterkasten, der die Tumba mit dem daraufstehenden Annoschrein einschloß. Denn „weitere Dübellöcher", die sich „in größerem Abstand und an den anderen Seiten" fanden, deuten eher auf fest in den Boden eingelassene Kerzenleuchter hin. Vermutlich war dies die Situation der Stätte, an dem Anno nun als Heiliger verehrt wurde, bis im Dreißigjährigen Krieg (1632) der Schrein mit dem übrigen Schatz nach Köln geflüchtet wurde.

3. Die Kapitelle

a) Wechselbeziehungen zur Bauplastik

Anton Legner hat auf die Wechselbeziehung zwischen Bauplastik und der durch den Goldschmied verfeinerten Ausdrucksmöglichkeit an den Schreinen hingewiesen. „Es[52] ist erstaunlich, wie manche Doppelkapitellchen der Säulen in der Arkandenzone tatsächlich solchen in der Bauplastik ausgeführten - z.B. in Brauweiler - entsprechen und wie die Kapitellplastik aus dem Baubetrieb des Samsonmeisters in Stein und ins Große überträgt, was an Motivschatz und Modellcharakter, an Bildkraft, Prägnanz und dekorativem Reichtum zudem an Suggestivität ihrer gegossenen Präsenz die winzigen Kapitellchen enthalten".

b) Die Motive

Folgende Motive[53] sind in den Kapitellen des Annoschreins dargestellt: Die vier Eckkapitelle unter den Evangelisten haben fast gleiche Blattornamente. Auf der Bischofsseite von links nach rechts: Unter Petrus

---

[48] Albert Verbeek, Das Annograb in Siegburg, Miscellanea pro arte, Festschrift Hermann Schnitzler, Düsseldorf 1965, S. 119 ff.

[49] Ebda, S. 122.

[50] Ebda.: „Auf diesem Boden, also nachträglich, doch in ähnlicher Technik, erhob sich ein altarartiger Block, dessen querrechteckige Sockelplatte, ebenfalls aus Kalksinter, von ungefähr 122 x 80 cm mit dreiseitig umlaufenden Schmiegenprofil und glatter, vom Sockelrand des Grabes nur 30 cm entfernter Ostseite großenteil erhalten war.

[51] Ebda.

[52] Busch, Anno, S. 387; Monumenta Annonis, S, 195.

[53] Einige dieser Kapitelle sind unter Abb. 11 zu finden. Sie zu deuten ist sicher eine reizvolle Aufgabe, die aber meine Kenntnisse bei weitem übersteigt. Deshalb möchte ich hier auf einige Bücher hinweisen, die weiterhelfen können: Wera von Blankenburg, Heilige und dämonische Tiere, Die Symbolsprache der deutschen Ornamentik im frühen Mittelalter, Köln 1975²; Dorothea Forstner OSB, Die Welt der Symbole, Innsbruck-Wien-München 1961; Klementine Lippfert, Symbol-Fibel, Kassel 1955; Oscar Doering, Christliche Symbole, Freiburg 1940².

zwei Doppellöwen[54]. Zwei Leiber haben nur einen Kopf, der die Ecke des Kapitells bildet. Unter Andreas ist ein Blattornament. Da außer den Ecken alle übrigen Kapitelle Tiere und auch Menschen abbilden, stellt sich die Frage, ob es nicht eine Ergänzung von 1901/02 ist. Unter Thomas sind acht Vögel mit Hundsköpfen[55] ornamental verschlungen. Die vier streng geradeaus schauenden Vögel[56], die das Kapitell unter Philippus schmücken, machen den Eindruck des nicht ganz Fertigen. Unter Jakobus dem Jüngeren sind fünf Untiere[57] zusammen gefügt, die vierfüßig und geflügelt sind. Sie haben Köpfe, die an Füchse erinnern. Ihr Blick ist ausgesprochen böse. Sie sollen wohl Greife darstellen.
Auf der Martyrerseite finden sich, ebenfalls von links nach rechts, folgende Kapitelle: Unter Simon zwei Gesichter[58] – Masken – über die rechts und links jeweils ein großschnäbliger Vogel herausschaut. Unter Judas picken drei Vögel[59] an den Ecken und in der Mitte kopfüber in den Ring, der das Kapitell nach unten abschließt. Das gleiche Motiv findet sich mehrfach in der rheinischen Kapitellplastik der Romanik[60]. So wurde ein Säulenkapitell mit gleichem Motiv in Siegburg[61] gefunden. Unter Bartholomäus sind in einem Rankenwerk zwei nackte Menschen und ein Affe[62] verfangen. Es erinnert an die große Initiale V, mit der die Münchener Handschrift von Ruperts von Deutz geschichtstheologischem Werk „De Victoria Verbi Dei – Über den Sieg des Wortes Gottes[63]" geschmückt ist. Dort speit der Teufel ein Rankenwerk aus, das sich zu einem großen V formt. In diesem Rankenwerk, das wohl die Welt bedeuten soll, sind verschiedene Menschen gefangen, die sich durch ihr sündhaftes Verhalten in diesem Netz verstrickt haben. So ist z.B. der Sündenfall der ersten Menschen dargestellt, einer hat das Schwert in der Hand, ein anderer hat sich mit Flitterwerk umgeben, wieder ein anderer ist ganz nackt. In der Mitte steht Michael, der sein Schwert gegen den Drachen gerichtet hat, um Gottes Gebot zur Geltung zu bringen. So

---

54 Abb. 11 R 2.
55 Abb. 11 R 4.
56 Abb.: Busch, Anno, S. 388, Abb. 51.
57 Abb.: Busch, Anno, Farbbild vor S. 369; S. 390. Abb. 57; Monumenta Annonis, S. 198.
58 Abb. 11, L 2.
59 Abb. 11, L 3.
60 Vgl. hierzu Busch, Anno, S. 384 ff. u. Monumenta Annonis, S. 195.
61 Abb.: Rhein und Maas, S. 97; dort auch Parallelstücke aus Utrecht und Lüttich. Eine kurze Beschreibung von Irmingard Achter, Museum der Abtei Siegburg, Katalog, SS XIV, Siegburg 1983, S. 65, A 19.
62 Abb. 11, L 4.
63 Abb.: Monumenta Annonis, S. 232; Heimatbuch Siegburg II, Abb. 212.

könnte dieses Kapitell einen Ausschnitt dieses Kampfes zwischen Michael und dem Teufel, zwischen Gott und Satan darstellen. Unter Jakobus dem Älteren sind vier Vögel[64], die nach oben schauen, in ein Blattwerk hinein komponiert. Unter Paulus sind vier ganz merkwürdige Wesen zu einem Doppelkapitell zusammengefaßt: Vögel[65] mit Hundsköpfen, Stummelflügeln und einem Schwanz, der in eine Spirale ausläuft. Genau ein solches Fabelwesen zeigen die beiden Siegburger Psalterien von Nancy und Wien[66] in ihrem Kalender als Sternkreiszeichen des Skorpions. So scheinen also auch hier in diesen vier Gestalten Skorpione gemeint zu sein. Das besagt natürlich auch, daß sowohl den Illuminatoren der beiden Psalterien, wie dem Schöpfer dieses Kapitells noch nie ein Skorpion unter die Augen gekommen ist.

4. Die Figurreihen der Längsseiten

Einige Fragen werfen auch die Figurenreihen auf, die einmal die Längswände einnahmen.

a) Die Bischöfe der Vorderseite

Auf der Vorderseite waren sechs Kölner Bischöfe bzw. Erzbischöfe dargestellt, die vor Anno als Heilige verehrt wurden. „Die[67] Abbildungen zeigen, daß sie alle mit Mitra, Kasel und Pallium bekleidet auf breiten, beiderseits vortretenden Sitzen saßen. In der Rechten führten alle den Krummstab mit Ausnahme des dritten und fünften der Reihe, der Erzbischöfe Evergislus und Agilolf, die als Märtyrer statt des Pedum eine Palme trugen. In der Linken hatten alle ein Schriftband, deren Texte die bisher bekannten Abschriften bestätigen". Dazu ist zunächst einmal festzustellen, daß erst unter Hildebold Ende des 8. Jahrhunderts Köln Erzbistum wurde[68]. Eigentlich ist unter den Dargestellten nur Heribert Erzbischof. Dennoch sind alle mit dem Pallium bekleidet und so als Metropoliten dargestellt gewesen. Den Text der Schriftbänder bietet Zehn-

[64] Abb. 11, L 5.

[65] Abb. 11, L 6.

[66] Abb. 11. Beide Psalterien sind ausführlich beschrieben von mir in: Untersuchungen zur Siegburger Liturgie I, B. Die Siegburger Psalterien von Nancy und Wien, SS XIII, S. 80 ff., Siegburg 1981.

[67] Fuchs, S. 8.

[68] Vgl. den Art.: Köln, Erzbistum in LThK; Reg I; Gesch. d. EB. Köln, 1. Bd. neu bearb. v. F. W. Oediger, Köln 1972.

der[69] in Übereinstimmung mit den Belecker Bildern. Alle sind dem alttestamentlichen Buch der Weisheit entnommen. Die ersten fünf bilden einen fortlaufenden Text, der in der Meßliturgie als Lesung verwendet wird. Im Missale Romanum beginnt damit die Lesung aus der Commune-Messe für einen Märtyrer III; im Missale Coloniense steht sie in der Commune-Messe für Märtyrer Nr. 8. Im Siegburger Lektionar[70], das ja aus dem 12. Jahrhundert stammt, ist sie notiert unter dem Titel: *In natale unius Pontificis et Martyris.* Die ganze Lesung umfaßt die Verse 10,10–14. Unsere Schriftbänder sind alle dem Vers 10 entnommen. Das Schriftband, das Heribert in Händen hält macht eine Ausnahme, denn es ist dem Buch der Weisheit 4,1 entnommen.
Zunächst seien die Texte der Schriftbänder dem Wortlaut der Vulgata gegenübergestellt, damit man die Unterschiede und Adaptionen feststellen kann.

	Vulgatatext:
Maternus: Justum deduxit Dominus per vias rectas.	Justum deduxit Dominus per vias rectas,
Severin: Ostendit illi regnum Dei.	et ostendit illi regnum Dei,
Evergislus: Dedit ei scientiam sanctorum.	et dedit illi scientiam sanctorum:
Kunibert: Honestavit illum in laboribus.	honestavit illum in laboribus,
Agilolf: Complevit labores illius.	et complevit labores illius.
Heribert: Immortalis memoria eius.	4,1: immortalis est enim memoria illius.

Bei der Betrachtung dieser Texte kam mir der Gedanke, ob diese Verse vielleicht etwas über ihren Träger aussagen sollten.
Maternus[71] trägt den Vers: „Der Herr führt seinen Gerechten auf geraden Wegen". Nach der Legende des 9. Jahrhunderts[72] wurde er von Petrus zusammen mit Eucharius und Valerius, den ersten Bischöfen von

[69] Zehnder, S. 395 f.
[70] Vgl. Anm. 30.
[71] Zu diesen Bischöfen vgl. die oben Anm. 68 zitierte Gesch. d. EB Köln: Maternus u. Severin, S. 26 ff., Evergislus (Ebergisil) u. Kunibert, S. 75 f., Agilolf, S. 81 f., Heribert, S. 108 ff. Dort auch weitere Literaturangaben. Die Quellen in deutscher Übersetzung:

Trier, zur Mission an den Rhein geschickt. Als er im Elsass gestorben war, wurde er durch den Stab des hl. Petrus wieder zum Leben erweckt. Dieser Stab des hl. Petrus[73] ist bis heute eine der bedeutendsten Reliquien des Kölner Domschatzes.

Severin habe, so berichtet Gregor von Tours[74], bei einem Rundgang zu den heiligen Stätten Kölns in der Todesstunde des hl. Martin von Tours den geöffneten Himmel gesehen und den Chor der Engel gehört, der Martin zu seinem Einzug in die himmlischen Freuden begrüßt habe. So würde auf ihn der Vers passen: „Er zeigte ihm das Reich Gottes".

Evergislus schlichtete im Auftrag König Childeberts[75] Wirren in einem Nonnenkloster von Poitiers. Möglicherweise paßt deshalb auf ihn der Vers: „Er gab ihm die Weisheit der Heiligen".

Von Kunibert wird berichtet, daß er vertrauter Ratgeber[76] des fränkischen Hausmeiers Pipin I. und des Königs Dagobert war. Sein Wohltätigkeitssinn zeigte sich in verschiedenen Kloster-, Kirchen- und caritativen Stiftungen[77]. So paßt auf ihn der Vers: „Er ehrte ihn wegen seiner Mühen".

Agilolf wurde nach Torsy[78] 745 auf Betreiben des hohen fränkischen Adels statt des vorgesehenen Bonifatius zum Bischof von Köln erhoben. Er wirkte im Geist der Reformbestrebungen des hl. Bonifatius. Schon 752 ereilte ihn der Tod. Die Reliquien des mit ihm für personengleich gehaltenen Märtyrers von Malmedy wurden in der Annonischen Gründung Mariengraden in Köln beigesetzt. Der Agilolfus-Altar[79] mit Szenen aus seinem Leben steht heute im Kölner Dom. Der Vers: „Er (Gott) vollendete seine Mühen" paßt außer für ihn auch auf manch anderes christliche Leben.

J. Kleinermanns, Die Heiligen auf dem bischöflichen bzw. erzbischöflichen Stuhle von Köln, Köln o.J. (nach 1895).

72 Reg I, S. 1 ff.; vgl. auch W. Levison, Die Anfänge rhein. Bistümer in d. Legende, AHVNrh 116 (1930), S. 25 ff.

73 Ebda, S. 27.

74 Reg I, S. 13, Nr. 10.

75 Reg I, S. 18, Nr. 20.

76 Reg I, S. 21, Nr. 36.

77 Reg I, S. 24 f., Nr. 46.

78 Torsy, Namenstagskalender, S. 193 zum 9.7.; Vgl. auch Reg I, S. 31 f.

79 Ein Antwerpener Flügelaltar a.d. Werkstätten v. Jan de Molder, Meister Gielisz u. Adrian v. Overbeeke a.d. Jahre 1521 gehörte der v. EB. Anno 1056 gegründeten Stiftskirche Mariengraden. Nach deren Abbruch 1817 konnte der Altar gerettet und 1846 in der Maternuskapelle d. Kölner Domes aufgestellt werden. Während d. Hauptdarstellungen d. Altars d. Leben u. Sterben Jesu Christi gewidmet sind, zeigen d. beiden

Heribert hat als Schriftband in Händen: „Unsterblich ist sein Andenken“. Es ist, wie oben gesagt, nicht die Fortsetzung des Textes, den die anderen fünf Bischöfe in Händen halten. Warum hat man diesen Text nicht weitersprechen lassen? Dazu folgende Überlegungen: Der Text geht mit Vers 11 weiter: *„In fraude circumvenientium illum affuit illi, et honestum fecit illum* – Er stand ihm bei, als er mit List hintergangen wurde, und brachte ihn zu Ehren“. Was hier angesprochen wird, dürfte wohl jedem Menschen, auch dem hl. Heribert passiert sein, denn wer hätte nicht erlebt, daß er betrogen und hintergangen wurde. Oft, nicht immer war der Betrüger am Ende der Geleimte. Doch, das wäre kein Schluß gewesen, der die Ehre Gottes und seiner Heiligen in rechter Weise gepriesen hätte. So gilt denn dieser Schlußpunkt nicht nur Heribert, sondern allen sechs Kölner Bischöfen dieser Seite. Auch diese Überlegung könnte bei der Auswahl des Textes mitgesprochen haben: Heribert wurde als letzter Kölner Bischof vor Anno am 30. August 1147 zur Ehre der Altäre erhoben[80]. Sein Andenken wurde unsterblich auch durch die von ihm gegründete, der Gottesmutter geweihte Abtei in Deutz[81], die nun seinen Namen trug. Anno hatte fünf religiöse Gemeinschaften gestiftet[82].

So weist das Schriftband Heriberts nach dem Willen dessen, der das Programm des Schreins entwarf, auch über Heribert hinaus auf Anno, der wie Heribert Anteil hatte an der Regierung des Reiches, dessen Namen aber unsterblich wurde durch die, die sein Andenken als ihren Stifter in Ehren hielten.

b) Die Märtyrer der Rückseite

Über die Märtyrer, die die Arkaden der Rückseite einmal schmückten, sagt Fuchs[83] daß von ihnen „die Abteikirche Reliquien besaß. Mit einer Ausnahme tragen sie alle über dem Untergewand das auf die rechte

---

Außenflügel Szenen a. d. Leben d. Kölner Erzbischöfe Anno u. Agilolf. Der rechte Flügel zeigt a. d. Leben Agilolfs eine Landschaft mit Kriegern, den Heiligen, der sich Bittenden zuwendet, sowie drei Bilder aus seinem Martyrium. Ein Großteil der Bilder d. 1988 restaurierten Altars findeet sich im Dombild-Kalender 1989, herausgeg, v. Präl. Dr. Jakob Schlafke. Vgl. auch B. Schwanecke, Der Agilolfusaltar, Kölner Domblatt 1978, S. 37 ff.

[80] Torsy, Namenstagskalender, S. 247 zum 30. 8.; zur Heiligsprechung vgl. Reg I, S. 204, Nr. 682, 4.

[81] Vgl. Reg I, S. 179, Nr. 598.

[82] Vgl. VA I, 28; VAm I, 18; Reg I, S. 294 f., Nr. 1003.

[83] Fuchs, S. 8.

Schulter geheftete Sagum. Demetrius, der erste der Reihe, hält mit der Rechten einen Schild, mit der Linken einen unerkennbaren Gegenstand, Vitalis (an zweiter Stelle) sowie die beiden letzten, Innocentius und Mauritus, sind mit Schwert und Palme ausgestattet, Victor (an dritter Stelle) mit Schild und Lanze. Diese fünf tragen eine merkwürdige Kopfbedeckung in Gestalt einer hohen, mit breiter Schmuckborte verbrämten Kappe. Nur der vierte der Reihe, der heilige Benignus, hat keine Kopfbedeckung und ist als Priester auch sonst abweichend bekleidet. Er trägt über dem Untergewand ein Pluviale, das mitten auf der Brust durch eine große Agraffe zusammengehalten wird. Mit der Rechten hebt er einen Kelch mit Hostie empor, während er mit dem linken Arm die Märtyrerpalme und ein Buch umfaßt„. Soweit die Ausführungen von Alois Fuchs. Klaus Endemann hat nach der kurz zuvor erfolgten Restaurierung der Belecker Gemälde folgende Ergänzungen hierzu vorgelegt: „Die[84] Waffe in der linken Hand des Demetrius ist wie bei Viktor eine Lanze. Wegen des nachgedunkelten Firnis hat A. Fuchs dies bei seinen, im übrigen sehr genauen Beobachtungen nicht erkennen können. Ebenfalls nicht erwähnt sind die roten Wappenzeichen auf den Schilden. Bei Demetrius ist es ein Greifvogel, wohl ein Adler, bei Viktor ist ein Löwe eingezeichnet".

Da die Abteikirche zur Zeit, als Anno heilig gesprochen wurde, sicher Reliquien von mehr als nur sechs Heiligen besaß, auch wenn es noch nicht die Fülle war, wie sie uns in dem Reliquienverzeichnis von 1608[85] entgegentritt, so soll zunächst einmal der Frage nachgegangen werden: „Warum gerade diese sechs?" Mir scheint, daß der Schlüssel zu diesem Problem darin liegt, in welcher Reihenfolge man die Heiligen zählt. Wenn man nämlich nicht von links nach rechts, sondern bei Anno beginnend, die Märtyrer nennt, ergibt sich folgende Serie: Mauritius, Innozentius, Benignus, Viktor, Vitalis und Demetrius.

Mauritius und Innozentius sind die Konpatrone der Abtei Siegburg. Von diesen Anführern der thebäischen Legion besaß die Abtei bedeutende Reliquien, die Anno ihr besorgt hatte. Am 13. Mai 1070 erfolgte die feierliche Übertragung dieser Reliquien nach Siegburg[86]. Um diesen Reliquien eine würdige Bleibe zu geben, ließen die Siegburger Mönche etwa 1185, also kurz nach Fertigstellung des Annoschreines, in Köln den

---

[84] Monumenta Annonis, S. 190 f.

[85] Torsy, Quellen, II,5. D. Inventarverz. d. Abteikirche v. 1608, S. 158 ff.; III,3, D. Verzeichnis v. 1819, S. 173 ff.; IV,2, Register d. Siegb. Reliquien, S. 190 ff.

[86] Va I, 33, MG SS XI, S. 480 f.

Mauritius- und Innozentiusschrein[87] anfertigen. So dürfte die Darstellung dieser Heiligen auch dem Ruhme Annos gegolten haben, neben dem sie sofort an erster und zweiter Stelle stehen. Sie nehmen also eine ähnliche Ehrenstellung ein, wie z.B. am Dreikönigenschrein[88] Petrus und Paulus, die rechts und links von Christus stehen. In unserem Falle stehen rechts von Anno und dem über ihm thronenden Pantokrator die Martyrer mit Mauritius an der Spitze, links von ihm Maternus mit den folgenden Kölner Bischöfen.

Reliquien des hl. Benignus von Dijon wurden ebenfalls durch Anno der Abtei besorgt. Hierzu nun im Wortlaut der Bericht Sebastianis[89]: „Von der Uberbringung dieses Heiligthums nach Siegberg. Dieses Heiligthum hat der H. Anno laut offtgemeldter dessen Legend[90] im 1ten Buch 38. Capitel von seinem Bluts-Verwanten Remgero Abbten des Closters S. Viti Zell zu Ellwangen im Schwaben-Land, wohin sie ein sicherer Hertzog auß Burgundien bemeldten Closters Stiffter geschencket hatt, an sich gebracht; und nachdem es ihm von einigen dessen Closters Geistlichen zu Cöllen eingelifret, auch darüber ein Ayd (Eid), Daß es der eigentliche Leib St. Benigni, und keines andren seye, außgeschworen worden am 26. Februarii[91] in Begleitung vielem Volcks nach Siegberg überbracht. Selbige Abend ward dasselbe in die Stadt-Kirch übersetzt, folgenden Morgens aber mit feyrlichster Procession, worinnen der H. Anno und der gottselige Abbt Erpho dieses Heiligthum auff ihren Schultren den gantzen Berg hinauff getragen haben, eingehohlet. Nach diesem stieg St. Anno auff die Cantzel und hielt ein herrliche Lob-Predigt, worinnen er die Gutthätigkeit dieses Heiligen so wohl auß dessen Nahmen (welcher so viel als gütig heisset) als auch auß dessen Leben dem Christlichen Volck erklährte. Endlich ließ er im hohen Altar 2 besondere Plätz bereiten und zur rechten S. Innocentium, zur lincken aber S. Benignum setzen mit lächlendem Mund gleichsam sprechend: Es würde mir

[87] Zehnder, S. 404; vgl. auch III Das Bildprogramm des Mauritius- u. Innozentiusschreins, Versuch einer Rekonstruktion.

[88] Vgl. die verschied. Tabellen u. Schemata zu obigem Artikel.

[89] S. 31 f.

[90] Gemeint ist die Vita Annonis, MG SS XI, S. 482 f.

[91] Ein Irrtum Sebastianis, der sich leider fortgewirkt hat bis in unsere Tage. Vgl. hierzu meine Anm. zum 17. Februar in SS XIII, S. 14. Die Vita Annonis sagt I,38: *Mane vero dominici diei, quod 13. Kal. Martii expectatione omnium illuxit*... Dies ist nach Grotefend, S. (32), T. XXVIII, der 17. Februar. Interessanterweise war dieser Sonntag der erste Fastensonntag, der Tag, an dem in diesem Jahr (1991) die neue Schatzkammer in St. Servatius mit dem aus Köln zurückgeführten Schatz durch den Kölner Erzbischof Kardinal Meisner eingeweiht wurde.

gefallen, wann ich sollte würdig werden einstens in der Mitte zwischen euch zu stehen, widrigen Falls werdet ihr schlechten Danck von mir zu hoffen haben. Welches kein Schertz, sondern ein warhaffte Prophezeyung gewesen zu seyn nun zu allgemeiner Freud die beglückte Erfahrnuß gelehret hat".

Die beiden Martyrer neben Benignus sind Viktor und Vitalis, die beide zur thebäischen Legion gezählt werden. Von beiden werden mehrere Reliquien im Siegburger Kirchenschatz[92] aufbewahrt, vor allem im Schrein der heiligen Mauritius und Innozentius. Sie gehören offensichtlich in den Reigen der Heiligen, die Anno dadurch besonders ehrte, daß er ihre Reliquien der Abtei Siegburg verehrte. Sie sind es nun, die ihm gewissermaßen für diese Verehrung am Schrein danken durch ihre Anwesenheit.

Da fällt nun der sechste, Demetrius, aus der Rolle, denn er gehört nicht zu der Schar der thebäischen Legion. Sein Name steht zwar in den Kalendarien der beiden Siegburger Psalterien[93]. Ferner werden Reliquien von ihm sowohl im Mauritius- wie im Honoratusschrein aufbewahrt. Aber im Siegburger Lektionar ist sein Tag nicht als Fest angegeben. Das nun wiederum besagt nicht, daß sein Tag dennoch in Siegburg nicht gefeiert wurde, denn dort finden sich auch Lesungen aus dem „Commune", also den liturgischen Feiern, die für eine Gruppe von Heiligen gelten, wie Martyrern, Bekennern und Jungfrauen. Dennoch bleibt die Frage, wie das Bild des Martyrers aus Sirmium, der in der Ostkirche als Großmartyrer[94] gefeiert wird, dessen Kult sich vor allem von Saloniki aus zum Westen hin ausbreitete, als einer der sechs Martyrer an den Annoschrein gelangt. Hierzu folgende Überlegungen:

aa) Versuch einer Zusammenschau der Heiligen

Im Band XIII der Siegburger Studien hatte ich in einer Anmerkung zum Gedenktag der heiligen Sabina am 29. August folgendes gesagt: „Ihr Gedächtnis dürfte deshalb in Siegburg möglich sein, weil sie auf der Rückseite von AS (Annoschrein), neben der Gottesmutter und über den Erzengeln dargestellt war. Nach Seb(astiani), S. 20 u. Zehnder, Servatiusschatz, S. 391, waren Reliquien d. hl. Sabina seit 1183 dem Annoschrein beigegeben (nicht in d. Rel.-Verzeichnissen erwähnt). Das führt

[92] SS XIII, Anm. zum 22. September, S. 48; vgl. auch Register, S. 140 u. 141.
[93] Vgl. SS XIII, S. 50 u. S. 91.
[94] Vgl. Torsy, Namenstagskalender, 8. Oktober, S. 286

aber auch zu der anderen Heiligen zu Seiten Marias, der hl. *Serapia,* die nach MaR(Martyrologium Romanum) am 29.7. starb und von der hl. Sabina beerdigt wurde. ... Die beiden Daten, 29.7. u. 29.8. lassen aber auch die Frage auftauchen, ob die beiden Heiligen nicht im Hinblick auf den 29.9., das Fest Michaels und der anderen beiden Erzengel ausgewählt wurden, die ja zusammen mit ihnen auf der gleichen Seite von AS dargestellt sind. Hinzu kommt noch, daß Serapia mit ihrem Namen an die andere Gattung der Engel, eben die Seraphim erinnert. ... Vielleicht könnte man folgende Hypothese aufstellen: Die Rückseite des Annoschreins sollte der Verehrung des Patrons der Abtei Siegburg dienen und zum Patrozinium hinführen durch eine Zusammenschau, die zugleich einen zeitlichen Ablauf auf ein Ziel hin anzeigt: 29.7. Gedächtnis d. h. *Serapia;* 29.8. Gedächtnis d. h. *Sabina;* 3.9. Gedächtnis beider Heiliger; 22.9. Fest d. hl. *Mauritius* u. s. Gefährten, der Konpatrone der Abtei, sowie Kirchweihfest; 29.9. *Michael* und alle hl. Engel". Könnte er nicht deshalb abgebildet worden sein, weil sein Fest in etwa den Oktavtag von Michael bildet. Dieser ist der 6.10. Aber er ist der nächste Heilige, der zu den kämpferischen Gestalten Michaels und der Soldaten der thebaischen Legion am besten hinzupaßt. Deshalb ist er ja auch mit Schild und Lanze dargestellt, auf dem Schild als Wappenzeichen ein Greifvogel, wahrscheinlich ein Adler, der auch den Schild Michaels schmücken kann. Wenn man so Demetrius einbezieht in das Programm des Michaelsgiebels, könnte auch der Gedanke aufkommen, ob Heribert von der Bischofsseite der letzte, hierzu in Beziehung steht, da er am 30. August feierlich erhoben wurde. Beide, Heribert und Demetrius würden in den zeitlichen Rahmen passen, der durch obige Überlegungen dargelegt wurde.

bb) Zur Inschrift des hl. Benignus

Als einziger der Martyrer trägt Benignus ein Buch in Händen, auf dem sich eine Inschrift befand. Der Text lautet nach den Belecker Bildern: „BENIGNUS DEI CORDE ET VERBO[95] – Gütig nach dem Herzen und dem Wort Gottes". Nach Fuchs[96] überliefert der Kölner Weihbischof Gelenius den Text in folgender Version: „BENIGNUS DICOR ET SUM – Ich werde der Gütige genannt und bin es". Fuchs meint, daß nur diese Leseart als die ursprüngliche in Betracht komme, denn: „Sie

[95] Zehnder, S. 396.
[96] Fuchs, S. 9.

beruht offenbar auf der Predigt, die Anno bei der Einbringung der Reliquien des heiligen Benignus gehalten und in der er von dem Heiligen gesagt hat: *quia benignus est et nominatur*"[97]. Zu deutsch: „Weil er gütig ist und so genannt wird". Fuchs meint, daß sich der Text auf den Belecker Gemälden „als Verderbnis aus dem ursprünglichen, der am Original vielleicht verstümmelt war," erklären lasse. Möglicherweise wurden auch Abkürzungen falsch gelesen.

C. Anhang: Exkurs zu *Heinricus custos*, dem Stifter des Schreins

In einer letzten Untersuchung sei dem mehrfach auf dem Annoschrein dargestellten Heinricus custos nachgegangen. Außer dem Abt Gerhard und dem gleichnamigen Stiftsherren von St. Georg ist er als einziger Lebender auf dem Schrein dargestellt. Auf dem sogenannten Stiftungsbild kniet er zu Füßen Annos und hält die Widmungsinschrift in Händen. Auf der rückwärtigen Giebelseite kniet er zu Füßen des Erzengels Michael, des Patrons der Abtei, und vor Erzbischof Heribert steht eine kleine Mönchsgestalt, die durch die Buchstaben HC ziemlich sicher als Heinricus custos gekennzeichnet ist. Eine vierte knieende Gestalt zu Füßen des heiligen Victors ist ohne Namen. Wer ist dieser Heinricus custos, dieser Küster Heinrich? Offenbar handelt es sich um einen Mann, der aus begütertem Hause stammte, denn die Herstellung eines solchen Schreines kostete auch im 12. Jahrhundert ein Vermögen. Nun finden wir aber in den Siegburger Urkunden[98] keinen Mönch Heinricus, der zugleich auch als Küster bezeichnet wird. Aber für die fragliche Zeit kennen sie dreimal einen Heinricus.

In der Urkunde Nr. 65, die zwischen 1166 und 1173/74 ausgestellt wurde, wird als Zeuge ein *Heinricus senior cellerarius* – Heinrich, der ältere Kellermeister, genannt.

Mit diesem wahrscheinlich nicht identisch ist der *Heinricus elemosinarius* – Heinrich der Almosengeber, der zweimal genannt wird und zwar in den Urkunden Nr. 76 und 87.

Die Urkunde Nr. 76 wurde 1187 ausgefertigt. Sie erweist den für die Almosen zuständigen Mönch Heinrich als einen Mann aus vermögen-

---

[97] VA I,38, MG SS XI, S. 483 B 30.

[98] Urkunden und Quellen zur Geschichte von Stadt und Abtei Siegburg, Bearb. v. E. Wisplinghoff, I. Bd., Siegburg 1964. (UBS I).

dem Hause. Denn Abt Gerlach[99], der Nachfolger des Abtes Gerhard, unter dem Anno heiliggesprochen wurde, bestätigt die Schenkungen an Besitz und Einkünften, die Heinrich zu einer Fischmahlzeit für die Mönche und zur Bekleidung für die Armen machte. So der einleitende Regest zu dieser Urkunde. Der ganze Text, den Dr. Wolfgang Herborn, Bonn, freundlicherweise übersetzte, sei nun im Wortlaut geboten.

1. Text der Urkunde Nr. 76 von 1187

„Im Namen der heiligen und ungeteilten Dreifaltigkeit. Ich Gerlach, durch Gottes Gnade unwürdiger Abt des Siegburger Klosters. Bekanntlich kommt die eine Generation und die andere geht, und mit der Zeit geht auch die Erinnerung an die Geschehnisse verloren, wenn sie nicht durch die Autorität eines glaubwürdigen Schriftstücks lebendig erhalten wird. Deshalb wollen wir dem Gedächtnis und der Erinnerung der gegenwärtigen und künftigen Menschen sorgfältig einschärfen, daß Heinrich unser Bruder und Almosengeber unserer Kirche, in dem Wunsch, für sein Seelenheil zu sorgen, von einem Lehnsmann von uns, Heinrich aus dem Dorf Husichin (Hausen)[100], ein Lehen in eben diesem Dorf gelegen, für sieben Mark gekauft hat, das eben derselbe (Heinrich) von uns als Lehen innehatte. Er hat sich aber von uns ausgebeten, daß wir auf unser Recht, das heißt auf das Recht, nach dem er eben jenes Lehen innehatte, verzichten und, daß es im übrigen mit unserer Erlaubnis den Bedüfnissen der Armen dienen soll. Da wir beschlossen hatten, ihm das zu unserem Seelenheil zu gewähren, und da der vorgenannte Laie uns darauf Verzicht geleistet hatte, bat dieser darum, daß jenes Lehen ihm als tributpflichig von dem Almosengeber (wieder) verliehen würde und zwar unter der Bedingung, daß er künftig von der Zeit an das Gericht innerhalb des Hofes Wahlscheid[101] übernehmen solle, sowohl er selbst wie seine Nachfolger und er es darauf ganz besitzen solle. Jährlich zahlt er vier Schillinge, die den Herren zukommen, und ebensoviel wird für das Nutzungsrecht gegeben, das man Vorhure (=Anzahlung bei Besitzveränderungen) nennt. Fernerhin hat der genannte Bruder von Heinrich, dem Meister seines Hofes in Siegburg[102] einen kleinen Hof in eben derselben Stadt für 30 Schillinge gekauft und hat ihn unter Zahlung von 2

[99] Zu ihm vgl. Wisplinghoff, Siegburg, S. 160 u. Register.
[100] Lohmar-Hausen, Rhein-Sieg-Kr.
[101] Lohmar-Wahlscheid, Rhein-Sieg-Kr.; s. auch Wisplinghoff, Siegburg, S. 148.
[102] Welcher Hof hier gemeint ist, läßt sich nach den Angaben der Urkunde nicht feststellen. Wisplinghoff, Siegburg, kennt im Register, S. 259, 12 verschiedene Höfe.

Schillingen jährlich nach Bürgerrecht erworben. Außerdem pflegten wir von unserer Kammer jährlich vier Schillinge einem gewissen Ritter von Wanda (Wahn)[103] zu geben, die – was feststeht – jener von unseren Vorfahren als Lehen bekommen hat. Nachdem die vier Mark von dem vorgenannten Bruder empfangen worden waren, hat derselbe Ritter uns hierfür ein Lehen überlassen und wir haben versprochen, eben diese Schillinge nach ewigem Recht dem Hospital zu geben und erklärt, daß unsere Nachfolger es ähnlich handhaben sollen. Ferner ist von demselben Bruder in Güls[104] ein Weinberg für zwölf Mark von einem gewissen Gerhard erworben worden. Von dessen Einkünften soll der, der dem Hospital vorsteht, diesen (Weinberg) sorgfältig pflegen und der ganze Restbetrag soll für den Weinverbrauch zum Bedarf der Armen ausgegeben werden. Von allen diesen vorgenannten (Aufwendungen) soll aber der oft genannte Bruder die vier Schillinge von Hausen und die zwei Schillinge, die innerhalb der Stadt bezahlt werden müssen bis zum Oktavtag unseres seligen Vaters Anno, der auf die dritten Iden des Dezember fällt (11. Dezember) bereitstellen, damit davon den Brüdern eine Fischmahlzeit am oben genannten Tag gereicht werde. Die restlichen vier Schillinge, die aus unserer Kammer bezahlt werden müssen, vermachen wir zugleich mit den Einkünften des Weins vor allem für die Bekleidung der Armen, die am Vigiltag von Weihnachten (24. Dezember)[105] gegeben werden soll, freilich mit der Maßgabe, daß sich derjenige, der zur Zeit dem Hospital[106] vorsteht, nicht untersteht, etwas davon zum privaten Gebrauch abzuzweigen, sondern, er soll es nach bestem Vermögen den Bedürftigen zuteilen.

---

[103] Wahrscheinlich Köln-Porz-Wahn. Es könnten auch Much-Ober- bzw. Unterwahn oder Neunkirchen-Seelscheid-Wahn, beide Rhein-Sieg-Kr., gemeint sein. Nur in Köln-Wahn befindet sich allerdings heute noch der Herrensitz derer von Neurath.

[104] Koblenz-Güls gehört mit zum ältesten Siegburger Besitz; vgl. hierzu das umfangreiche Register UBS I; ferner Wisplinghoff, Siegburg, S. 245 f.

[105] Ein früher Bericht über eine Weihnachtsbescherung?

[106] Die Wisplinghoff, Siegburg, S. 13, erwähnte Paulus-Kapelle am Fuß des Klosterberges lag in dem von Mauern umschlossenen sogenannten Rosengarten. Sie war die Hospitalskapelle. Nach einer mündl. Mitteilung von O. Treptow hat er eine größere Arbeit in Vorbereitung, die über das Hospital und den dorthin führenden Stationsweg mit den sieben Schmerzen Marien berichten soll. Nach Treptow befand sich Holzgasse 58 (fanzös. Hausnummer 168) der Hospitalshof, der wiederum durch einen direkten Weg zur Bergstraße mit dem Hospital verbunden war. Vgl. dazu die Karte zu I 5. Der oben genannte Hof in Wahlscheid war nach Tr. für die Versorgung des Hospitals zuständig. Der heute Höfferhof genannte Hof gehörte bis zur Säkularisation im Jahre 1803 der Abtei Siegburg.

Was aber dieser Bruder über diese Dinge, wie oben gesagt, angeordnet hat, das setzen auch wir fest und befehlen unter Androhung der göttlichen Strafe, in der Tugend des heiligen Gehorsams fest zu verharren, damit keiner wagt, diese Bestimmungen zu verändern, zu brechen oder zu entstellen. Wenn sich das aber jemand erdreisten sollte, so wisse er, daß er mit der Fessel ewigen Bannes unwiderruflich geschlagen wird, wenn er sich nicht schleunigst durch die Reue getrieben wandelt.
Gegeben im Jahr der Menschwerdung des Herrn 1187 vor dem Siegburger Kapitel. Zum Heil. Amen.

2. Auswertung

Die Urkunde Nr. 87 wurde im Jahre 1212 ausgestellt. Nach dem Regest bekunden in ihr Abt Gottfried[107] und der Konvent von Siegburg, daß der Propst Gerhard[108] und der Konvent zu Oberpleis[109] verschiedene jährliche Zahlungen an das Kloster Siegburg abgelöst haben. Sie bestätigen eine Reihe von Erwerbungen des Propstes für seine Propstei. Auch in dieser Urkunde wird ein *Heinricus elemosinarius* als Zeuge genannt.
Hier sind nun zwei Dokumente aufgeführt, die möglicherweise etwas über den Hauptstifter des Annoschreines aussagen. Falls die beiden Almosengeber Heinrich identisch sind, ist immerhin zu bedenken, daß zwischen beiden Urkunden 25 Jahre liegen. Dann müßte unser *Heinricus custos* vom Schrein bei der Stiftung desselben ein verhältnismäßig junger Mann gewesen sein. Denn, da der Annoschrein bereits 1183 fertig ist, mit seiner Herstellung aber wohl bereits Ende 1181/Anfang 1182 begonnen wurde, liegen zwischen der Nennung in der Urkunde von 1212 und der Stiftung des Schreins sogar 30–31 Jahre. Noch etwas gilt es zu bedenken. In der Urkunde von 1212 steht ein *Godefridus custos* nach Abt und Prioren an fünfter Stelle, während der *Heinricus elemosinarius* an achter Stelle steht. Deshalb die Frage, ob der *Heinricus custos* bereits kurz nach seiner Stiftung des Schreins als *Custos* abgesetzt und auf die weiter rückwärtige Stelle des *Elemosinarius* verwiesen wurde, denn auch bereits 1187 wird er ja als solcher aufgeführt. Vielleicht handelt es sich hier aber auch weniger um eine Rangfolge, als vielmehr um ein Amt, zu dem er fähiger war. Mir scheint die Tatsache dafür zu sprechen, daß wir es hier mit einer Person zu tun haben, weil er mit seiner Stiftung den Oktavtag von Annos Tod

---

[107] Vgl. Wisplinghoff, Siegburg, S. 161.
[108] Ebda., S. 183.
[109] Ebda., S. 69 ff.

besonders gefeiert haben will. Der Todestag selbst wurde sicher in der Abtei als Festtag[110] begangen. Dies drückte sich auch in einem opulenteren Essen aus, als es normalerweise die Klosterküche bot. Daß nun durch diese Stiftung einer Fischmahlzeit auch der Oktavtag eine höhere Festlichkeit erhielt, die sich selbstverständlich auch in feierlicheren Gottesdiensten ausdrückte, macht es doch wahrscheinlich, daß der in den beiden Urkunden genannte *Heinricus elemosinarius* der gleiche Mann ist, der uns mehrere Male auf dem Annoschrein als *Heinricus custos* vor Augen tritt.

Leider wissen wir nicht mehr von ihm. Aber wir konnten ein kleines Mosaiksteinchen hinzufügen zu dem Wissen über den Mann, dem wir neben den ausführenden Künstlern eines der schönsten Denkmäler mittelalterlicher Goldschmiedekunst verdanken.

Vermuten können wir, daß er einer begüterten Familie entstammte, von der wir ebenfalls nichts Näheres wissen. Möglicherweise zeigt sich hier bereits die Tendenz, adlige Söhne bevorzugt aufzunehmen[111], was dann bald dazu führt, daß nur noch Adlige in Siegburg aufgenommen werden. Nochmals: Leider wissen wir (noch) nicht mehr von ihm.

---

[110] Das umfangreiche, leider nur fragmentarisch überlieferte Offizium zu Ehren Annos, wohl nach seiner Heiligsprechung 1183 in Siegburg verfaßt, ist mit Übersetzung durch Pl. Mittler veröffentlicht, SS I, S. 88 ff. Nach dem Translationsbericht SS III, S. 16/17) bestimmten die päpstlichen Legaten bei der Heiligsprechung: „... daß dieser Tag der Übertragung oder Heiligsprechung Annos frei sein solle von jeglicher knechtlicher Arbeit„. Im Kalendarium des 1217 geschriebenen Siegburger Psalteriums von Wien (SS XIII), S. 80 ff) werden drei Annofeste aufgeführt: 3.3. *Ordinatio s. Annonis;* 29. 4.: *Translatio s. Annonis;* 4. 12.: *Annonis fundatoris ep. et conf.*

[111] Vgl. hierzu: Wisplinghoff, Siegburg, § 8 Das Kloster im späten Mittelalter ..., 1. Bis zur Mitte des 17. Jahrhunderts, S. 26 ff.

III. DAS BILDPROGRAMM DES MAURITIUS- UND INNOZENTIUS-SCHREINES
VERSUCH EINER REKONSTRUKTION

Der Schrein der heiligen Mauritius und Innozentius des Siegburger Kirchenschatzes wurde, wie die meisten Reliquiarien des ehemaligen Abteischatzes, nach der Säkularisation von 1803 seines Schmuckes zum größten Teil beraubt[1]. Der Siegburger Minorit Raimundus Sebastiani beschreibt den Schatz in seinem „Siegbergischen Heiligthum", das 1750 aus Anlaß der Rückführung des Schatzes aus Köln nach Siegburg gedruckt wurde. Dieser Schrein wird S. 35 ff. mit folgenden Worten beschrieben: *S. Mauritii und Innocentii Kasten. Am vordern Theil oder Haupt zeiget sich die Bildnuß Christi zwischen S. Inncentio und Mauritio mit beygesetzten deren Nahmen, unter der Bildnuß Christi aber folgende Wort:* (es folgen dann die Inschriften lateinisch mit deutscher Übersetzung, wie sie weiter unten alle gebracht werden)[2]. *Auff dem obren Theil oder Tach zeigen sich die H. H. Propheten mit unterschiedlichen Bibel-Sprüchen, so man kürtze halber vorüber gehet".*

Durch die Überschriften, die heute noch vorhanden sind, kennen wir die Figuren der beiden Stirnseiten genau. Vorne befanden sich, wie oben schon gesagt, neben Christus die beiden Titelheiligen Mauritius und Innozentius. Auf der Rückseite wurde Maria von Anno und Michael flankiert.

Wie Sebastiani sagt, befanden sich auf dem Dach „Propheten" mit Schriftbändern. Leider teilt er uns die Texte nicht mit. Es müssen aber 14 Gestalten aus dem Alten Testament gewesen sein, da jede Dachfläche sieben Felder hat. Die Seitenwände mit je sechs Feldern waren, wie sich auch aus den erhaltenen Inschriften ergibt, mit den zwölf Aposteln besetzt.

Es soll nun im folgenden der Versuch unternommen werden, die verlorenen Gestalten zu bestimmen und auch ihre mögliche Reihenfolge festzustellen. Vorausgeschickt sei, daß sich keine Lösung des Problems

---

[1] Vgl. den Artikel I: Die Verluste des Schatzes seit 1608.

[2] Vgl. III C 3.

ergibt, sondern, daß mehrere Möglichkeiten offenbleiben. Dennoch dürfte sich das Puzzlespiel lohnen, da es uns den Blick schärfen kann für alle mittelalterlichen Reliquiarien. So seien also einige Versuche unternommen, sowohl die Reihe der Apostel, wie auch der „Propheten" zu rekonstruieren. Beginnen wir mit dem Alten Testament!

A. Die alttestamentlichen Gestalten

Bewußt habe ich die Propheten, von denen Sebastiani spricht, in Anführungszeichen gesetzt, denn von den 14 Gestalten sind fünf Schriftbänder auf uns gekommen. Mit allergrößter Wahrscheinlichkeit gehören sie zu unserem Schrein. Das legt der Vergleich mit den am Schrein erhaltenen Inschriften nahe. Ferner gibt es kein Reliquiar im Siegburger Kirchenschatz zu dem diese Bänder passen würden. Sie enthalten folgende Texte:

1. *Salutare tuum expectabo Domine* – Dein Heil erwarte ich, Herr (Gen 49, 18). Der Text entstammt dem Segen Jakobs über seine Söhne.
2. *Non est Deus alius ut Deus rectissimi magnificentia eius discurrunt nubes* – Es ist kein anderer Gott, wie der Gott des Gerechten. Seine Herrlichkeit durchschweben die Wolken (Deut 33, 26). Das Zitat ist dem Segen des Moses entnommen.
3. *Sederunt sedes in iudicio, sedes super domum David* – Dort stehen die Throne bereit für das Gericht, die Throne des Hauses David (Ps 121/122,5). Nach mittelalterlicher Auffassung ist David der Verfasser der Psalmen.
4. *Aquae multae non potuerunt extinguere caritatem* – Viele Wasser vermögen die Liebe nicht auszulöschen (Cant 8,7). Der Dichter des Hohen Liedes ist nach der Auffassung des Mittelalters der König Salomon.
5. *Aedificatur civitas Domino a turre Ananehel usque ad portam anguli* – Die Stadt wird für den Herrn wieder aufgebaut vom Turm Hananels bis zum Eckturm (Jer 31,38).

So stehen aufgrund der erhaltenen Schriftbänder folgende fünf alttestamentliche Gestalten fest: Jakob, Moses, David, Salomon und Jeremias. Von diesen fünf ist aber nur Jeremias ein Prophet im strengen Sinne des Wortes. Daraus ergibt sich aber, daß auf dem Dach des Schreins typische Gestalten des ganzen Alten Bundes dargestellt waren. Diese müssen wiederum auch einen Bezug zu den beiden Hauptgestalten der Stirnseiten gehabt haben, nämlich zu Christus und zu Maria. Unsere Aufgabe besteht nun darin, die fehlenden neun Personen zu suchen.

Da mehrere Reliquiarien erhalten sind, die dem Mauritius-Schrein sowohl zeitlich wie räumlich nahe stehen, ist es legitim, nach Parallelen Ausschau zu halten. Konkret lautet die Frage: „Gibt es aus der Zeit um 1190 und der Gegend um Köln Reliquiarien, auf denen vierzehn Gestalten des Alten Testamentes dargestellt sind, unter denen sich auch die fünf Männer befinden, die für unseren Schrein sicher bezeugt sind?" Um es vorweg zu sagen: Es gibt kein Reliquiar, dessen Programm so auf unseren Schrein passen würde, wie ein Schlüssel ins Schloß! Aber es gibt sehr wohl mehrere, bei denen sich ein Vergleich nicht nur lohnt, sondern, die wichtige Hinweise geben, wie es wohl mal gewesen sein könnte[3].

1. Der Dreikönigenschrein von Köln

An erster Stelle bietet sich da der Dreikönigenschrein[4] für eine Lösung an. Er hatte ursprünglich – und nach der großen Restaurierung wieder – 14 Felder mit Gestalten aus dem Alten Bund. Es sind dies rechts von Christus, also auf der linken Seite: Aaron, Habakuk, Ezechiel, Salomon, Joel, Nahum und Amos. Auf der gegenüberliegenden Seite, also links von Christus, befinden sich: Moses, Jonas, Abdias, David, Daniel, Joachim und Jeremias. Vier der Gestalten des Mauritius-Schreins finden sich auch hier, nämlich: Moses, David, Salomon und Jeremias. Es fehlt Jakob. Ferner fällt auf, daß einer der großen Propheten, nämlich Isaias, in dieser Serie fehlt. Der hat aber am Dreikönigen-Schrein einen besonderen Platz. Er steht auf der Rückseite zwischen Christi Geißelung und Kreuzigung. In Händen hält er denn auch einen Vers aus dem 4. Gottesknechtlied: „*Vere languores nostros ipse tulit et dolores nostros ipse portavit* – Er aber hat unsere Krankheiten getragen und unsere Schmerzen auf sich geladen" (Is 53,4).
Falls sich das große Vorbild des Dreikönigen-Schreins auf die Gestaltung des Mauritius-Schreins ausgewirkt hätte, müßten also zwei Gestalten aus der Reihe des Dreikönigen-Schreins fortgefallen sein, an deren Stelle Jakob und Isaias getreten wären. Am wahrscheinlichsten dürften zwei der kleinen Propheten fortgefallen sein. Dargestellt sind: Habakuk, Joel, Nahum, Amos, Jonas und Abdias. Von diesen sechs dürften mit großer Wahrscheinlichkeit dabei gewesen sein: Habakuk, Jonas und Joel.

---

[3] Vgl. die Tabelle: III E 1a: Alttestamentliche Gestalten auf einigen Reliquiaren.
[4] Vgl. Der Meister des Dreikönigen-Schreins, Ausstellungskatalog, Köln 1964, S. 15ff.; auch als Anhang zum „Kölner Domblatt 1964": Achthundert Jahre Verehrung der Heiligen Drei Könige, S. 427ff.

Habakuk: Der Vers: *„In medio duorum animalium notum facies* – Inmitten von zwei Lebewesen wirst du offenbar werden" (Hab 3,2) wurde in zweifacher Weise gedeutet. Er wurde bezogen auf Jesus in der Krippe, der zwischen Ochs und Esel liegt. Deshalb ist Habakuk auf dem Weihnachtsbild des Siegburger Psalteriums von 1217 in dem Eckmedaillon oben rechts[5] dargestellt. Anderseits wird dieses Prophetenwort auch auf Christus am Kreuz inmitten der beiden Schächer[6] gedeutet. Daß es sich bei dem Text um eine falsche Lesart handelt, die wahrscheinlich durch eine Abkürzung entstand, war für den mittelalterlichen Menschen wohl ohne große Bedeutung. Der richtige Text der Vulgata lautet: *„In medio annorum* – Inmitten der Jahre".

Jonas: Christus selbst zieht die Parallele zwischen Jonas und sich mit folgenden Worten: *„Sicut enim fuit Jonas in ventre ceti tribus diebus et tribus noctibus* – So, wie Jonas drei Tage und drei Nächte im Bauch des Wals war, so wird der Menschensohn drei Tage und drei Nächte im Schoß der Erde sein" (Mt 12,40).

Joel: Er wird von Petrus als der Prophet der Geistsendung zitiert. Petrus sagt in seiner Predigt am ersten Pfingstfest (Act 2,14–36), daß sich nun die Worte Joels erfüllt hätten: „... *effundam spiritum meum super omnem carnem* – ... ich gieße meinen Geist aus über alles Fleisch" (Joel 2,28–32). Der ganze Text der Apostelgeschichte lautet: „Vielmehr geht hier das Wort des Propheten Joel in Erfüllung: ‚In der Endzeit, spricht Gott, werde ich ausgießen meinen Geist über alles Fleisch. Da werden eure Söhne und Töchter weissagen, eure Jünglinge werden Gesichte schauen und eure Greise Traumgesichte haben. Selbst über meine Knechte und Mägde werde ich ausgießen meinen Geist in jenen Tagen, und sie werden weissagen. Wunder werde ich wirken am Himmel oben und Zeichen unten auf der Erde: Blut und Feuer und qualmenden Rauch. Die Sonne

---

[5] Alle Abbildungen dieses Psalterium in „Monumenta Annonis", Ausstellungskatalog, Köln 1975, S. 234 f.; Beschreibung, ebda. G 6; Vgl. auch „Museum der Abtei Siegburg", Katalog, SS XIV, Siegburg 1983, S. 113 ff. Auch die beiden Armenbibeln, die weiter unten zur Deutung mit herangezogen werden (vgl. Anm. 51 u. 52), verwenden diese Stelle als Prophezeihung für Christi Geburt und sein Liegen zwischen Ochs und Esel.

[6] Nachdem Rupert von Deutz in seinem Kommentar zu den Kleinen Propheten, *In Habacuc, Lib. 3*, PL 168, 626 ff. des Längeren die Vulgata-Version *in medio annorum* abgehandelt hat, kommt er auch auf diese Lesart zu sprechen. Er sagt 629 B, daß Hieronymus als einfache Erklärung und Volksmeinung überliefert habe, daß hier Christus am Kreuz zwischen den beiden Räubern gemeint sei. Rupert sieht hier auch einen Hinweis auf die beiden Testamente.

wird sich in Finsternis wandeln und der Mond in Blut, ehe anbricht der Tag des Herrn, der große und erhabene Tag. Doch jeder, der anruft den Namen des Herrn, wird gerettet".

Es bleibt nun die Frage: „Wer von anderen drei kleinen Propheten käme am ersten infrage, falls die Konzeption des Dreikönigen-Schreins auf die Gestaltung des Mauritiusschreins eingewirkt hätte?" Mir scheint, daß Amos am besten in das Gesamtkonzept passen würde. Dies vor allem wegen seiner großartigen Schau der endgültigen Heilszeit im 9. Kapitel. Daraus zitiert Jakobus auf dem Apostelkonzil: „*In die illa suscitabo tabernaculum David, quod cecidit: et reaedificabo aperturas murorum eius ... dicit Dominus faciens haec* – Danach will ich die zerfallene Hütte Davids wieder aufbauen, ihre Trümmer wieder herstellen, sie wieder aufrichten. Dann sollen den Herrn suchen die übrigen Menschen, alle Völker, über die mein Name genannt wird. So spricht der Herr, der dieses wirkt. Bekannt ist es von alters her" (Am 9,11–12; Act 15,16–18).

Unter der Voraussetzung, daß die am Dreikönigen-Schrein dargestellten Propheten Abdias und Nahum hier fehlten, könnte die Reihenfolge der Alttestamentlichen Gestalten so ausgesehen haben[7]: Rechts von Christus = linke Seite: Aaron, Habakuk, Ezechiel, Salomon, Joel, Jakob, Isaias; links von Christus = rechte Seite: Moses, Jonas, Amos, David, Daniel, Joachim, Jeremias.

Dies ist eine Möglichkeit, die vor allem die Ausstrahlungskraft des bedeutendsten Schreines der Romanik berücksichtigt. Das sagt natürlich nicht, daß die Reihe alttestamentlicher Gestalten am Mauritius-Schrein so einmal gewesen ist, ja noch nicht einmal, daß es so wahrscheinlich war. Deshalb ist es angebracht, nach weiteren Möglichkeiten Ausschau zu halten.

2. Der Tragaltar des Eilbertus[8]

Dieser Altar bietet sich deshalb als eine Vergleichsmöglichkeit an, weil auf seinen Seitenwänden vier von den Alttestamentlichen Gestalten abgebildet sind, die durch Schriftbänder auch für den Mauritiusschrein gesichert sind. Es fehlt nur Moses. Aber auch dieser könnte einst die heute fehlende 7. Stelle an diesem Altar eingenommen haben. Die Anordnung der Männer ist folgende, von links nach rechts: Vorderseite: Daniel,

---

[7] Vgl. hierzu III E 1c: Übersicht der erörterten Möglichkeiten ...

[8] Beschrieben und abgebildet in: Der Welfenschatz ... Herausgeg. v. O. v. Falke, R. Schmidt und G. Swarzenski, Frankfurt 1930, S. 121 ff; Abb. 27–34.

Ezechiel, David, Melchisedech, Osee, Malachias; rechte Schmalseite: Fehlt (Moses?), Sophonias, Balaam; Rückseite: Jonas, Nahum, Isaias, Jeremias, Salomon, Joel; linke Schmalseite: Jakob, Abdias, Zacharias. Das sind aber 18 Gestalten, also vier mehr als am Mauritiusschrein Platz haben. So wiederum die Frage: Welcher von den kleinen Propheten könnte hier gefehlt haben? Es dürften wohl nur Gestalten aus dieser Gruppe infrage kommen, wenn dieser etwa 20–30 Jahre ältere Altar auf die Gestaltung des Schreins Einfluß gehabt hätte. Da müssen wir nun etwas weiter ausgreifen.

Versucht man diese Gestalten in ein Schema zu bringen, stellt man fest, daß sie vier Gruppen angehören: Patriarchen (Jakob und Melchisedech), Gesetz (Moses? und Balaam), Könige (David und Salomon) und Propheten. Diese letztere Gruppe ist mit zwölf Männern am stärksten vertreten. Außer den vier großen Propheten: Isaias, Jeremias, Ezechiel und Daniel, sind von den zwölf kleinen Propheten abgebildet: Osee, Joel, Abdias, Jonas, Nahum, Sophonias, Zacharias und Malachias. Es fehlen: Amos, Michaeas, Habakuk und Aggaeus.

Bei der Behandlung des Dreikönigenschreins (A 1) wurden folgende Propheten ausgewählt: Joel, Jonas, Amos und Habakuk. Habakuk, und Amos fehlen auf unserem Altar. Wenn man Joel und Jonas auch hier akzeptiert, bleiben noch sechs kleine Propheten zur Auswahl, denn es sind ja 14 Felder zu besetzen, von denen nach den bisherigen Überlegungen noch zwei frei sind. Es müßte ausgewählt werden zwischen: Osee, Malachias, Sophonias, Nahum, Abdias und Zacharias.

Für Osee spricht nicht nur die Länge seiner Prophezeihung, sondern auch seine Verwendung in der Liturgie. In der alten Karfreitagsliturgie wurde als 1. Lesung Osee 6,1–16 vorgetragen. Darin steht auch der Vers: „*Vivificabit nos post duos dies: in die tertia suscitabit nos, et vivemus in conspectu eius* – Nach zwei Tagen wird er uns wieder beleben und am dritten Tag auferwecken, und wir werden leben vor ihm“ (6,3).

Der Prophet Zacharias findet in den Lesungen der Messe an Sonn- und Festtagen keine Beachtung. Dafür wird er überreich ausgewertet im übrigen Offizium. Marbach[9] führt 39 Stellen an, die als Antiphon, Responsorium oder Versikel Verwendung finden. Aber auch in den Gesängen der Messe kommen Texte aus seiner Prophezeihung vor. So wird zum Offer-

---

[9] C. Marbach, Carmina Scripturarum scilicet Antiphonas et Responsoria ex sacro Scripturae fonte in libros liturgicos sanctae Ecclesiae Romanae derivata, Argentorati (Straßburg) 1907.

torium am Quatember-Samstag im Advent gesungen: „*Exulta satis filia Sion, praedica filia Jerusalem: ecce Rex tuus venit tibi sanctus et salvator* – Jauchze aus voller Brust, Tochter Sion; laut juble auf, Tochter Jerusalem. Siehe, dein König kommt zu dir, der Heilige, der Heiland“ (9,9). Mit kleinen Abwandlungen wird der gleiche Text als Communio in der zweiten Weihnachtsmesse gesungen.
Möglicherweise auf dieser älteren Tradition fußend, sehen auch die beiden Armenbibeln[10], die vor allem wegen ihrer Zitate ausgewertet werden, in vielen Texten dieses Propheten Voraussagen auf Ereignisse im Leben Christi.
Als dritte Möglichkeit sei hingewiesen auf den letzten der kleinen Propheten: Malachias. Obwohl er an Umfang nur drei Kapitel birgt, wird er häufig in den neutestamentlichen Schriften zitiert. Hier sei auf die beiden Texte verwiesen, die ebenfalls in den oben zitierten Armenbibeln Verwendung finden. „*Ecce ego mitto angelum meum, et praeparabit viam ante faciem meam. Et statim veniet ad templum suum dominator, quem vos quaeritis, et angelus testamenti, quem vos vultis* – Seht, ich sende meinen Boten; er soll den Weg für mich bahnen. Dann kommt plötzlich zu seinem Tempel der Herr, den ihr sucht, und der Bote des Bundes, den ihr herbeiwünscht“ (3,1; V + S 4). Die Verse 1–4 dienen als Lesung am Fest der Darstellung des Herrn am 2. Februar. Aus dem Vers 3,20 (Vulg. 4,2), den die Armenbibeln der Verklärung des Herrn zuordnen: „*Orietur vobis timentibus nomen meum sol iustitiae,* – denen, die meinen Namen fürchten, wird die Sonne der Gerechtigkeit aufleuchten“, zitiert sowohl das Lukasevangelium (1,78), wie auch das Johannesevangelium (8,12), die „Sonne der Gerechtigkeit“ im Hinblick auf Christus.
Wenn man nun den Altar in eine linke und eine rechte Hälfte aufteilen würde und von jeder Seite die kleinen Propheten wegnähme, die weniger wahrscheinlich dargestellt sein würden, ergäbe sich folgende Adaption für den Mauritiusschrein: Linke Seite: David, Ezechiel, Daniel, Jakob, Joel, Salomon, Jermias; rechte Seite: Melchisedech, Osee, Malachias, Moses? Balaam, Jonas, Isaias. Rechts von Christus würde die Reihe beginnen und links von ihm mit Melchisedech enden. Maria würde von Isaias und Jeremias flankiert.
Dennoch muß der Einfluß des Eilbertus-Altars auf die Gestaltung des Mauritiusschreins trotz aller Parallelen fraglich bleiben, denn die Schriftbänder der Alttestamentlichen Personen stimmen mit keinem der fünf

[10] Vgl. unten die Anm. 51 und 52.

Texte unseres Schreins überein. Deshalb sei nach weiteren Möglichkeiten Ausschau gehalten.

3. Der Verduner Altar von Klosterneuburg

Es soll nun ein Kunstwerk in die Betrachtung mit einbezogen werden, das räumlich zwar weit entfernt ist vom Kölner Raum, auch kein Reliquiar ist es; es wurde ursprünglich als Verkleidung eines Ambo geschaffen. Aber es steht nicht nur zeitlich dem Mauritiusschrein nahe. Denn der Verduner Altar wurde 1181 durch den berühmten Meister Nikolaus von Verdun fertiggestellt. Er wirkte auch mit am Kölner Dreikönigenschrein. Seiner Hand, oder wenigstens seiner Werkstatt schreibt man aber auch die Vorderseite und die sogenannte Kölner Seite des Siegburger Annoschreins[11] zu. Er ist sicher nicht der geistige Urheber des im Klosterneuburger Altars verwirklichten typologischen Programms gewesen. Ihm kam die künstlerische Gestaltung und deren Ausführung zu. Floridus Röhrig, Chorherr von Klosterneuburg hat den Verduner Altar nach der Restaurierung 1949–51 beschrieben[12]. Er stellt fest: „Die Idee[13] des Verduner Tafelwerkes folgt nicht genau einem bestimmten Vorbild, hat aber wohl verschiedene Vorläufer. Die gesamte Konzeption trägt augustinischen Charakter. Jede einzelne der typologischen Szenen findet sich schon in den Schriften des hl. Augustinus erwähnt. Ein Beweis für diese Herkunft ist auch die wörtliche Übernahme eines Augustinus-Zitates auf Tafel I/1 (Verkündigung Isaaks: *Tres vidit et unum adoravit* – Drei sah er und einen betete er an) ... Der Plan des Tafelwerkes zeigt eine gewisse Ähnlichkeit mit dem Aufbau von Augustinus' großem geschichtstheologischen Werk über den Gottesstaat". Nachdem Röhrig dann festgestellt hat, daß der für ein Chorherrenstifft fast selbstverständliche Einfluß des Ordensvaters Augustinus auch hier spürbar wird, meint er dann aber noch drei weitere berühmte Theologen des 12. Jahrhunderts anführen zu müssen: Rupert von Deutz († 1129), Honorius Augustodunensis († um 1150) und Gerhoch von Reichersberg († 1169). Alle drei räumten der Typologie einen breiten Raum in ihren Werken ein. Und vor allem sind deren Werke in Handschriften des 12. Jahrhunderts in der Klosterneuburger Bibliothek reichlich vertreten.

---

[11] Vgl. den Bericht von D. Kötzsche: Zum Stand der Forschung der Goldschmiedekunst des 12. Jahrhunderts im Rhein-Maas-Gebiet; Rhein und Maas 2, S. 224. Dort auch Hinweise auf weitere Literatur. Vgl. auch: II A 1c.

[12] F. Röhrig, Der Verduner Altar, Wien/München 1955.

[13] Ebda. S. 26f.

Mit Rupert von Deutz[14] sind wir aber wieder direkt mit Siegburg verbunden. Denn der Mönch des St. Laurentiusklosters zu Lüttich fand hier in Siegburg mehr als eine zweite Heimat, nämlich jenes *dulce consolationis refrigerium*[15] (Wohl zu übersetzen mit: Jener Milde und Kühle spendende Ort geistigen Trostes), wie er selber schreibt. Siegburg wurde für ihn das *refrigerium*, das es ihm ermöglichte, dort die 43 Bücher seines großen Werkes *De Trinitate et operibus eius* – Über die Dreifaltigkeit und ihr Wirken[16] zu vollenden und dann von 1116 bis Ende 1120 (als er zum Abt von St. Heribert in Köln-Deutz ernannt wurde) die meisten seiner Werke zu verfassen. Auf die Beziehungen zwischen den verschiedenen Werken Ruperts und den Verduner Altar näher einzugehen[17], dürfte hier wohl zu weit führen. Rupert hat aber in seinem *De victoria verbi Dei* – Über den Sieg des Wortes Gottes[18] ein geschichtstheologisches Werk geschaffen, das Augustins Gottesstaat verwandt ist. Dieses Werk schrieb er als Abt von Deutz auf Bitten seines Freudes und Förderers, des Siegburger Abtes Kuno um das Jahr 1124.

Rupert sieht in den sechs Schöpfungstagen (Gen 1,1–31) ein Vorbild für den Ablauf der ganzen Weltgeschichte in sechs Aeonen = Weltreichen, die dann ihre Vollendung im 7. Tag, dem ewigen Sabbat, finden, wo Gott alles in allem ist. Das in 13 Bücher aufgeteilte Werk ist nach der schematischen Übersicht, die P. Rhabanus Haacke OSB seiner kritischen Ausgabe vorangestellt hat, so aufgegliedert[19]: 1. Weltreich = I–III, Erschaffung der Engel – Errettung Israels aus Ägypten; 2. Weltreich = IV–V, Anbetung des goldenen Kalbes – Elisäus und Tobias; 3. Weltreich = VI, Babylonische Gefangenschaft; 4. Weltreich = VII–VIII, Balthasars Gastmahl – Bedrängnis der Juden in Susa; 5. Weltreich IX–X, Alexander d. Gr. – Herodes; 6. und 7. Weltreich = XI–XIII, Menschwerdung Christi – Sturz des Antichrist.

---

[14] Vgl. zu ihm: Rhabanus Haacke OSB, Rupert von Deutz, Heimatbuch der Stadt Siegburg, II, Siegburg 1967, S. 610 ff.; M. L. Arduini, Neue Studien über Rupert von Deutz, SS XVII, Siegburg 1985; ebda S. 171 f.: Verzeichnis der bekannten Werke Ruperts von Deutz.

[15] Zitat aus Ruperts *Commentaria super quaedem capitule regulae sancti Benedicti*, PL 170, 496.

[16] Herausgeg. v. Rh. Haacke, CCCM 21–24, Turnhout 1971–72.

[17] Rh. Haacke hat in seinem Bändchen „Programme zur bildenden Kunst in den Schriften Ruperts von Deutz“ SS IX, Siegburg 1974, versucht, Beziehungen aufzuzeigen.

[18] Herausgeg. v. Rh. Haacke, MGH, Quellen zur Geistesgeschichte des Mitelalters, Bd. 5, Weimar 1970.

[19] Ebda. Ss. XXVI–XXVIII. Diese Übersicht unter III D 5, im Anhang.

Am Verduner Altar entsprechen die untere Zone *Ante legem* dem 1. Weltreich, der oberen Zone *Sub lege* den Weltreichen 2–5 bei Rupert und die Mittelzone *Sub gratia* dem 6. Weltreich.
Falls man die Einteilung *Ante legem* und *Sub lege* des Verduner Altars als eine Möglichkeit akzeptieren würde, nach der die alttestamentlichen Gestalten des Mauritiusschreins ausgesucht wurden, so ergibt sich die merkwürdige Tatsache, daß genau sieben Personen für die Seite *Ante legem* vorhanden sind. Sie könnten die sieben Felder der linken Dachseite, also rechts von Christus, eingenommen haben. Adam und Eva sowie Abel fallen als Vorbilder fort, weil sie erst 1331 hinzugefügt wurden[20]. In chronologischer Folge sind es diese sieben Gestalten: Henoch, Noe, Abraham, Melchisedech, Isaak, Jakob und Josef.
Die Reihe *Sub lege* bietet uns nicht so viele Personen an, da mehrere Ereignisse dargestellt sind, die nicht mit einer bestimmten Gestalt verbunden sind. Als Ergänzung von 1331 scheiden aus: Joab tötet den Abner (2 Sam 19,2) und die Abnahme des Königs von Ai vom Galgen (Jos 8,1–29). Es bleiben noch übrig fünf Personen: Moses, Samson, die Königin von Saba, Elias und Jonas. Nun sind uns aber für die Zeit *Sub lege* vier Schriftbänder erhalten: Moses, David, Salomon und Jeremias. Deren Darstellung ist also sicher bezeugt. Damit wären aber acht Gestalten vorhanden. Falls die Königin von Saba zusammen mit Salomon in einem Feld abgebildet gewesen wäre, würden auch hier alle sieben Felder besetzt sein. Allerdings ist dann die Frage: Was war mit den Propheten? Waren sie nur in dem einen Jeremias vertreten? Oder sah die Reihe *Sub lege* vielleicht so aus: Moses, David, Salomon, Isaias, Jeremias, Ezechiel und Daniel? Es könnten auch als Vertreter der ganzen Gruppe ein großer und ein kleiner Prophet abgebildet gewesen sein: Jeremias und etwa Jonas. Samson, der ja immerhin am Verduner Altar fünfmal vorkommt, könnte als einer der Richter hier seinen Platz gehabt haben. Elias, der wegen seiner Himmelfahrt ein Vorbild für Christi Himmelfahrt ist, wäre so ebenfalls vorhanden gewesen. Zugleich hätte er das Gegenstück zu Henoch auf der Seite *Ante legem* gebildet. Nach diesen Überlegungen könnte die Reihe dieser Seite so gewesen sein: Moses, Samson, David, Salomon (eventuell mit der Königin von Saba), Elias, Jeremias und Jonas.

---

[20] Vgl. F. Röhrig, Der Verduner Altar, S. 39ff.

4. Aufteilung in vier Gruppen

Wie oben bei der Betrachtung des Eilbertus-Tragaltars festgestellt wurde[21], kann man die auf ihm dargestellten Personen vier Gruppen aus dem Alten Testament zuordnen: Patriarchen, Gesetz, Könige und Propheten. Diese Zuordnung paßt auch auf die fünf Gestalten, die durch Schriftbänder sicher für den Mauritiusschrein bezeugt sind. Nehmen wir einmal an, daß außer Jeremias auch die anderen drei großen Propheten, Isaias, Ezechiel und Daniel, dargestellt waren, könnte diesen vier Propheten ein Kollegium von vier Patriarchen entsprochen haben. Für die Männer des Gesetzes und die Könige blieben dann noch jeweils drei Plätze übrig. Versuchen wir auf diese Basis die noch fehlenden neun Gestalten aus dem Alten Testament zu ermitteln.

a) Patriarchen

Außer Jakob, der ja durch ein Schriftband feststeht, waren mit großer Wahrscheinlichkeit Abraham und Isaak abgebildet. Als Vierter käme sowohl Melchisedech wie auch Josef infrage.

Abraham wird öfters im Neuen Testament als der Vater aller Glaubenden bezeichnet. Er ist der Stammvater Jesu Christi. So beginnt Matthäus sein Evangelium mit den Worten: „Stammbaum Jesus Christi, des Sohnes Davids, des Sohnes Abrahams“ (Mt 1,1). Jesus selbst nennt ihn den Stammvater des Jüdischen Volkes und stellt sich auch selbst zu ihn in Beziehung mit den Worten: „Euer Vater Abraham jubelte, weil er meinen Tag sehen sollte“. Zugleich stellt er sich aber auch über ihn, wenn er fortfährt: „Noch ehe Abraham wurde, bin ich“ (Jo 8,56–58). Diese beiden Zitate mögen für viele weitere des Neuen Testamentes stehen[22].

Für die Kirchenväter sei eine Betrachtung Bedas des Ehrwürdigen[23] über den Besuch Gottes bei Abraham (vgl. Gen 18) angeführt. Beda vergleicht zunächst Abraham und seine Frau Sara mit Adam und Eva und deren Verhalten gegenüber Gottes Gebot. Dann fährt er fort: „Er (Abraham)

---

[21] Vgl. III A 2.

[22] Leider führt die Ausgabe der Einheitsübersetzung im Anhang IX: „Wichtige Namen und Begriffe im Neues Testament“, Abraham nicht auf. Die Ausgabe des NT von Rösch, Paderborn 1967, nennt folgende Stellen: Mt 1,2; 22,32; Lk 19,9; Jo 8,33; Apg 3,25; Röm 4,1–3; 9,7; Gal 3,7–9; 4,22; Hebr 7,1.4.6. Abrahams Glaube: Jak 2,21–23; Röm 4,1–25; Gal 3,6; Hebr 11,8. Abrahams geistige Kinder: Mt 3,9; Lk 3,8; 19,9; Röm 4,11 f; 9,6–16; Gal 3,7–29.

[23] Entnommen der Lesung zum 3. Sonntag im Jahreskreis, Monast. Lektionar II, 1. St. Ottilien 1981, S. 270 f. Der lateinische Originaltext der *Expositio in Genesim,* CCL 118a, Turnhout 1967.

nahm den Herrn als Gast auf und erquickte ihn, um durch irdische Speisen anzudeuten, daß er ihn durch ein gutes Leben im Herzen mit geistlicher Speise labe ... Weil der selige Abraham aufgrund seiner frommen Hingabe die Frucht der Weisheit und des Lebens, die Christus ist, ein wenig gekostet hatte, so wird mit Recht von ihm berichtet, er habe, unter dem Baum stehend, den Herrn gesehen und empfangen". Etwas weiter sagt Beda dann von Isaak, dem Sohn Abrahams und Saras, den beide im Glauben empfingen: „Hier aber ist Sara. Sie unterwirft sich der Gottesfurcht und folgt zugleich dem frommen Glauben und Handeln ihres Mannes. Abraham und Sara erhielten durch die Verheißung des Kindes den Lohn für ihr gutes Handeln. Und es war kein gewöhnliches Kind, sondern jenes Kind, in dem alle Völker Segen erhalten sollten.... Hier aber wird die Zeit des Erlösers angekündigt und vorbereitet".

Damit ist aber schon der Schritt zum nächsten Patriarchen getan: zu Isaak. Er ist ja in besonderer Weise Vorbild für Christus. Das gilt sowohl für seine Empfängnis, wie für seine Geburt von den alten Eltern. Er ist, wie Paulus sagt[24], das Kind der Verheißung, das nicht auf dem Weg der Natur, sondern der Gnade geboren wurde. Vorbild für Christus ist er auch dadurch, daß er als Opfer von Gott gefordert wurde. Ein Opfer, das nicht stattfand, aber wegen der Bereitschaft, alles zu geben, ein Opfer im Geiste war. So könnte Isaak folgenden Spruch in Händen gehalten haben: „*Ecce, ignis et ligna; ubi est victima holocausti* – Hier ist Feuer und Holz. Wo aber ist das Lamm für das Brandopfer?" (Gen 22,7).

Abrahams Bereitschaft könnte hingegen durch folgenden Text ausgedrückt worden sein: „*Ego et puer illuc usque properantes, postquam adoraverimus* – Ich will mit dem Knaben hingehen und anbeten" (Gen 22,5).

Isaak gilt also in doppelter Hinsicht als Vorbild für Christus: Er wurde Abraham und Sara gegen alle menschliche Erwartung als Kind der Verheißung geschenkt (vgl. Gen 17 u. 21); in Isaaks Opferung wird der Tod des Herrn auf geheimnisvolle Weise vorgebildet (Gen 22).

Jakobs Ausspruch lautet: „*Salutare tuum expectabo, Domine* – Dein Heil, Herr, erschaue ich" (Gen 49,18). Er weist so in der Deutung der Väter hin auf den, der auf der Stirnseite des Schreins thronte: Christus[25]! Deshalb könnte im Kreis der Patriarchen auch Melchisedech einen Platz gehabt haben, denn er wird im Neuen Testament wie kein anderer

---

[24] Vgl. Rom 9,7 u. Hebr 11,10.17f.

[25] Vgl. hierzu z.B. Beda *In Pentateuchum commentarii,* Gen., Cap. XLVIII–L, PL 91, 276A.

als Vorbild für Christus gesehen. Er ist König von Salem und Priester des höchsten Gottes (Gen 14,18). Selbst im römischen Meßkanon wird „das reine Opfer deines Hohenpriesters Melchisedech[26] erwähnt". Auf dem Eilbertus-Tragaltar[27] ist er ohne Textband dargestellt. Von ihm ist ja auch nur der Segen über Abraham überliefert: *„Benedictus Abram Deo excelso, qui creavit caelum et terram: et benedictus Deus excelsus, quo protegente, hostes in manibus tuis sunt* – Gesegnet sei Abram vom höchsten Gott, dem Schöpfer des Himmels und der Erde, und gepriesen sei der höchste Gott, der deine Feinde an dich ausgeliefert hat" (Gen 14,19–20). Dieser Segensspruch leitet aber nicht hin zu Christus.

An Stelle Melchisedechs könnte auch Josef, der Sohn Jakobs im Kreis der Patriarchen seinen Platz gehabt haben. Die Kirchenväter[28] sehen in ihm ein Vorbild für Christus. Er mußte den Neid seiner Brüder erfahren, wurde in die Zisterne geworfen und für 20 Geldstücke verkauft (Gen 37,18–36). Sie sahen darin den Verrat des Judas, Christi Verurteilung und seinen Tod vorgebildet. In Josefs Erhöhung am Hofe Pharaos[29] (Gen 41–45) sahen sie ein Vorbild für Christi Auferstehung und seine Verherrlichung.

b) Gesetz

Nach der ersten Vierergruppe der Patriarchen müßte nun nach unseren Überlegungen die Reihe der Gesetzesmänner folgen, die eine Dreiergruppe bildeten.

Moses ist durch ein Schriftband bezeugt. Hier nochmals der Text: *„Non est Deus alius ut Deus rectissimi ... Magnificentia eius discurrunt nubes* – Es ist kein anderer Gott, wie der Gott des Gerechten. Seine Herrlichkeit durchschweben die Wolken" (Deut 33,26). Da hier offensichtlich hebräischer Urtext und die lateinische Vulgata von einander abweichen, muß man sich an letztere halten, da nur sie den Menschen des lateinischen Mittelalters zur Verfügung stand. Nach der deutschen Einheitübersetzung lautet der Text: „Keiner ist wie der Gott Jeschuras, (der in den Himmel steigt mit Macht), der mit Pracht auf die Wolken steigt". Die Anmer-

[26] Das 2. Gebet nach der Wandlung: *Supra quae...*

[27] Vgl. oben III A 2.

[28] Vgl. auch hier wieder Beda. In dem oben Anm. 25 angeführten Kommentar, Kap. XXXVII und XXXVIII, 265 f. Vgl. auch: Die Alttestamentlichen Vorbilder in den beiden Armenbibeln, III D 3.

[29] Ebda. Kap. XLI–XLV.

kung zu diesem Text sagt, daß Jeschura ein kultischer Name für Israel ist. Der Vers ist dem Segen Moses über die israelitischen Stämme entnommen.

Bevor wir nach den beiden anderen Gesetzesmännern fragen, sollten wir uns die Frage stellen: Warum denn überhaupt das Gesetz hier vertreten ist? Hat Paulus im Galaterbrief nicht die Freiheit vom Gesetz verkündet (vgl. Gal 2,15–4,7)? Aber Paulus sagt auch: „So ist das Gesetz unser Erzieher auf Christus hin geworden, damit wir durch den Glauben gerechtfertigt werden" (Gal 3,24).

Übrigens bescheinigt der Text, den Moses in Händen hielt, dem Siegburger Mönch, der das Programm des Schreins zusammenstellte, eine große Belesenheit in der Heiligen Schrift, denn er findet in der Liturgie keine Verwendung.

Häufiger wird die Begegnung Moses mit Gott im brennenden Dornbusch als Vorbild für die Geburt Jesu in Bethlehem gedeutet. So stellt das ältere Bibelfenster des Kölner Domes den brennenden Dornbusch (Ex 3) neben Christi Geburt. Auch im Siegburger Psalterium[30] ist diese Szene eines der vier Medaillons, die auf die Geburt Jesu aus der Jungfrau Maria hinweisen. Die ganze Thematik wird in klassischer Weise zusammengefaßt in der dritten Antiphon zu den Laudes vom 1. Januar, dem Oktavtag von Weihnachten und dem Hochfest der Gottesmutter: „*Rubum*[31], *quem viderat Moyses incombustum, conservatam agnovimus tuam laudabilem virginitatem: Dei genitrix, intercede pro nobis* – In dem Dornstrauch, den Moses unverbrannt erblickte, erkennen wir deine Jungfräulichkeit, die auf wunderbare Weise erhalten blieb: Mutter Gottes, bitte für uns".

Nach dieser Abschweifung nun die Frage nach den beiden Gefährten des Moses. An den verglichenen Reliquiarien finden sich Aaron und Balaam. Aaron, der erste Hohepriester des alttestamentlichen Gottesvolkes ist einerseits ein Vorbild für Christus. Ein Zeugnis hierfür ist vor allem der Hebräerbrief, der von Jesus sagt, daß er von Gott seine Berufung empfing wie Aaron (Hebr 5,4). Andererseits wird das Priestertum Christi, das nach der Ordnung Melchisedechs war, über das levitische Priestertum nach der Ordnung Aarons gestellt (Hebr 7,1). Der Stab Aarons galt hinwieder den Vätern als Sinnbild der jungfräulichen Geburt Jesu aus Maria (Num 17,23). So könnte als Text auf Aarons Schriftband ein Vers aus dem

[30] Vgl. Anm. 5 und die beiden Anm. 28 genannten Armenbibeln.
[31] R.-J. Hesbert, *Corpus Antiphonalium Officii,* Bd. 3, Rom 1968, Nr. 4669.

Aaronssegen gestanden haben: „*Benedicat tibi Dominus et custodiat te ... Convertat Dominus vultum suum ad te, et det tibi pacem* – Der Herr segne und behüte dich ... Der Herr wende dir sein Antlitz zu und schenke dir Frieden" (Num 6,24–26). Dies würde wiederum ein Hinweis sein auf Christus, in dem ja die Fülle des Segens gekommen ist, von dem Paulus sagt: „Er ist unser Friede" (Eph 2,14).
Balaam wurde von dem Moabiterkönig Balak geworben, um Israel zu verfluchen. Doch durch Gottes Eingreifen wurde er gezwungen, dem Volke Israel Segen zuzusprechen (Num 22–24). Aus dem letzten Segensspruch wird vor allem folgender Text als Prophezeihung auf Christus angesehen: „*Orietur stella ex Jacob, et consurget virga de Israel* – Ein Stern geht auf aus Jakob, und ein Reis erhebt sich aus Israel" (Num 24,17). Er gilt auch als der Erstberufene aus den Heidenvölkern. So ist er ein Zeichen für die Universalität des Gottesreiches.
Möglich wäre in dieser Dreiergruppe auch Josue, der Nachfolger des Moses. Er wird allerdings auf keinem der verglichenen Reliquiarien dargestellt. Durch ihn wurde aber das Volk durch den Jordan hindurch in das von Gott verheißenen Gelobte Land geführt. So wurde er zum Vorbild für Christus, der uns durch das Wasser der Taufe in die Kirche aufgenommen hat und uns so den Weg zur Vollendung in der Herrlichkeit des Himmels eröffnete. Er könnte, falls er abgebildet war, folgenden Text in Händen gehabt haben: „*Sanctificamini: Cras enim facit Dominus inter vos mirabilia* – Heiligt euch, denn morgen wird der Herr bei euch Wunder vollbringen" (Jos 3,5). Sinnvoll wäre auch jene Stelle, wo Josue den 12 Trägern der Bundeslade befiehlt, 12 Steine aus dem Jordan mitzunehmen und sie als Denkmal aufzurichten (Jos 4,4–6). Diese Steine sollen die 12 Stämme Israels immer an den Durchzug durch den Jordan und damit an ihre rettende Führung durch Gottes Hand erinnern. Sie weisen darüber hinaus hin auf die zwölf Apostel, die Grundfesten und Säulen des neuen Gottesvolkes (vgl. Eph 2,10; Apoc 22,14).

c) Könige

Als dritte Gruppe sind die Könige zu nennen. David und Salomon sind durch Schriftbänder belegt. Beide sind auf den acht zum Vergleich herangezogenen Reliquiarien[32] fünf- bzw. viermal abgebildet. Sie werden sowohl unter den Propheten aufgeführt, wie z. B. auf dem Gregorius-Tragaltar (GT) des Siegburger Kirchenschatzes, aber auch als Ahnherren

[32] Vgl. III E 1a: Alttestamentliche Gestalten ...

Christi. Unter die Propheten wurden sie gerechnet wegen der biblischen Bücher, die ihnen früher generell zugeschrieben wurden: David die Psalmen, Salomon die Weisheitsbücher. Falls die Könige ebenfalls eine Dreiergruppe bildeten, erhebt sich die Frage, welcher König oder welche den Königen nahestehende Gestalt könnte sich den beiden beigesellt haben.

Von den Königen selbst käme wohl nur Ezechias in Frage. Er wird in den biblischen Büchern als ein guter König geschildert, der sich bemühte, Gottes Willen zu erfüllen wie sein Ahnherr David. Wörtlich sagt das 2. Königsbuch von ihm: „*Fecitque, quod erat bonum coram Domino, iuxta omnia, quae fecerat David pater eius* – Genauso wie sein Vater David tat er, was dem Herrn gefiel" (18,3). Als er in eine schwere Krankheit fiel und durch Gottes Gnade wieder gesund wurde, dichtete er ein Lied, das der Prophet Isaias im 38. Kapitel überlieferte. Es findet Verwendung in der Liturgie in den Laudes des Dienstags. Aus diesem *Canticum* könnte er gut einen Vers in Händen gehalten haben; etwa: „*Domine, salvum me fac, et psalmos nostros cantabimus cunctis diebus vitae nostrae in domo Domini* – Heile mich, Herr, und wir werden unsere Psalmen singen alle Tage unseres Lebens im Haus des Herrn" (Is 38,20). Gerade dieser Vers verweist auch auf den Tempel, der ja, wie auch der Schrein, Vor- und Abbild des ewigen, himmlischen Jerusalem ist.

Ezechias könnte auch deshalb an unserem Schrein dargestellt gewesen sein, weil er – wenn wohl auch irrtümlicherweise[33] – auf dem etwas älteren Gregorius-Tragaltar abgebildet ist.

In die Reihe der Könige würde aber auch einer der Richter passen, sind sie doch die Vorläufer der Könige. Hier dürften wohl Samuel und Gedeon in Frage kommen.

Für Gedeon wird das vom Frühtau befeuchtete Schafvlies zum Zeichen seiner Erwählung als Richter des Volkes Israel durch Gott (vgl. Jud 6,36–40). In der Liturgie des Weihnachtsfestkreises wird dieses Ereignis als eine Prophezeihung der Geburt Jesu aus der Jungfrau Maria angesehen. Deshalb singt die Kirche am Oktavtag von Weihnachten, dem Hochfest

[33] Ezechias ist wohl hier mit dem Propheten Ezechiel verwechselt worden, der an diesem Altar fehlt. Wie die Anm. 32 zitierte Tabelle zeigt, sind die 18 auf ihm dargestellten alttestamentlichen Gestalten: David, Salomon, Ezechias, die drei großen Propheten Isaias, Jeremias und Daniel, sowie alle zwölf kleinen Propheten. Daß es sich aber nicht nur um einen Lesefehler des Goldschmieds handelt, sieht man daran, daß Ezechias wie die beiden anderen Könige ebenfalls eine Krone trägt. Vgl. auch: V. Untersuchungen z. Gregorius-Tragaltar, A. Die Propheten.

der Gottesmutter Maria, in Vesper und Laudes: „*Quando*[34] *natus es ineffabiliter ex virgine, tunc impletae sunt Scripturae: Sicut pluvia in vellus descendisti, ut salvum faceres genus humanum: Te laudamus, Deus noster* – O unsagbar tiefes Geheimnis! In der Geburt aus der Jungfrau erfüllte sich die Schrift: Wie der Tau auf das Vlies kamst du herab und hast die Menschen errettet. Dich loben wir, du unser Gott". Dieses Ereignis wird auch auf dem Weihnachtsbild des Siegburger Psalterium[35] dargestellt. Unten rechts auf dem Eckmedaillon sehen wir Gedeon mit dem Schaffell.

Wie oben angedeutet, könnte auch Samuel, der letzte Richter, einen Platz in dieser Gruppe gehabt haben. Seine, von Gott erbetete Geburt weist, ähnlich wie bei Isaak, auf Christus hin. Seine Mutter Anna singt nach der Geburt des Knaben ein Freudenlied[36], das man auch das *Magnificat* des Alten Bundes genannt hat. In den Laudes vom Mittwoch hat es seinen festen Platz in der Liturgie gefunden. Ferner wird der junge Samuel dem Herrn geweiht und von Gott in seinen Dienst gerufen (vgl. 1 Sam 1–3). Er salbt in Gottes Auftrag die Könige Saul und David (1 Sam 9 u. 16). Er muß aber auch dem König Saul verkünden, daß er wegen seines Ungehorsams von Gott verworfen ist (1 Sam 15,28–35).

d) Propheten

Oben wurde schon gesagt, daß außer Jeremias, der ja durch ein Schriftband gesichert ist, auch mit größter Wahrscheinlichkeit die anderen drei großen Propheten, nämlich Isaias, Ezechiel und Daniel, dargestellt waren[37]. Sie sind auch auf den meisten anderen hier verglichenen Reliquiarien abgebildet[38].

e) Ergebnis

Nach den obigen Darlegungen könnte das Programm der alttestamentlichen Gestalten an unserem Schrein so ausgesehen haben:

Patriarchen: Abraham
Isaak
Jakob
Melchisedech oder Josef

[34] Hesbert (Anm. 31), Nr. 4441.
[35] Vgl. Anm. 5.
[36] 1 Sam 2,1–10.
[37] Vgl. III A 4.
[38] Vgl. Anm. 32.

Gesetz: Moses
Aaron
Balaam oder Josue
Könige: Gedeon oder Samuel als Vorläufer der Könige
David
Salomon
Ezechias, falls die Richter nicht abgebildet waren
Propheten: Isaias
Jeremias
Ezechiel
Daniel

f) Reihenfolge

Nachdem wir versucht haben, die alttestamentlichen Gestalten am Mauritiusschrein nach den vier Gruppen zu bestimmen, die wir in den erhaltenen Schriftbändern erkennen können, bleibt die Frage nach deren Anordnung oder Reihenfolge am Schrein. Hier möchte ich zwei Möglichkeiten erörtern.

1. Die Patriarchen waren um Christus, die Propheten um Maria so gruppiert, daß je zwei auf jeder Seite ihnen zugeordnet waren. Bindeglieder zwischen diesen beiden Gruppen wären dann die Männer des Gesetzes und die Könige gewesen. Das hätte dann im Detail so ausgesehen:

Auf der linken Seite, also rechts von Christus, hätten Abraham und Isaak ihren Platz gehabt. Auf der gegenüberliegenden Dachschräge wäre Jakobs Platz gewesen gegenüber Isaak, dem sich auf Christus hin entweder Melchisedech oder Josef angeschlossen hätte. Abraham hätte als Christi Stammvater gut an diese Stelle rechts von Christus gepaßt. Ebenfalls könnten sowohl Josef wie auch Melchisedech gut auf der anderen Seite wieder den Anschluß an Christus bilden. Oben wurde gezeigt, wie gerade Josef[39] durch sein Schicksal den erniedrigten und leidenden Herrn vorbildet. Durch seine Stellung am Hofe des Pharao ist er aber auch Vorbild des auferstandenen und erhöhten Christus. Als solcher wurde er auch der Retter seiner Familie, ja des ganzen auserwählten Volkes Israels. Dieses wiederum ist Vorbild des neuen Gottesvolkes, der Kirche.

[39] Vgl. III A 4.

Melchisedech würde in besonderer Weise auf das Amt des Priesterkönigs hinweisen, das in Christus seine Erfüllung fand. Man könnte es auch so sagen: Abraham, der Stammvater dem Fleische nach, weist hin auf Christi Menschheit; Melchisedech, der Priesterkönig, auf seine Gottheit.

Auf der linken Dachschräge hätten sich an Isaak angeschlossen die drei Gesetzesmänner: Moses, Aaron und Balaam oder Josue.

Auf der gegenüberliegenden rechten Seite hätten die Könige ihren Platz gehabt mit den drei Möglichkeiten, die sich aus dem vorigen Abschnitt ergeben.

Die vier großen Propheten wären zu je zwei der Gottesmutter Maria zugeordnet gewesen. Dabei hätten am sinnvollsten Isaias und Ezechiel Maria flankiert. Isaias mit dem Vers: „*Ecce virgo concipiet, et pariet filium, et vocabitur nomen eius Emmanuel* – Seht die Jungfrau wird ein Kind empfangen, sie wird einen Sohn gebären, und sie wird ihm den Namen Immanuel geben“ (7,14). Als Prophezeihung auf Marias jungfräuliche Mutterschaft wird von vielen Vätern dieser Text des Propheten Ezechiel gedeutet: „*Porta haec clausa erit: non aperietur, et vir non transibit per eam: quoniam Dominus Deus Israel ingressus est per eam, eritque clausa principi* – Dieses Tor soll geschlossen bleiben, es soll nie geöffnet werden, niemand darf hindurchgehen; denn der Herr, der Gott Israels, ist durch dieses Tor eingezogen; deshalb bleibt es geschlossen“ (44,2). Dieser Text findet sich als Weissagung auf die Verkündigung des Herrn sowohl im Siegburger Psalterium wie in den beiden Armenbibeln, auf die wir später noch eingehender zurückkommen werden[40].

2. Die andere Möglichkeit könnte so ausgesehen haben: Rechts von Christus begann die Reihe der Patriarchen mit ihren vier Personen Abraham, Isaak und Jakob; dazu Josef oder Melchisedech. Daran schloß sich die Dreiergruppe des Gesetzes mit Moses, Aaron und Josue oder Balaam an. Auf der anderen Seite schlossen sich rechts von Maria die Könige an; bei dieser Anordnung wahrscheinlich David, Salomon und Ezechias. Die vier großen Propheten würden dann auf Christus hin mit Daniel den Abschluß bilden.

Bei dieser Anordnung würde Christus von Abraham und Daniel flankiert. Dazu könnte man folgende Überlegungen anstellen: Abraham ist auf vielfache Weise ein Vorbild Christi. Er zieht im Gehorsam gegen Gottes Wort aus seiner Heimat (Gen 12,1–9). So verläßt Jesus Christus die

[40] Vgl. Anm. 5 u. III B 1.

Herrlichkeit des Vaters und wird ein Mensch (Jo 1,1–14). Abraham glaubte Gottes Verheißung, daß er wider alle Erfahrung und Hoffnung doch noch Vater eines Erben werde (Gen 18,10–14; 21,1–8). Im Glauben war er bereit diesen Erben auf Gottes Geheiß hin sogar zu opfern (Gen 22,1–19); Christus sagt von sich, daß es seine Speise sei, den Willen seines Vaters zu erfüllen (Jo 4,34), und er erfüllte ihn bis zum Tod am Kreuz.

Bei Daniel finden wir die großen Prophezeihungen, die direkt auf Christus hinweisen (Kap. 7–12). Auch Daniels Deutung des Traumes, den König Nabuchodonosor von Babylon hatte, wird auf Christus gedeutet. Die Riesenstatue, Sinnbild der vier Weltreiche des Altertums, wird durch einen Stein zertrümmert, der sich ohne menschliches Zutun von einem Berg löst. Dieser Stein wird selbst zu einem Berg, der die ganze Erde erfüllt (2,31–45). Dieser Stein wird auf Christus gedeutet. Deshalb hat diese Szene auch ihren Platz am Weihnachtsbild des Siegburger Psalteriums[41] und in den beiden Armenbibeln, auf die später noch näher eingegangen wird.

Maria würde dann von Balaam und dem König David begleitet. Balaam weist in seiner dunklen Prophezeihung auf den fernen Stern, der aus Jakob hervorgehen wird (Num 24,17). So paßt er gut zu der, die diesen Stern, die wahre Sonne der Gerechtigkeit, Christus, geboren hat.

David paßt in besonderer Weise zu Maria. Ist doch der, den sie geboren hat, Sohn Davids. Nicht nur ihr Verlobter Josef, sondern auch sie selbst war mit großer Wahrscheinlichkeit aus dem Stamme und Geschlechte Davids. Wie oben aber bereits dargelegt wurde[42], hätte aber auch der Richter Gedeon sinnvoll neben Maria und zu Beginn der Königsreihe stehen können.

5. Die Verklärung Christi

Nach den drei ersten Evangelien, Matthäus, Markus und Lukas, offenbarte Jesus vor seinem Leiden drei ausgewählten Jüngern seine verborgene Herrlichkeit. Matthäus berichtet die Verklärung des Herrn mit folgenden Worten: „Sechs Tage danach nahm Jesus Petrus, Jakobus und dessen Bruder Johannes beiseite und führte sie auf einen hohen Berg. Und er wurde vor ihren Augen verwandelt; sein Gesicht leuchtete wie die Sonne, und seine Kleider wurden blendend weiß wie das Licht. Da erschienen

---

[41] Vgl. Anm. 40.
[42] Vgl. III A 4c, Anm. 34.

plötzlich vor ihren Augen Mose und Elija und redeten mit Jesus ..." (17,1–3). Zu Jesus gesellten sich also die beiden Repräsentanten des jüdischen Glaubens: Moses, der Mann des Gesetzes, und Elias, der Prototyp des Propheten. Könnten diese beiden Grundsäulen des Judentums nicht das Thema für die beiden Dachseiten unseres Schreins abgegeben haben? Sie hätten dann nämlich auch auf den hingewiesen, der die Erfüllung des Gesetzes und der Propheten ist: Christus.

Unter obiger Voraussetzung ist es nun unsere Aufgabe, für jede Seite sechs alttestamentliche Gestalten ausfindig zu machen, die sinnvollerweise zu Moses und zu Elias passen, aber auch auf Christus selbst hinweisen. Als ich mich mit dieser Frage beschäftigte, wurde im Morgenoffizium eine Lesung des syrischen Kirchenvaters Aphrahates († nach 345)[43] vorgelesen. Obwohl diese Lesung den Mönchen Siegburgs im 12. Jahrhundert kaum bekannt gewesen sein dürfte, seien ein paar Sätze daraus zitiert, denn was er sagt, ist gewissermaßen Allgemeingut der Väter. Die Lesung ist der Schrift des Aphrahates „Über die Beschneidung" entnommen. Dort heißt es: „Gott änderte den Bund mit Adam und schloß einen neuen Bund mit Noach; einen weiteren mit Abraham, und den änderte er, um Mose wiederum einen neuen zu geben." Etwas weiter präzisierte er seine Worte in folgender Weise: „Dem Adam hatte Gott das Gebot gegeben, nicht vom Baum des Lebens zu essen. Noach gab er den Regenbogen als Zeichen des Bundes. Abraham, der wegen seines Glaubens bereits erwählt war, gab er die Beschneidung als Zeichen und Siegel für die Nachfahren. Mose erhielt das Paschalamm als Sühne für das Volk."

In diesem Text werden vier Männer genannt, mit denen Gott jeweils einen neuen Anfang wagte: Adam, Noe, Abraham und Moses. Es fehlen also noch drei Gestalten, falls die Verklärung Christi Vorbild für unseren Schrein war. Wer würde zu Moses und den anderen drei Personen passen?

Zu den beiden Urvätern Adam und Noe würde der gerechte Abel gut passen. Im römischen Meßkanon[44] wird er nach der Wandlung im Gebet *„Supra quae"* zusammen mit Abraham und Melchisedech genannt.

---

[43] Monast. Lektionar II, 1, S. 499 f.

[44] Vgl. *Missale Romanum, Canon Missae,* 2. Gebet nach der Wandlung. Bei der Vielzahl der Meßbuchausgaben kann keine bestimmte Edition zitiert werden.

Hierher würde aber auch gut der mythische Henoch passen. Er ist nämlich auf dem Kölner Tragaltar[45] abgebildet, der sich heute in Berlin befindet. Über ihn sagt der Hebräerbrief: „Im Glauben wurde Henoch entrückt, ohne den Tod zu sehen, und er wurde nicht mehr gefunden, weil Gott ihn entrückt hatte“ (11,5; vgl. Gen 5,24). So könnte er als Gegenstück zu Elias auf dieser Seite stehen, der ja auch in den Himmel aufgenommen wurde (2 Reg 2,11).

Zu Abraham kämen noch hinzu der sicher durch ein Schriftband bezeugte Jakob und Isaak. Hierfür würde die stereotype Form sprechen, die z. B. Jesus (Mt 8,11) selbst verwendet: „Viele werden von Osten und Westen kommen und mit Abraham, Isaak und Jakob im Himmelreich zu Tisch sitzen.“ Möglich wäre in diesem Zusammenhang aber auch statt Isaak Melchisedech. Denn auch er wird, wie Abel, im römischen Meßkanon unter den Männern des Alten Bundes genannt[46].

Die linke Dachschräge des Schreins wäre nach diesen Überlegungen so besetzt gewesen: Moses, der die Mitte einnahm, wurde auf einer Seite von den drei Vorvätern Adam, Abel oder Henoch und Noe, auf der anderen Seite von den Patriarchen Abraham, Isaak oder Melchisedech und Jakob begleitet. Beide Gruppen, Urväter und Patriarchen finden so ihre Erfüllung im Gesetz, das durch Moses repräsentiert wird.

Nach dieser Theorie hätte die Mitte der Prophetenseite Elias eingenommen, der große Mann des Alten Bundes, der bis zur Aufgabe seiner eigenen Person Gottes Ehre gegen die des Königs von Israel verteidigte (vgl. 1 Reg 17–2 Reg 2). Elias hat zwar selbst kein prophetisches Buch hinterlassen, ist aber durch sein ganzes Lebens und Sein gewissermaßen der Prototyp des Propheten geworden. Durch Schriftbänder sind für diese Seite ausgewiesen die Könige David und Salomon, ferner der Prophet Jeremias. Damit wären wiederum vier Personen bestimmt. Wer aber waren die anderen drei? Es könnten die übrigen großen Propheten gewesen sein: Isaias, Ezechiel und Daniel. Die Anordnung wäre dann möglicherweise so gewesen: Elias wurde als die Mittelfigur von David und Salomon begleitet. Diese Dreiergruppe wiederum wurde eingerahmt von je zwei Propheten: Isaias und Jeremias bei Maria beginnend, und Ezechiel und Daniel aufschließend zu Christus an der Vorderseite. So wäre die Seite komplett.

---

[45] Dieser Altar bildet auf der Rückseite Elias Henoch und Elisäus ab. Die übrigen Seiten sind mit Christus und den Aposteln besetzt. Vgl. E 2d: Anmerkungen zu den Apostelserien …

[46] Vgl. Anm. 44.

Aber gerade zu Elias würde auch gut sein Nachfolger im Prophetenamt Elisäus passen. Ebenfalls könnte neben den beiden Königen David und Salomon einer der beiden Richter Gedeon oder Samuel[47] seinen Platz gehabt haben. Zu Elisäus und Jeremias hätte als Vertreter der kleinen Propheten gut Jonas gepaßt. Das würde auch besser zu der Aufteilung der anderen Seite passen. Dann würden den beiden Dreiergruppen die Moses flankieren, nämlich die Altväter und die Patriarchen, zwei Dreiergruppen entsprechen, die Elias begleiten: Die Könige und die Propheten. Wenn wir der letzteren Überlegung den Vorzug geben, sah die Reihenfolge so aus: Adam, Abel od. Henoch, Noe, Moses, Abraham, Isaak od. Melchisedech, Jakob; Gedeon od. Samuel, David, Salomon, Elias, Elisäus, Jeremias, Jonas.

6. Resümee

Wir haben fünf Möglichkeiten durchgespielt, um zu ergründen, welche alttestamentlichen Gestalten ursprünglich den Mauritiusschrein schmückten. Es wurde der Vergleich mit dem Kölner Dreikönigenschrein angestellt. Sowohl der kleine Tragaltar des Eilbertus wie das Monumentalwerk des Verduner Altars von Klosterneuburg wurden verglichen. Besonders eingehend wurden die Möglichkeiten erwogen, die sich aus der Tatsache ergegen, daß vier verschiedene Typen alttestamentlicher Personen in den fünf erhaltenen Schriftbändern überliefert sind. Endlich wurde das Ereignis der Verklärung Christi in die Betrachtung mit einbezogen.
Damit sind sicher nicht alle Möglichkeiten erschöpft. Es handelt sich ja um ein Thema mit fast unendlichen Variationsmöglichkeiten! Die Ausführungen mögen vielmehr, wie oben schon gesagt, als eine Anregung verstanden werden, sich intensiver mit diesen großen Zeugnissen mittelalterlicher Kunst und Frömmigkeit zu beschäftigen.

B. Die Schriftbänder der alttestamentlichen Gestalten

Wenn wir schon nicht die genaue Auswahl der Männer des Alten Bundes kennen, die einmal den Mauritiusschrein schmückten, so tappen wir noch mehr im Dunkel, wenn wir nach den Texten fragen, die sie in Händen hielten. Der Vergleich der fünf erhaltenen Siegburger Schriftbänder

[47] Vgl. III A 4c.

mit denen des Eilbertus-Tragaltars[48] zeigt, daß hier keinerlei Übereinstimmung herrscht. Im folgenden seien einige Möglichkeiten vorgestellt, die fehlenden Texte zu ergänzen.
Als nächstliegende Quelle bietet sich das Siegburger Psalterium an, das heute in Wien aufbewahrt wird. Es wurde oben mehrfach zitiert[49]. Da es etwa 1217 entstand, ist es circa 30 Jahre jünger als der Mauritiusschrein. Nach dem Kalender enthält es einen zweiteiligen Bilderzyklus. Der erste Teil bestand ursprünglich aus acht Bildern zur Heilsgeschichte, von dem leider ein Doppelblatt mit vier Bildern in Verlust geriet. Der zweite Abschnitt wird durch den Pantokrator eingeleitet, der von den vier Evangelisten in Eckmedaillons begleitet wird. Dann folgen die von ihm Geheiligten: Je zwei Apostel, Martyrer, Bekenner und Jungfrauen.
Von den Bildern zur Heilsgeschichte sind noch vorhanden: Verkündigung, Geburt, Anbetung der Könige und Himmelfahrt. Als Vergleichs-

---

[48] Folgende Inschriften sind den alttestamentlichen Gestalten diese Altares beigegeben (Parallelen zu den Armenbibeln - vgl. Anm. 51 u. 52 - in Klammern):

1. Daniel: *Cum venerit sanctus sanctorum cessabit unctio* (Stark verkürzter Text von Dan 9,24, der wörtlich so lautet: *Septuaginta hebdomades abbreviatae sunt super populum tuum, et super urbem sanctam tuam, ut consummetur praevaricatio, et finem accipiat peccatum, et deleatur iniquitas, et adducatur iustitia sempiterna, et impleatur visio, et prophetia, et ungatur Sanctus Sanctorum.*
2. Ezechiel: *Sanctificabo nomen meum, quod pollutum est inter gentes*, 36,22.
3. David: *Beatus est, quem tu erudieris, Domine*, Ps 93/94,12.
4. Melchisedek: Ohne Spruchband.
5. Osee: *Erit numerus filiorum Israhel quasi harena maris*, 1,10.
6. Malachias: *Vobis timentibus Deum orietur sol iustitiae*, 4,2; (V+S 11).
7. Fehlt (Vielleicht war hier Moses abgebildet).
8. Sophonias: *Mane, mane iudicium suum dabit Dominus in luce et non abscondetur*, 3.5.
9. Balaam: *Ex Jacob stella prodiet, et de Israhel homo surget*, Num 24,17 (V+S 3).
10. Jonas: *Tolle animam meam, quoniam melior est mihi mors quam vita*, 4,3
11. Nahum: *Reddidit Deus superbiam Iacob sicut superbiam Israhel*, 2,3.
12. Isaias: *Ecce virgo concipiet et pariet filium*, 6,14 (V+S 1).
13. Jeremias: *Visus est in terris et cum hominibus conversatus est*, Bar 3,38.
14. Salomon: *Per sapientiam sanati sunt, qui placuerunt Domino a principio*, Weish 9.19.
15. Joel: *Computruerunt iumenta in stercore suo*, 1,17.
16. Jakob: *Vidi Dominum facie ad faciem*, Gen 32,30.
17. Abdias: *Transmigratio Iherusalem, que est in Bosphoro, possidebit civitates austri*, 20.
18. Zacharias: *Qui tetigerit vos, tangit pupillam oculi mei*, 2,8.

(Die fünf durch Schriftbänder für den Mauritiusschrein bezeugten Personen sind durch Sperrung hervorgehoben).

[49] Vgl. Anm. 5, 30, 35, 40 u. 41.

objekt zur Ergänzung bietet sich der Gregorius-Tragaltar[50] aus Siegburg an. Dieser hat auf der Altarplatte ebenfalls acht Darstellungen der Heilsgeschichte: Links Kindheitsgeschichte: Verkündigung, Geburt, Anbetung der Könige und Darstellung im Tempel; rechts öffentliches Leben Jesu: Taufe Jesu, Fußwaschung, Kreuzigung und Auferstehung. Da hier die Himmelfahrt fehlt, muß ein Bild gefehlt haben. Sicher waren abgebildet Kreuzigung und Auferstehung. Am ehesten könnte die Fußwaschung entbehrt werden.

Wichtig für unsere Frage sind die drei ersten Bilder, denn sie sind mit Eckmedaillons versehen, die alttestamentliche Vorbilder oder Prophezeihungen zu dem jeweiligen Hauptbild zeigen. Die Himmelfahrt Christi ist ohne die Eckbilder.

Eine ähnliche Anordnung kennen die späteren Armenbibeln. Meist wird ein Ereignis aus dem Neuen Testament von vier Propheten umrahmt und von zwei Vorbildern aus dem Alten Bund flankiert. Als Vergleichsquellen stehen mir die beiden Armenbibeln aus dem Vatikan[51] und Salzburg[52] in Faksimilie-Ausgaben zur Verfügung. Die Vatikanische kennt 34, die aus Salzburg 36 neutestamentliche Szenen von der Verkündigung bis zum Jüngsten Gericht.

Vergleicht man nun die drei erhaltenen Bilder des Siegburger Psalteriums mit den entsprechenden Abbildungen der Armenbibeln, so ergeben sich einige Gemeinsamkeiten. Es bleiben aber auch genug Verschiedenheiten. Es ergibt sich die folgende Tabelle:

	Siegb. Ps.	*AB Vat.*	*AB Salzb.*
Verkündigung:	Sap 7,29	Jer 31,22	←
	Ps 18/19,3	Is 7,14	←
	Is 11,1	Ps 71/72,6	←
	Ez 44,2	←	←
Geburt Christi:	Dan 2,34	←	←
	Hab 3,2	←	←
	Ex 3,2	Is 9,6	←
	Jud 6,40	Mich 5,2	←

[50] Vgl. den Artikel: V. Der Gregorius-Tragaltar, in diesem Band. Ferner: G. Zehnder, Schatz, S. 444 ff., Nr. 11; Monumenta Annonis, D 13, Ornamenta Ecclesiae F 47 u. III. E 1 b: Kurze Beschreibung...

[51] Die *Biblia pauperum* in Codex Latinus 871 der Bibl. Apost. Vaticana, Herausgeg. v. K.-A. Wirth, Zürich (Belser) 1982.

[52] Die Salzburger Armenbibel, Codex a IX 12 aus der Erzabtei St. Peter zu Salzburg. Herausgeg. v. K. Forstner, München o. J.

	Siegb. Ps.	*AB Vat.*	*AB Salzb.*
Anbetung der Könige	Zach 3,8	Mich 4,1	Is 60,6
	Num 24,17	←	←
	Is 9,6	Ps 85/86,9	Dan 7,14
	Ps 71/72,10	←	←
Darstellung im Tempel:		Ps 10/11,3	←
		Zach 2,10	Agg 2,8
		Mal 3,1	←
		Soph 3,15	←
Taufe Jesu:		Ps 67/68,27	←
		Ez 36,25	←
		Is 12,3	←
		Zach 13,1	←
Abendmahl:		Ps 77/78,25	←
		Is 55,2	←
		Prov 9,5	←
		Sap 16,20	←
Kreuzigung:		Ps 21/22,17	←
		Job 40,20	←
		Is 53,7	←
		Hab 3,4	←
Auferstehung:		Soph 3,8	←
		Gen 49,9	←
		Ps 77/78,65	←
		Os 6,3	←
Die Frauen am Grab:		Is 55,6	←
		Mich 7,7	←
		Ps 104/105,3–4	←
		Gen 49,18	←

Obige Tabelle zeigt, daß möglicherweise die Auswahl der alttestamentlichen Gestalten im Siegburger Psalterium und in den beiden Armenbibeln auf eine gemeinsame Tradition zurückgeht. Wir können folgende Übereinstimmungen feststellen: Bei der Verkündigung findet nur der Vers Ezechiel 44,2 in allen drei Quellen Verwendung. Bei der Geburt Jesu werden von den vier Textstellen zwei in allen drei Handschriften angeführt, nämlich Daniel 2,34 und Habakuk 3,2. Die gleiche Übereinstimmung besteht bei der Anbetung der Könige, wo Numeri 24,17 und Psalm 71/72,10 als Prophezeihungen auf Christus hin gedeutet werden.

Die übrigen Bilder des Siegburger Psalterium fehlen ja leider. Dennoch muß man wohl die Frage stellen, ob die Armenbibeln und das Psalterium eine Hilfe sein können, die fehlenden Inschriften zu ergänzen, die die Männer des Alten Bundes auf unserem Schrein in Händen hielten. Denn nur ein einziger Text von den fünf uns erhaltenen Schriftbändern kommt auch in den Texten der Armenbibeln vor, nämlich Gen 49,18: *„Salutare tuum expectabo, Domine* – Auf deine Hilfe harre ich, Herr". Das gilt übrigens nicht nur für die weiter unten gebotene Auswahl[53], sondern für alle in beiden Armenbibeln verwendeten Zitate[54]. Genau 152 Schriftzitate aus dem Alten Testament werden dort als Prophezeihung auf Christus hin aufgeführt; einige nur in der Vatikanischen, andere nur in der Salzburger Version. Die meisten Zitate aber sind beiden Texten gemeinsam.

1. Die Armenbibeln

Hier ist ein kurzer Exkurs am Platz, der zum Teil auf Ausführungen zurückgreift, die oben bereits abgehandelt wurden. An Hand von fünf Modellen wurde versucht, die 14 Gestalten des Alten Bundes zu finden, die einmal den Mauritiusschrein zierten. Zum Vergleich wurden herangezogen der Kölner Dreikönigenschrein (A 1), der Tragaltar des Eilbertus (A 2) und der Verduner Altar von Klosterneuburg (A 3). Die Aufteilung in vier Personengruppen (A 4) geht das Thema mehr thematisch an. Endlich wurde versucht, die Verklärung Christi (A 5) bei der Lösung des Problems mit einzubeziehen. Eine Anzahl von zeitgenössischen Reliquiarien wurden nur in tabellarischer Form miteinander verglichen[55].
Bei der Suche nach den Texten, die die oben eruierten Gestalten in Händen hielten, stießen wir auf die Armenbibeln. Diese sind zwar etwa 150 Jahre jünger als der Mauritiusschrein. Wir entdeckten aber oben, wo diese mit dem etwa 1217 entstandenen Siegburger Psalterium verglichen wurden, daß da möglicherweise Beziehungen, eventuell sogar Abhängigkeiten, bestehen können. Diese Beziehungen erstrecken sich zunächst auf die Schriftzitate. Anderseits finden sich aber solche zwischen dem Verduner Altar und den Armenbibeln[56]. Hier handelt es sich aber nicht um Texte, sondern um Vorbilder, die sowohl auf dem Altar wie in den Armenbibeln zu je zwei auf ein Ereignis des Neuen Bundes bezogen sind.

---

[53] Vgl. weiter unten: 2. Die Texte der Armenbibeln.
[54] Im Anhang: E 2.
[55] Im Anhang: F 1.
[56] Im Anhang: E 3 und E 4.

Es lohnt sich zunächst einmal, etwas näher auf die Beziehungen zwischen dem Verduner Altar und den Armenbibeln[57] einzugehen. Eine summarische Übersicht zeigt folgendes Bild: Die Armenbibel aus dem Vatikan kennt 34 und die aus Salzburg 36 Szenen aus dem Neuen Testament, die mit je zwei Vorbildern und vier Prophezeihungen gedeutet werden. Der Verduner Altar kennt 17 neutestamentliche Ereignisse mit je zwei Vorbildern. Wenn man die Szenen abzieht, die über die Berichte des Neuen Bundes hinausgehen, weil sie die Vollendung der Welt durch die Krönung Mariens, Ende der Welt und Jüngstes Gericht schildern, bleiben bei den Armenbibeln 32/33 und beim Verduner Altar 15 Szenen übrig. Da dem Verduner Altar 1331 zwei Szenenfolgen hinzugefügt wurden, sind diese auch abzuziehen, so bleiben hier 13 übrig. Von diesen ursprünglichen 13 Bildfolgen finden sich 12 auch in den beiden Armenbibeln; die Beschneidung des Herrn kommt in den Armenbibeln nicht vor. Von den 12 Szenenfolgen finden sich 11 alttestamentliche Vorbilder, die später auch die Armenbibeln verwenden. Dies ist knapp die Hälfte, denn zu jedem Ereignis aus dem Neuen Bund gehören ja 2 Vorbilder aus dem Alten. Dies entspricht prozentual in etwa dem, was auch an Übereinstimmung zwischen den Armenbibeln und den Prophezeihungen des Siegburger Psalteriums[58] herauskam.

Nun zurück zu den Armenbibeln! Oben wurde festgestellt, daß sie 152 Zitate aus dem Alten Bund enthalten, die auf Christus hinweisen. Dazu kommen noch 74 alttestamentliche Vorbilder. Das bedeutet aber nicht, daß nun 226 Personen aus der Zeit vor Christus für die 14 Gestalten auf dem Dach des Mauritiusschreins zur Verfügung ständen. Selten wird nämlich von einem Propheten nur eine Textstelle zitiert. So bleiben aus den Armenbibeln nur 24 Personen übrig, die mit einer Weissagung auf Christus hin verwendet werden. Es sind die in alphabetischer Folge: Abdias 1, Aggaeus 2, Amos 4, Anna, (die Mutter Samuels) 2, Balaam 1, Baruch 1, Daniel 2, David (Psalmen) 37, Ezechiel 7, Habakuk 5, Isaias 24, Jakob 5, Jeremias 9, Job 5, Joel 3, Malachias 2, Michäas 7, Moses 2, Naaman d. Syrer 1, Nahum 3, Osee 9, Salomon (Weisheitsbücher) 16, Sophonias 6, Zacharias 13.

Von den alttestamentlichen Vorbildern kämen meiner Meinung nach folgende Personen in eine engere Wahl: Aaron 1, Abraham 1, Bethsabee (die Mutter Salomos) 1, Daniel 1, David 4, Elias 3, Elisäus 3, Esdras 1, Esther

---

[57] Vgl. dazu auch E 4: Die Bilder des Verduner Altars...

[58] Vgl. die Tabelle B: Die Schriftbänder...

1, Gedeon 2, Henoch 1, Isaak 2, Jakob 3, Jonas 2, Josef 5, Judas Makkabäus 1, Melchisedech 1, Moses 7, Noe 2, Salomon 2, Samson 2, Samuel 1, die Witwe von Sarepta 1.

Von diesen 23 Personen sind oben unter denen, die mit einer Weissagung auf Christus hin bereits genannt sind, fünf erwähnt, nämlich: Daniel, David, Jakob, Moses und Salomon. So bleiben aus beiden Reihen 42 Personen übrig, die infrage kämen, wenn man die Armenbibeln zu Rate zieht. Es sei nochmals klargestellt, daß die viel späteren Armenbibeln selbstverständlich kein Vorbild für den Schrein gewesen sein können. Aber sicher reichen die Wurzeln, aus denen sie erwachsen, in tiefere Schichten herunter als das 12. Jahrhundert. Den Reichtum der Väter hier ausschöpfen zu wollen, dürfte diese Betrachtungen aber weit überschreiten.

2. Die Texte der Armenbibeln

Die fünf Personen, die durch Schriftbänder für den Mauritiusschrein bezeugt sind, finden sich auch unter den oben aufgeführten Gestalten der Armenbibeln. Wir haben aber das Dilemma, daß, wie oben gesagt, von den fünf erhaltenen Texten nur einer auch in den Armenbibeln vorkommt, nämlich Gen 49,18[59]. Dennoch sei der Versuch gewagt, die Stellen herauszufinden, die möglicherweise verwendet wurden, die zum mindesten aber auch an unserem Schrein sinnvoll wären.

Zunächst einmal scheiden alle Zitate aus, die bereits durch eine Gestalt aus dem Alten Bund belegt sind. Es sind für Jakob 5 + 3, für Moses 2 + 7, für David 37 + 4, für Salomon 16 + 2 und für Jeremias 9 Textstellen. Das sind zusammen 85 Zitate, die wegfallen. Zieht man die von den 226 Schriftstellen ab, die sich insgesamt in beiden Armenbibeln finden, so bleiben dennoch 141 Verse übrig. Aber auch die können noch weiter ausgefiltert werden. Einerseits ist der Schrein ein Abbild der Kirche in ihrer Vollendung, des himmlischen Jerusalem, wie es die Offenbarung des Johannes im 21. Kapitel beschreibt – so müssen diese Texte auch etwas von dieser Herrlichkeit aussagen. Anderseits haben wir oben versucht, in fünf Varianten die Gestalten zu ermitteln, die etwas aus dem Dunkel des Alten Bundes heraus über den Neuen Bund kündeten. So soll nun versucht werden, den Gestalten, die als möglich ermittelt wurden, auch einen oder mehrere Texe zuzuordnen.

[59] Vgl. B: Die Schriftbänder…

a) Auswahl nach dem Dreikönigenschrein

Folgende Gestalten wurden für den Mauritiusschrein ermittelt, wenn der Dreikönigenschrein für ihn Vorbild war: Aaron, Habakuk, Ezechiel, Salomon, Joel, Jakob, Isaias, Moses, Jonas, Amos, David, Daniel, Joachim, Jeremias.

Aaron ist in den Armenbibeln ein Vorbild für Christus. Der sprießende Stab ist nach Num 17,1–8 ein Zeichen seiner Legitimation als Hoherpriester. Deshalb wird diese Szene der Geburt Christi zugeordnet, der als der wahre und endgültige Hohepriester gekommen ist (vgl. auch Hebr 7–10). Ein Text ist ihm aus den Armenbibeln nicht zuzuordnen[60].

Habakuk. Von den fünf verwendeten Texten kämen am ehesten infrage die beiden Zitate, die der Geburt und der Verklärung des Herrn zugeordnet sind. Wie beim Siegburger Psalterium wird auch in den Armenbibeln der Vers 3,2 Christi Geburt als Prophezeihung[61] beigegeben: „*Consideravi opera tua et expavi in medio duum animalium* – Ich schaute deine Werke und bin erschüttert inmitten von zwei Lebenwesen" (V); „*In medio duorum animalium cognosceris* – Man erkennt dich zwischen zwei Lebenwesen" (S). Besser würde wohl der andere Text passen, der Christi Verklärung zugeordnet ist: „*Splendor eius ut lux erit, cornua in manibus eius* – Sein Glanz ist wie das Licht, Strahlen in seinen Händen" (3,4; V). Von den sieben Ezechiel-Texten dürften vier in nähere Wahl zu ziehen sein. Bei der Erscheinung des Auferstandenen von seinen Jüngern steht der Text 34,11: „*Ecce ego ipse et oves meas requiram et eas inveniam* – Siehe, ich selbst suche meine Schafe und finde sie" (V). Zur Taufe Jesu wird der Text 36,25 zitiert: „*Effundam super vos aquam mundam* – Ich gieße reines Wasser über euch aus" (S). Im Pfingsfest findet der Vers 36,27 seine Erfüllung: „*Spiritum meum ponam in medio vestri* – Meinen Geist lege ich in euer Inneres" (V + S). Mit Weihnachten wird der Vers 44,2 in Verbindung gebracht: „*Porta hec clausa erit, non aperietur in eternum* – Diese Pforte bleibt geschlossen; sie wird in Ewigkeit nicht geöffnet" (V + S). Dieser Text ist unter den vier Versen der, der wohl am wahrscheinlichsten von Ezechiel in Händen gehalten wurde. Er findet sich auch bereits beim Weihnachtsbild des Siegburger Psalteriums[62]. Ferner zitiert ihn Rupert von Deutz in seinem Kommentar zum Hohen-Lied[63], fußend auf den Ezechiel-Homilien Gregors des Großen[64].

---

[60] Ein Text wird ihm zugeteilt oben A 4b.

[61] Mehr zu diesem Vers und der Lesart A 1.

[62] Vgl. Anm. 5.

Von Salomon ist ein Schriftband vorhanden.
Aus den drei Versen, die vom Propheten Joel stammen, dürfte wohl nur der zu Pfingstfest verwendete Text 2,29 in Frage kommen: *„Super servos meos et ancillas meas effundam de Spiritu meo* – Über meine Knechte und Mägde gieße ich meinen Geist aus" (V+S).
Auch von Jakob ist ein Spruchband erhalten.
Isaias ist nach den Psalmen das mit 24 Textstellen am meisten zitierte Buch des Alten Bundes. Sechs dieser Zitate dürften, meiner Meinung nach, in Frage kommen. Auf die Verkündigung an Maria weist hin 7,14: *„Ecce virgo concipiet et pariet filium, et vocabitur nomen eius Emmanuel* – Seht, die Jungfrau wird ein Kind empfangen, sie wird einen Sohn gebären und ihm den Namen Emmanuel geben" (V+S). Der auf Christi Geburt hinweisende Text 9,5 lautet: *„Parvulus natus est nobis, et filius datus est nobis* – Uns ist ein Kind geboren, ein Sohn ist uns geschenkt" (V+S). Auf die erlösende Wirkung der Taufe und lebenspendende Kraft des Wassers weist hin der Vers 12,3: *„Haurietis aquas in gaudio de fontibus Salvatoris* – Ihr werdet Wasser schöpfen voll Freude aus den Quellen des Heilandes" (V+S). Der Text 35,2 weist in den Armenbibeln hin auf die Krönung Mariens: *„Gloria Libani data est ei, decor Carmeli et Saron* – Die Herrlichkeit des Libanon wird ihr geschenkt, die Pracht des Karmel und der Ebene Scharon" (V+S). Wenn Isaias seinen Platz neben Maria gehabt hätte, wäre dieser Vers sehr passend, da in Maria ja das Urbild der Kirche gesehen wird. Die Kirche hinwieder verkörpert das messianische Heil, das Isaias im ganzen kurzen 35. Kapitel mit leuchtenden Farben besingt. Dem Bild der Erscheinung des Auferstandenen Herrn unter seinen Jüngern geben beide Armenbibeln den Text 51,1 bei: *„Attendite ad petram unde excisi estis* – Blickt auf zu dem Felsen, aus dem ihr gehauen seid".

---

[63] *Ruperti Tuitiensis Commentaria in Canticum Canticorum,* Ed. Rh. Haacke, CCCM XXVI, Turnhout 1974, IV, 725 ff., S. 104.

[64] *S. Gregorii Magni homiliae in Hiezechielem prophetam,* Ed. M. Adriaen, CC CXLII, Turnhout 1971, Hom. X, 11, S. 386. Gregor legt an dieser Stelle dar, daß das Osttor deshalb als das zwischen Süd- und Nordtor liegende beschrieben wird, weil unser Herr und Erlöser aus dem Volk der Juden geboren wurde, aber seine Kirche aus den Heiden bildete. Vgl. auch *Ruperti Tuitiensis, De sancta Trinitate et operibus eius,* XXXI, *In Hiezechielem* II, 31, CCCM XXIII, Turnhout 1972, S. 1730 f. Rupert legt an dieser Stelle dar, daß Maria vor und nach der Geburt Jungfrau blieb. Vgl. auch die beiden Lesungen des *Officium sanctae Mariae in Sabbato,* sowohl des Monast. wie des Röm. Breviers zum Februar und April. Erstere dem Brief des hl. Hieronymus gegen Jovinianus (Ep. XLVIII, n. 21) entnommen. Die zweite stammt aus dem Ezechielkommentar des gleichen Kirchenvaters (L. 13 in c. 44, V. 1).

Sinnvoller als dieser dürfte aber an unserem Schrein der sein, der Christi Verklärung zugeteilt wird: „*Iherusalem, venit lumen tuum, et gloria Domini super te orta est* – Jerusalem, auf, werde Licht, denn es kommt dein Licht und die Herrlichkeit des Herrn geht leuchtend auf über dir“ (60,1; V+S).

Der Text, den Moses in Händen hielt, ist durch ein Schriftband bezeugt.

Der Prophet Jonas dient zwei Szenen aus dem Leben Jesu als Vorbild. Das Verschlingen durch den Wal ist ein Zeichen für die Grablegung des Herrn und das Ausspeien ans Land für seine Auferstehung. Einen Text bieten die Vorbilder nicht. Als Schriftband könnte er aber einen Vers aus dem Gebet in Händen gehalten haben, das er nach der Bibel im Bauch des Wals betete (2,3–10), etwa: „*Cum angustiaretur in me anima mea Domini recordatus sum: ut veniat ad te oratio mea ad templum sanctum tuum* – Als meine Seele in mir verzagte, gedachte ich des Herrn: auf daß mein Gebet zu dir gelange, zu deinem heiligen Tempel“.

Von den vier Texten des Propheten Amos dürfte wohl nur 9,6 infrage kommen: „*Qui aedificat in caelis ascensionem* – Er erbaut seinen Aufstieg im Himmel“ (S 32, Himmelfahrt).

Der Psalmvers Davids ist als Schriftband vorhanden.

Daniel ist mit zwei Texten vertreten, die beide an unserem Schrein sinnvoll wären. Zum Weihnachtsbild findet sich sowohl in den beiden Armenbibeln, wie auch im Siegburger Psalterium[65] der Vers 2,34: „*Lapis angularis sine manibus abscissus in monte.* – Ein Eckstein wird, ohne daß sich eine Hand rührt, vom Berg losgerissen“ (V+S)[66]. Der andere Text ist stark verkürzt und findet sich nur in der Salzburger Armenbibel als Prophezeihung auf die Anbetung der Könige. Dort lautet er: „*Omnes gentes obedientes* – Alle Völker sind Dienende“. Vollständig lautet der Test in der Vulgata: „*Et dedit ei potestatem et honorem et regnum: et omnes populi, tribus et linguae ei servient* – Ihm wurden Herrschaft, Würde und Königtum gegeben. Alle Völker, Nationen und Sprachen müssen ihm dienen“ (7,14). Dieser Vers hat natürlich die beste Beziehung zu dem an der Vorderseite des Schreins thronenden Christus.

Außerdem ist Daniel noch zweimal als Vorbild Christi dargestellt. Das Verlangen des babylonischen Volkes, Daniel in die Löwengrube zu werfen, gilt als Vorbild für die Verurteilung Christi durch Pilatus (vgl. 6,11–

---

[65] Vgl. Anm. 5.

[66] Vgl. A 4 f 2.

18 und 14,27–29). Daniels Rettung aus der Löwengrube ist hingegen Vorbild für die Errettung Christi aus dem Rachen des Todes (vgl. 6,19–24).

Joachim ist keine biblische Gestalt. Er wird nur im apokryphen Jakobusevangelium als Vater Marias genannt. Somit könnte er als Bindeglied zwischen Altem und Neuem Bund verstanden werden. Übrigens ist seine Darstellung auf dem Dreikönigenschrein eine ganz singuläre Angelegenheit. Deshalb erhebt sich auch die Frage, ob er überhaupt an unserem Schrein dargestellt war, auch wenn der Dreikönigenschrein auf sein Programm Einfluß gehabt hätte. War vielleicht statt seiner einer der kleinen Propheten abgebildet?

Oben wurde dargelegt[67], daß die am Dreikönigenschrein dargestellten Propheten Abdias und Nahum hier wahrscheinlich fehlten. Statt Joachim würden sich aber auf Grund der in den Armenbibeln verwendeten Zitate anbieten: Michäas, Sophonias, Zacharias und Malachias.

Von Michäas sind in den Armenbibeln sieben Texte zu finden. Am besten würde zu ihm der Vers 5,2 passen, der auch im Matthäusevangelium zitiert wird: „*Tu Bethlehem terra Juda non eris minima, ex te enim exierit dux* – Du Bethlehem im Gebiet von Juda, bist keineswegs die unbedeutendste (unter den führenden Städten von Juda), denn aus dir wird ein Fürst hervorgehen“.

Von den vier Zitaten des Sophonias paßt am besten 3,15: „*Rex Israel in medio tui, non timebis malum* – Der König Israels ist in deiner Mitte; du hast kein Unheil mehr zu befürchten“.

Zacharias ist mit zwölf Zitaten von den kleinen Propheten am häufigsten vertreten[68]. Mehrere dieser Texte weisen auf Christus hin. So soll der Vers 1,16 auf die Rückkehr der heiligen Familie aus Ägypten hinweisen: „*Revertar ad Iherusalem in misericordia* – Voll Erbarmen wende ich mich Jerusalem wieder zu“. Die Vatikanische Armenbibel führt zur Darstellung Jesu im Tempel den Vers 2,10 an: „*Ecce ego venio et habitabo in medio tui* – Siehe, ich komme und wohne in deiner Mitte“. Zum Einzug in Jerusalem zitiert die Salzburger Armenbibel den Vers 9,9: „*Ecce rex tuus venit* – Siehe, dein König kommt“. Ebenfalls die Salzburger Bibel kennt zum Jüngsten Gericht den Vers 14,5: „*Veniet Dominus et omnes sancti eius* – Der Herr wird kommen und alle seine Heiligen“. Alle diese Verse wären im Rahmen des Gesamtprogrammes des Schreines sinnvoll.

---

[67] Vgl. A 1.
[68] Vgl. A 2.

b) Auswahl nach dem Eilbertus-Altar

Wenn der Tragaltar des Eilbertus für die Auswahl der alttestamentlichen Gestalten am Mauritiusschrein bestimmend war, dürften, wie oben gesagt[69], folgende Personen abgebildet gewesen sein: Jakob, Melchisedech, Moses, Balaam, David, Salomon, Isaias, Jeremias, Ezechiel, Daniel, Joel, Jonas, Osee und Zacharias. Bei der Auswahl der möglichen Zitate nach dem Dreikönigenschrein wurden bereits folgende Männer nach ihren Texten untersucht: Jakob, Moses, David, Salomon, Isaias, Jeremias, Ezechiel, Daniel, Joel, Jonas und Zacharias. So wären die Armenbibeln nach den Texten folgender Gestalten abzufragen: Melchisedech, Balaam und Osee.

Über Melchisdech wurde oben bereits einiges gesagt[70]. Es wurde auch schon festgestellt, daß er auf dem Eilbertus-Altar ohne Schriftband dargestellt ist. Auch in den Armenbibeln findet sich kein Zitat von ihm. Er ist in ihnen und auf dem Verduner Altar nicht Prophet sondern Vorbild für Christus[71].

Balaam wird ebenfalls oben näher behandelt[72].

Osee wird in den Armenbibeln neunmal zitiert, auch der oben bereits angeführte Vers 6,3[73], der auf Christi Auferstehung hinweist. Von den übrigen Texten käme wohl nur noch infrage 13,14: „*Ero mors tua, o mors, morsus tuus ero, inferne* – Tod, ich werde dein Tod sein; dein Biss werde ich sein, Unterwelt". Dieser Text weist hin auf Christus, den Sieger über den Tod. Deshalb wird er Christi Höllenfahrt[74] beigegeben. Er findet auch Verwendung als Antiphon in den Laudes des Karsamstags[75].

c) Auswahl nach dem Verduner Altar

Falls dieser Altar für die Auswahl der alttestamentlichen Personen am Mauritiusschrein bestimmend gewesen wäre, dürften, wie oben gesagt[76], folgende Gestalten abgebildet gewesen sein: Henoch, Noe, Abraham,

---

69 Ebda.

70 Vgl. A 4a.

71 Vgl. E 4, Abendmahl.

72 Vgl. A 4b.

73 Vgl. A 2.

74 Damit ist die Zeit zwischen Christi Tod und seiner Auferstehung gemeint. Im Apostolischen Glaubensbekenntnis heißt es: „... hinabgestiegen in das Reich des Todes." Vgl. auch hierzu die Szene der beiden Armenbibeln und des Verduner Altars: Christus in der Vorhölle. E 4.

75 Sowohl im Römischen wie im monast. Brevier die 1. Antiphon. Der Text ist dort etwas umgestellt: „*O mors, ero mors tua, morsus tuus ero, inferne*".

Melchisedech, Isaak, Jakob, Josef, Moses, David, Salomon, und die vier großen Propheten. Als Alternative für die rechte Seite: Moses, Samson, David, Salomon (mit Königin von Saba?), Elias, Jeremias und Jonas.
Henoch wird auch in beiden Armenbibeln als Vorbild für Christi Himmelfahrt angesehen. Ein Ausspruch von ihm ist nicht überliefert (Gen 5,24).
Noe wird sowohl am Verduner Altar, wie in den beiden Armenbibeln, wenn auch für verschiedene neutestamentliche Szenen, als Vorbild angesehen. In den Armenbibeln ist die Verspottung des trunkenen Noe durch seinen Sohn Ham (Gen 9,18–27) ein Vorbild für die Verspottung Christi bei der Dornenkrönung. Auf dem Verduner Altar hingegen wird die Szene, wo die Taube mit dem Ölbaumzweig in die Arche zurückkehrt (Gen 8,11) als ein Vorzeichen für das Pfingstfest gedeutet. Außer Noes Fluch und Segen über seine Söhne (Gen 9,25–27) ist von ihm kein Ausspruch überliefert. So dürfte auch er kein Schriftband in Händen gehalten haben.
Zu den übrigen Patriarchen vgl. das unter A 4a Gesagte.
Für Moses, David, Salomon und Jeremias sind Schriftbänder vorhanden. Zu den übrigen drei großen Propheten vgl. das, was B 2e gesagt wurde. Von dem starken und zornmütigen Samson sind in der Bibel keine Worte überliefert, die auf Christus hindeuten könnten. Aber zwei seiner Taten werden sowohl von den Armenbibeln wie vom Verduner Altar als Vorbilder für Christus verwendet. Samson zerreißt den jungen Löwen (Jud 14,5–6), wird als Vorbild für Christus in der Vorhölle angesehen. Samson trägt die Stadttore Gazas fort (Jud 16,3), gilt als Hinweis auf die Auferstehung des Herrn zu Ostern. Zwei weitere Szenen, nämlich die Ankündigung seiner Geburt und seine Geburt, sind für den Meister des Verduner Altars Hinweise auf Christi Verkündigung und seine Geburt in Bethlehem.
Wenn die Königin von Saba dargestellt war – sie ist in den drei hier verglichenen Quellen Vorbild für die Anbetung der Könige –, könnte sie auch einen Text in Händen gehalten haben. Was sie zum Lobe Salomons 1 Reg 10,6–9 sagt, kann auf Christus, den wahren Salomon, bezogen werden. Der ganze Text lautet auf deutsch: „Was ich in meinem Land über dich und deine Weisheit gehört habe, ist wirklich wahr. Ich wollte es nicht glauben, bis ich nun selbst gekommen bin und es mit eigenen Augen gesehen habe. Und wahrlich, nicht einmal die Hälfte hat man mir berichtet;

[76] Vgl. A 3.

deine Weisheit und deine Vorzüge übertreffen alles, was ich gehört habe. Glücklich sind deine Männer, glücklich diese deine Diener, die allezeit vor dir stehen und deine Weisheit hören. Gepriesen sei Jahwe, dein Gott, der an dir Gefallen fand und dich auf den Thron Israels setzte. Weil Jahwe Israel ewig liebt, hat er dich zum König bestellt, damit du Recht und Gerechtigkeit übst". Davon kann natürlich nur ein kleiner Abschnitt auf dem Spruchband gestanden haben. Eine andere Frage ist natürlich auch, ob überhaupt ein Vers zu dem Schriftband paßt, das von Salomon überliefert ist: „Viele Wasser vermögen die Liebe nicht auszulöschen" (Cant 8,7). In etwa würde der letzte Vers mit dem aus dem Hohen Lied korrespondieren: „Weil Jahwe Israel ewig liebt, hat er dich zum König bestellt". Über Elias wurde oben A 5, „Die Verklärung Christi" etwas gesagt. Jonas wurde im Zusammenhang mit dem „Dreikönigenschrein", B 2a besprochen.

d) Auswahl nach den „Vier Gruppen"

Als vierte Möglichkeit, die fehlenden alttestamentlichen Personen am Mauritiusschrein zu ermitteln, wurde oben (A 4) erwogen, die vier Gruppen, die in den fünf erhaltenen Schriftbändern sich repräsentieren, als Grundlage der Ergänzungen zu machen.

Aus den Patriarchen waren wahrscheinlich dargestellt: Abraham, Isaak und Melchisdech oder Josef; Jakob ist durch ein Schriftband sicher bezeugt. In den beiden Armenbibeln sind aber alle oben genannten Personen nicht mit Prophezeihungen, sondern nur als Vorbilder vertreten. Das aber besagt, daß aus diesen Quellen keine Texte zu ermitteln sind, die sie als Schriftband in Händen gehalten hätten. Es sei deshalb auf das verwiesen, was oben[76a] über diese Männer gesagt wurde. Dennoch dürfte eine Zusammenstellung der Gestalten aus dem ersten Buch Moses, dem Buch Genesis, die für das Leben Jesu Vorbildcharakter haben, so wie es die Armenbibeln sehen, von Interesse sein, auch wenn wir damit ein wenig vom Thema abschweifen.

Abraham und die drei Männer, (18,1 ff.) = Verklärung Christi (11). Isaak trägt das Holz für sein eigenes Opfer, (14,14–18) = Kreuztragung Christi (20/222). Melchisedechs Opfer (14,14–18) = Abendmahl (16). Josef und seine Brüder (37,18–20) = Verschwörung der Juden gegen Jesus (12/17). Josef in der Zisterne (37,22–24) = Grablegung Christi (24/25). Josef wird an die Ismaeliter verkauft (37,25–28) = Judas verkauft

[76a] Vgl. A 4 a.

Christus (15/18). Ruben sucht Josef (37,29–30) = Die Frauen am Grabe Christi (27/28). Josef wird an Putiphar verkauft (37,36) = Judas verkauft Christus (15/18). Josef gibt sich seinen Brüdern zu erkennen (45,1–15) = Jesus erscheint seinen Jüngern (29/30).

Nach dieser Abschweifung nun zu den Männern des Gesetzes! Als Gefährten des Moses, der ja durch ein Schriftband bezeugt ist, wurden Aaron, Balaam und Josue in Erwägung gezogen. Zu diesen Gestalten ist die Ausbeute an Texten aus den Armenbibeln allerdings mager.

Oben wurde auf die Szene mit dem blühenden Stab Aarons (B 2a) hingewiesen, die als ein Vorbild für Christi Geburt angesehen wird.

Balaams Spruch, der als Prophezeihung der Anbetung der Könige gewertet wird, lautet: „*Orietur stella ex Jacob, et consurget homo ex Israel* – Ein Stern geht auf aus Jakob und ein Mensch erhebt sich aus Israel“ (Num 24,17). Während die Salzburger Bibel nur *Orietur – Jacob* zitiert, kennt die Armenbibel aus dem Vatikan den ganzen obigen Text. Interessant ist aber, daß sie statt *virga* = Zweig der Vulgata *homo* = Mensch liest. Oben wurde auf diese Stelle bereits näher eingegangen (A 4b und A 4f 2).

Josue wird nur zusammen mit Kaleb erwähnt. Beide wurden ja von Moses als Kundschafter in das Land jenseits des Jordan geschickt (Num 13). Die Szene, wo die beiden die Riesentraube ins Lager der Israeliten schleppen (Num 13,23), gilt den Armenbibeln als Vorbild für die Taufe Jesu. Der Grund für diese Zuweisung liegt vielleicht in folgender Überlegung: Bei der Taufe Jesu öffnete sich der Himmel und der Geist kam auf ihn in Gestalt einer Taube herab. So wurde er als der Sohn Gottes geoffenbart, der uns Gottes verschwenderische Liebe schenken sollte. So könnte diese Traube in ihrer Größe etwas von dieser Liebe Gottes offenbaren. Der Verduner Altar sieht in der Riesentraube ein Vorbild für Christi Kreuzestod. Auch darin erweist sich ja die Größe von Gottes Liebe zu uns Menschen.

Zur Gruppe der Könige wäre noch anzumerken: Für Ezechias findet sich in beiden Armenbibeln weder ein Vorbild noch eine Prophezeihung auf Christus hin.

Die Darbringung Samuels ist ihnen ein Vorbild für die Darstellung Jesu im Tempel (vgl 1 Sam 1,23–24 und Lc 2,22–38).

Gedeons Vlies ist, wie oben gesagt (A 4c), ein Vorbild für die Verkündigung an Maria. Gedeons zweifelhaftes Fragen (Jud 6,11–16) ist ihnen hingegen ein Vorbild für die Zweifel des Thomas an der Auferstehung des Herrn (Jo 20, 26–29; 30/31).

Von den Textstellen, die möglicherweise den vier großen Propheten zugeordnet waren, war oben schon die Rede, als die Ordnung nach dem Dreikönigenschrein behandelt wurde (B 2a).

e) Auswahl nach der Verklärung Christi

Wenn, wie oben A 5 dargelegt, das Ereignis der Verklärung des Herrn für die Ausgestaltung des Schreins mit alttestamentlichen Gestalten der Anstoß war, hätte es eine Moses- und eine Elisasseite gegeben.
Zu Moses würden Adam, Abel, Noe oder Henoch auf der einen, Abraham, Isaak und Jakob auf der anderen Seite passen.
Adam dient die Armenbibel zweimal als Vorbild. Als Negativexempel wird der Sündenfall der Stammeltern (Gen 3,1–6) der Versuchung Jesus (Mt 4,1–11) zur Seite gestellt. Die Erschaffung Evas aus Adams Seite (Gen 2,21–22) wird hingegen als Vorbild für den Hervorgang der Kirche aus Christi Seitenwunde am Kreuz (Jo 19,34–37) gedeutet.
Für Abel gibt es in den Armenbibeln kein Vorbild.
Zu Noe und Henoch vergleiche man das, was oben B 2c gesagt wurde.
Auch auf Abraham, Isaak und Jakob wurde oben schon näher eingegangen. Vgl. hierzu: A 4a und B 2c.
Für die Elias-Seite wurden folgende Gestalten als möglich ausgewählt: David, Salomon, Jeremias, Isaias, Ezechiel, Daniel, Gedeon, Samuel, Elisäus und Jonas. Alle sind oben schon in ihren Beziehungen zu den Armenbibeln behandelt worden. Siehe A 1a, A 1c.
Etwas näher sei hier noch auf Elias und Elisäus eingegangen.
Beide werden mehrmals als Vorbilder für Christus verwendet. Da beide einen toten Knaben ins Leben zurückrufen durften (1 Reg 17,17–24 und 2 Reg 4,20–37), sind sie für die Salzburger Bibel (13) Vorbilder für die Auferweckung des Lazarus durch Christus (Jo 11,1–45). Weil die Königin Isebel dem Propheten Elias nachstellte, um ihn zu töten, wird in ihm die Verurteilung Christi durch Pilatus vorgebildet (1 Reg 19,2; Jo 18,28–19,6). Des Elias Aufnahme in den Himmel auf einem feurigen Wagen (2 Reg 1,1–12) wird als Vorbild für Christi Himmelfahrt gedeutet (Act 1,9–11). Beide Armenbibeln sehen in dem Feuer, das auf dem Berg Karmel das Opfer verzehrte (1 Reg 18,30–39) ein Vorbild für die Herabkunft des Heiligen Geistes am ersten Pfingsttag (Act 2,9–11).
Die Rückkehr des Elisäus nach Jericho (2 Reg 2,15) wird als Vorbild für Jesu Einzug in Jerusalem gedeutet (Mt 21,1–11 und Par.). Christi Dornenkrönung und seine Verspottung werden nach den Armenbibeln vor-

ausgebildet in der Verspottung des Elisäus durch die Knaben von Betel (2 Reg 2,23–24; Mt 27,27–30 und Par.).
Texte für Schriftbänder ergeben sich aus diesen Vorbildern nicht.

C. Apostel

Auf den ersten Blick stellt sich die Frage nach den Aposteln, die ja die Wände des Langhauses schmückten, einfacher als die nach den alttestamentlichen Gestalten. Meist sind die Elf dargestellt, die nach dem Ausscheiden des Verräters Judas übrigblieben. Normalerweise wird Paulus als der Zwölfte hinzugenommen. Es gibt aber auch den Fall, daß statt Paulus Matthias abgebildet ist. Und auf dem Gregorius-Tragaltar von Siegburg[77] finden sich sogar Paulus und Matthias. Da Judas Thaddäus auf diesem Altar doppelt, nämlich als Judas und Thaddäus dargestellt ist, fehlen zwei andere Apostel, nämlich Jakobus der Jüngere und Simon. Auf dem Eleutheriusschrein[78] fehlen sogar drei Apostel, nämlich Judas Thaddäus, Matthäus und Simon. Auch auf diesem Schrein sind sowohl Paulus wie Matthias dargestellt. Mir scheint, daß für das Apostelprogramm unseres Schreins zwei Möglichkeiten in Frage kommen:
1. Die Apostelfolge, wie sie der Dreikönigenschrein und, wenn auch in anderer Reihenfolge, der Heribertusschrein hat. Zu diesem Typus gehört auch der Annoschrein, der allerdings 14 Gestalten kennt, da an seinen vier Ecken die Evangelisten dargestellt sind, von denen Markus und Lukas ja keine Apostel sind. Hierzu gehört auch der Siegburger Honoratusschrein. Ebenfalls kennt der Kölner Maurinusschrein die 12 Apostel des Dreikönigenschreins, nimmt aber, da 14 Felder zu besetzen sind, Matthias und Johannes den Täufer mit dazu. So kann er in etwa als Übergangsform für die zweite Möglichkeit gelten, wo die Apostel ohne Paulus, aber mit Matthias dargestellt sind.
2. Diese Form findet sich zum Beispiel auf dem Eilbertus-Tragaltar des Welfenschatzes. Dort sind die Apostel um den Altarschrein gruppiert. Sie beginnen oben links mit Petrus und enden mit Matthias. Jeder der Apostel hat ein Schriftband in Händen, das je einen Artikel des Apostolischen Glaubensbekenntnisses enthält. Der gesamt Text stammt aus einer dem hl. Augustinus zugeschriebenen Predigt[79] des 6. Jahrhunderts.

---

[77] Vgl. V. Der Gregorius-Tragaltar, B 2: Die Apostel; ferner die Kurzbeschreibung F 2 d: Anmerkungen ..., dort auch weitere Literaturangaben.
[78] Vgl. F 2 d.
[79] Vgl. Sermo CCXL, De Symbolo, PL 39, 2188 f. Eine Übersetzung des lateinischen Tex-

Der ganze Text lautet: *„Petrus dixit: „Credo in Deum, Patrem omnipotentem, creatorem celi et terre. Andreas dixit: Et in Jesum Christum, Filium eius unicum, Dominum nostrum. Jakobus dixit: Qui conceptus est de Spiritu Sancto, natus de Maria virgine. Joannes dixit: Passus sub Pontio Pilato, crucifixus, mortuus et sepultus. Thomas dixit: Descendit ad inferna, tertia die resurrexit a mortuis. Jacobus dixit: Ascendit ad celos, sedet ad dexteram Dei Patris omnipotentis. Philippus dixit: Inde venturus est iudicare vivos et mortuos. Bartholomeus dixit: Credo in Spiritum Sanctum, sanctam ecclesiam catholicam. Mattheus dixit: Sanctorum communionem. Simon dixit: Remissionem peccatorum. Thatheus dixit: Carnis resurrectionem. Matthias dixit: Et vitam eternam. Amen."*

Falls dieses Schema am Mauritiusschrein Anwendung gefunden hätte, wären sowohl die dargestellten Apostel, ihre Reihenfolge und auch die Texte auf den Schriftbändern bekannt, die sie in Händen hielten. Rechts von dem auf der Stirnseite thronenden Christus hätte dann Petrus die Reihe begonnen mit dem Bekenntnis zum Schöpfergott. Links von ihm hätte sich dann der Kreis geschlossen mit Matthias und seinem Glaubensartikel, dem Bekenntnis zum ewigen Leben, also der Vollendung der Schöpfung in Gott.

1 a) Exkurs zu C 1

Während die zweite Form jedem Apostel seinen festen Platz anweist, bedingt durch den Text des Apostolischen Glaubensbekenntnisses, ist bei der ersten Form eine größere Variationsbreite in der Aufeinanderfolge der Aposteln gegeben[80]. Meistens kann man von einer Petrus- und einer Paulusseite sprechen. Normalerweise stehet dann Petrus rechts von Christus, Paulus links. Dann folgen, allerdings in sehr unterschiedlicher Folge, die übrigen Apostel.

Diesem Schema folgen der Dreikönigenschrein (DS), der Heribertusschrein (HeS) und das große Turmreliquiar (TRg). Der Servatiusschrein kennt auch diese beiden Seiten. Während die linke Seite, also rechts von Christus, wie üblich mit Petrus beginnt, beginnt die Paulusseite rechts von der Titelfigur des rückwärtigen Giebels, dem heiligen Servatius.

Der Annoschrein bildet insofern eine Ausnahme, als die vier Evangelisten die Ecken einnehmen. So wird hier Christus von Matthäus und

---

tes erübrigt sich, da sich der deutsche Text des Apostolischen Glaubensbekenntnisses in jedem Gebetbuch findet.

[80] Vgl. die Tabellen F 2a–c.

Johannes flankiert. Als nächste folgen dann Petrus und Paulus, aber umgekehrt wie üblich, nämlich Petrus links und Paulus rechts von Christus. Beim Paderborner Tragaltar nehmen Petrus und Paulus insofern eine Sonderstellung ein, als sie die Mitte der beiden Langseiten bilden, die aus je fünf Feldern bestehen. Neben Christus befinden sich die beiden Patrone des Doms, Liborius und Kilian. Auf der rückwärtigen Schmalseite wird Maria von Johannes und Jakobus dem Jüngeren begleitet.
Öfters werden die beiden Brüderpaare Petrus und Andreas, Johannes und Jakobus der Ältere nebeneinander abgebildet; z.B.: HeS, SS, MS, ET, TRk; Petrus und Andreas: DS, AS, TM (Christus zwischen Petrus und Andreas), TW, TPb; Johannes und Jakobus: ES, Kr, TK (Maria zwischen Johannes und Jakobus).
Diese Verschiedenheit in der Reihenfolge der Apostel dürfte nicht nur darin begründet sein, daß man durch ein Patrozinum oder den Besitz von Reliquien dem einen oder anderen Apostel mehr verbunden war und ihn deshalb mehr nach vorne, also näher zu Christus hin, rückte, sondern ist wohl bereits im Unterschied der Apostellisten des Neuen Testamentes begründet. Den wahrscheinlich stärksten Einfluß auf die Reihenfolge dürfte aber die Serie des römischen Meßkanons[81] ausgeübt haben. Denn deren Folge war jedem Priester durch den täglichen Gebrauch gewissermaßen im Ohr. Im dritten Abschnitt des Hochgebetes, der den Titel trägt *Infra actionem* und mit dem Wort *Communicantes* beginnt - dem Gebet, das um die Gemeinschaft mit der triumphierenden Kirche, den Heiligen, bittet, werden die Apostel in folgender Reihe aufgeführt: Petrus, Paulus, Andreas, Jakobus, Johannes, Thomas, Jakobus, Philipus, Bartholomäus, Matthäus, Simon und Thaddäus. Dann folgen noch 12 Märtyrer, die vor allem in Rom verehrt wurden.
Dieser Liste kommt am nächsten die, die Lukas 6,12–16 bietet. Es fehlt dort selbstverständlich Paulus, der ja erst nach dem Tod und der Auferstehung Christi Apostel wurde. Alle anderen sind in dieser Reihenfolge genannt, nur mit dem Unterschied, daß Thomas und Jakobus der Jüngere hinter Matthäus und vor Simon plaziert sind. Auffällig ist, daß die von Lukas verfaßte Apostelgeschichte nicht die gleiche Reihenfolge hat wie das Lukasevangelium.
In drei Tabellen (F 2a–c) werden die Möglichkeiten dargestellt, die sich an den verglichenen Reliquiaren zeigen. In der ersten Tabelle werden die übrigen Reliquiaren am Dreikönigenschrein gemessen. Die zweite ver-

[81] Vgl. F 2b.

gleicht sie mit der Apostelliste des römischen Meßkanons. Die dritte endlich vergleicht nur die Reliquiarien, die zweiseitig symmetrisch ausgerichtet sind, also meist von Christus an der Stirnseite ausgehend eine rechte und eine linke Seite aufweisen.

Alle verglichenen Reliquiarien werden sodann in einer Kurzbeschreibung vorgestellt (F 2d).

Abschließend kann man sagen, daß es kaum möglich ist festzustellen, welche Apostelliste des Neuen Testamentes auf die Reihenfolge der Apostel an diesen Reliquiarien Einfluß ausübte. Nur der Eilbertus-Tragaltar kennt die Serie des römischen Hochgebetes, allerdings unter Auslassung des Paulus und der Beifügung des Matthias. Da hier aber eindeutig der oben angeführte pseudo-Augustinische Text[82] Pate stand, so dürfte für dessen Reihenfolge der Apostel wiederum der römische Kanon maßgeblich gewesen sein.

3. Die Inschriften des Schreins

Alle Texte, die heute noch am Mauritiusschrein vorhanden sind, finden sich in genauer Transskription bei G. Zehnder, Servatiusschatz, Nr. 2. Vorher wurden sie von dem mehrfach erwähnten Raimundus Sebastiani 1750 in seinem „Siegbergischen Heiligthum" mit deutscher Übersetzung publiziert. Dennoch soll der Text hier nochmals geboten werden, aber nicht in der Form, wie er sich am Schrein befindet, also ganz in Versalien und mit Kürzeln, sondern in normaler Schrift mit aufgelösten Abkürzungen. Ferner wurden durch Akzente die leoninischen Verse besser zur Geltung gebracht. Außerdem soll der Versuch gemacht werden, die Herkunft zu ermitteln. Des besseren Verständnisses wegen wurden die Texte auch ins Deutsche übersetzt.

Vorne, oben:	*S. Innocencius Sanctus Sanctorum S. Mauricius* Hl. Innozentius, Der Heilige der Heiligen (Christus), Hl. Mauritius.
Vorne, unten:	*Én rex iústorúm/ via, glória, pálma, suórum.* Siehe, der König der Gerechten: Weg, Ehre und Ruhm der Seinen!
Hinten, oben:	*Michael archangelus Regina celi Sanctus Anno* Erzengel Michael, Königin des Himmels (Maria), Hl. Anno.

[82] Vgl. Anm. 79.

Hinten, unten: *Víta per húnc regnát/ quem vírgo puérpera géstat.*
Das Leben herrscht durch den, den die Jungfrau in ihrem Schoß trug.

Rechts, oben: *Hí reparándorúm/ lux ác procerés populórum*
Diese sind Licht und Haupt der Völker, die der Erlösung harren.
Pró patribús natí/ Christó mediánte creáti
An Stelle der Väter geboren, gezeugt durch die Mittlerschaft Christi,
Víncla reláxandí/ ius ét meruére ligándi.
erlangten sie das Recht, Fesseln zu lösen und zu binden.

Rechts, unten: *Réddit honórificós/ Dominí concéssus amícos*
Der Wille des Herrn macht die zu ehrenwerten Freunden,
Árbitrió quorúm/ stent póndera iúdiciórum
durch ihren Spruch haben gewichtige Urteile Bestand,
Quí claudánt regnúm/ verbó reseréntque supérnum.
So schließt und öffnet ihr Wort das Himmelreich.

Links, oben: *Nómen habént clarúm/ de frúctibus écclesiárum*
Von den Früchten ihrer Kirchen haben die einen glänzenden Namen,
Quí duce Méssiá/ superárunt prélia díra
die unter der Führung Christi schreckliche Kämpfe bestanden,
Spé, fideí fortís/ spretó discrímine mórtis.
in der Hoffnung eines starken Glaubens verachteten sie den drohenden Tod.

Links, unten: *Hís in páce Deí/ stola iám nitet úna trophéi*
Im Frieden Gottes erglänzt an ihnen schon das eine Festgewand als Siegeszeichen;
Áltera réddetúr/ ubi víta mórs abolétur
das zweite wird verliehen, wenn der Tod durch das Leben vernichtet wird:
Súbveniát mundó/ pietás horúm gemebúndo.
Ihre Milde und Güte komme der jammernden Welt zu Hilfe!

Bei diesen zwölf Versen scheinen die beiden Hymnen Pate gestanden zu haben, die an den Apostelfesten[83] gesungen werden. Der Hymnus *„Exultet caelum laudibus"* stammt von einem unbekannten Dichter des 9. Jahrhunderts. Er wird in Vesper und Laudes gesungen. In der Matutin findet der Hymnus *„Aeterna Christi munera"* Verwendung. Er wurde im 4. Jahrhundert von Ambrosius von Mailand gedichtet. Es ist nur zu natürlich, daß beide Hymnen dem Dichter der Inschriften in den Ohren klangen, denn sie werden bei fast allen Apostelfesten gesungen. Nur die Feste der Apostelfürsten Petrus und Paulus haben eigene Hymnen.
Es seien nun die beiden Hymnen mit der Übersetzung aufgeführt, wie sie das Deutsche Brevier von Johann Schenk[84] hat.

Exultet caelum laudibus, *Resultet terra gaudiis:* *Apostolorum gloriam* *Sacra canunt solemnia.*	Der Erdkreis jauchze auf in Freud, Der Himmel schalle laut vom Lob, Die Ehre der Apostelschar Verkünden Erd und Sternenwelt.
Vos saecli iusti iudices, *Et vera mundi lumina,* *Votis precamur cordium:* *Audite preces supplicum.*	Ihr seid die Richter aller Zeit, Die wahren Leuchter dieser Welt, Euch bitten wir aus Herzensgrund: Erhöret unser innig Flehn.
Qui caelum verbo clauditis, *Serasque eius solvitis,* *Nos a peccatis omnibus* *solvite iussu, quaesumus.*	Ihr schließt des Himmels Tore zu Und löst die Riegel durch ein Wort: O macht auch uns, wir bitten euch, Von allen Sündenfesseln frei.
Quorum praecepto subditur *Salus et langour omnium,* *Sanate aegros moribus,* *Nos reddentes virtutibus:*	In euer Machtwort ist gestellt Der Krankheit Schwäche und die Kraft. So heilt auch unser krankes Herz Und macht uns stark und tugendhaft:
Ut, cum iudex advenerit *Christus in fine saeculi,* *Nos sempiterni gaudii* *Faciat esse compotes.*	Damit uns Christus gnädiglich An ewger Freude gebe teil, Wenn er als Richter wiederkehrt Am Ende dieser Erdenzeit.

---

[83] Im *Breviarium monasticum: Commune Apostolorum;* der Text im Römischen Brevier ist in Details unterschiedlich, nicht in der Aussage.

[84] Deutsches Brevier, Vollständige Übersetzung des Stundengebetes der Römischen Kirche, Herausgeg. v. Dr. Johann Schenk, Regensburg 1937, S. [2] f.

Vor allem die drei mittleren Strophen dieses Hymnus scheinen auf die Verse der rechten Seite des Schreins Einfluß gehabt zu haben. Folgende wörtliche Übereinstimmungen bzw. Anklänge finden sich. Als Vorbild steht zuerst der Text oder das Wort des Hymnus, dann die entsprechende Stelle aus den Versen des Schreins: *iusti iudices – ius ... ligandi; mundi lumina – ... Lux populorum; qui caelum verbo clauditis – qui claudant regnum verbo; serasque ... solvitis – reserentque supernum; nos reddentes virtutibus – reddidit honorificos ... amicos.*

Der folgende Hymnus dürfte hingegen auf die Hexameter der linken Seite abgefärbt haben. Hier zunächst der Text mit Übersetzung:

Aeterna Christi munera, *Apostolorum gloriam,* *Laudes canentes debitas,* *Laetis canamus mentibus.*	Die Ehre der Apostelschar, Die ewig währt durch Christi Huld, Die wollen wir, wie sich's geziemt, Besingen heut mit frohem Sinn.
Ecclesiarum principes, *Belli triumphales duces,* *Caelestis aulae milites,* *Et vera mundi lumina.*	Sie sind der Kirche Fürstenschar Und Führer, die im Kampf gesiegt, Sie sind des Himmels Streiterheer Und wahre Leuchten dieser Welt.
Devota sanctorum fides, *Invicta spes credentium,* *Perfecta Christi caritas* *Mundi triumphat principem.*	Ihr heilger Glaube, demutsvoll, Ihr gläubig Hoffen, treu und stark, Ihr Lieben, das nur Christus kennt, Zertritt den Fürsten dieser Welt.
In his Paterna gloria, *In his voluntas Spiritus,* *Exsultat in his Filius,* *Caelum repletur gaudio.*	In ihnen strahlt des Vaters Glanz Und triumphiert der Gottessohn, In ihnen wirkt des Geistes Kraft, Und Freude füllt das Himmelreich.

In diesem Hymnus sind die wörtlichen Übereinstimmungen bzw. Anklänge weniger; aber die thematischen Aussagen dürften noch treffender sein als bei dem vorigen Hymnus. Es wird in beiden Texten, nämlich dem Hymnus und den Versen der linken Seite, die hohe Ehrenstellung der Apostel hervorgehoben. In beiden werden die Kämpfe um des Himmelreiches willen angesprochen. Auch darf dort eine Parallele gesehen werden, wo im Hymnus die Überwindung des Teufels, am Schrein die Vernichtung des Todes besungen wird.

Hingewiesen sei auch auf den Psalmvers (44/45,17) „*Pro patribus nati*", der oben rechts zitiert wird. Dieser Psalm hat ebenfalls seinen Platz in der Matutin der Apostelfeste[85]. Dem Mönch, der diese Texte immer wieder im Offizium singt oder rezitiert, klingt dann auch sofort der weitere Text im Ohr: „*Constitues eos principes super omnem terram* – Du bestellst sie zu Fürsten im ganzen Lande"[86]. Hier soll dieser Vers wohl bedeuten, daß die Apostel die Grundfesten des neuen Gottesvolkes, der Kirche[87] sind. Sie sind die Nachfolger der zwölf Söhne Jakobs, nach denen die zwölf Stämme des auserwählten ersten Gottesvolkes benannt sind. Diese geheiligte Zwölfzahl mußte nach dem Verständnis der Apostel wieder hergestellt werden, als nach dem Verrat des Judas nur noch elf Apostel übrig waren. Deshalb wurde als Ersatzmann Matthias durch das Los bestimmt (Act 1,15–26). Die gleiche Parallele findet sich auch in der Geheimen Offenbarung bei der Beschreibung des himmlischen Jerusalem (21,11–14): Die zwölf Tore der Stadt tragen die Namen der zwölf Stämme Israels, die Grundsteine jedoch die Namen der zwölf Apostel des Lammes.

So ist dieser kurze Psalmvers gleichsam ein Schlüsselwort für die Deutung des ganzen Schreines als Abbild des himmlischen Jerusalem, der aus Juden und Heiden bestehenden Kirche in der Vollendung.

Nun, dies alles sind Überlegungen und Spekulationen, die mehrere Möglichkeiten darlegten, aber sicher nicht alle. Wie die Anordnung sowohl der alttestamentlichen Gestalten wie auch der Apostel am Schrein der heiligen Mauritius und Innozentius wirklich war, ist damit natürlich auch nicht geklärt. Wir werden es wohl auch nie wissen, falls nicht unvorhergesehenerweise Quellen auftauchen, die uns darüber Auskunft geben. Es handelt sich eben um ein Thema mit unendlichen Variationsmöglichkeiten. Dennoch scheint mir, daß es sich lohnt, solche Überlegungen anzustellen, da sie uns etwas von der Größe dessen ahnen lassen, das alle mittelalterlichen Reliquiarien und insbesondere die großen Schreine darstellen sollen: Das Reich Gottes in seiner Vollendung, das himmlische Jerusalem!

---

85 Im *Commune Apostolorum* des monastischen Breviers der 3. Psalm der 1. Nokturn.

86 Dieser Psalmvers, erweitert durch den folgenden Halbvers „*memores erunt nominis tui, Domine* – sie werden deines Namens eingedenk sein, Herr" bildet die Antiphon zu obigem Psalm.

87 Vgl. hierzu Eph 2,19–22: „Ihr seid jetzt nicht mehr Fremde ohne Bürgerrecht, sondern Mitbürger der Heiligen und Hausgenossen Gottes. Ihr seid auf das Fundament der Apostel und Propheten gebaut; der Schlußstein ist Christus Jesus selbst. Durch ihn

D. Ältere Teile am Mauritiusschrein

Nach Zehnder gilt für die Datierung dieses Schreins als *„terminus post quem"* der 29. April 1183, der Tag von Annos Heiligsprechung, da dieser am Rückgiebel neben Maria dargestellt ist, und die Bezeichnung trägt: *Sanctus Anno* = Heiliger Anno. Nun befinden sich mehrere Teile an diesem Schrein, die offenbar älter sind als 1183. Zehnder gibt dazu die folgende Beschreibung: „Unterschiedlich[88] auch die Inschriften selbst. Am Rückgiebel als Ziermotive eingesetzte Blüten in Zellenschmelz und Verwendung antiker Gefäße. Über dem Mittelbogen[89] eine eingesetzte Rundscheibe in Zellenschmelz in den Farben Rot, Grün und Weiß. Ältere Arbeit, wohl ottonisch. (1. Hälfte 11. Jahrhundert). Die Scheibe und viele Steinfassungen ruhen auf fortlaufenden offenen Golddrahtarkaden, sind dadurch also lichtdurchlässig und sehen wie kleine Zentralkuppelbauten aus.

Das Filigran, hier wie überall am Schrein, sehr sparsam gegenüber dem reichen Steinbesatz, besteht hauptsächlich aus dreibügeligen kleinen Böckchen, wie sie in der Ottonischen Goldschmiedekunst gebräuchlich waren. (Vgl. etwa die Krone der Kaiserin Kunigunde, um 1000–1020, Residenz-Museum, München)."

Die Verwendung dieser etwa 150 Jahre älteren Stücke am Schrein wirft die Frage auf: Woher kommen diese älteren Teile? Könnten sie nicht von dem Reliquiar stammen, in dem Anno die Reliquien der Titelheiligen 1070 von St. Maurice/Schweiz nach Siegburg gebracht hat. Diese Reliquien hat er angeblich von der Markgräfin Adelheid von Savoyen geschenkt bekommen. Der feierliche Einzug in Siegburg geschah am 13. Mai 1070[90]. Sicher wurden die Gebeine nicht ohne das dazugehörige Reliquiar transportiert. Das hätte man sicher als eine Profanierung angesehen. So dürften Anno mit den Reliquien auch das zugehörige Gefäß geschenkt worden sein. Dieses dürfte dann aber nach Auskunft der wieder verwendeten Teile eben aus Ottonischer Zeit gestammt haben.

---

wird der ganze Bau zusammengehalten und wächst zu einem heiligen Tempel im Herrn. Durch ihn werdet auch ihr im Geist zu einer Wohnung Gottes erbaut."

[88] Zehnder, Schatz, S. 403.

[89] Abb. d. Rückgiebels: Heimatbuch Siegburg II, N. 167. Viele bunte Abbildungen, Busch, St. Servatius u. d. Michaelsberg, S. 408 ff. Die dreibügelichen Böckchen des Filigrans sehr gut erkennbar, S. 411, Abb. 41.

[90] Vgl. hierzu: Siegburger Liturgie I, S. 26, Anm. zum 13. Mai.

III E 1: Konkordanz zu den beiden Armenbibeln aus dem Vatikan und von Salzburg

	V	S
Verkündigung des Herrn	1	1
Geburt Jesu Christi	2	2
Anbetung der Könige	3	3
Darstellung im Tempel	4	4
Flucht nach Ägypten	5	5
Sturz der ägyptischen Götzenbilder	6	6
Der Bethlehemitische Kindermord	7	7
Rückkehr aus Ägypten	8	8
Taufe Christi	9	9
Versuchung Christi	10	10
Verklärung Christi	11	11
Verschwörung der Juden gegen Christus	12	17
Einzug Jesu in Jerusalem	13	14
Gastmahl Simons	14	12
Erweckung des Lazarus		13
Jesus vertreibt die Händler aus dem Tempel		15
Judas verkauft Jesus	15	18
Das Abendmahl	16	16
Der Judaskuss	17	19
Christus vor Pilatus	18	20
Dornenkrönung Christi	19	21
Kreuztragung Christi	20	22
Kreuzigung Christi	21	23
Die Seitenwunde Christi	22	24
Kreuzabnahme Christi	23	
Grablegung Christi	24	25
Christus in der Vorhölle	25	26
Auferstehung Christi	26	27
Die Frauen am Grabe Christi	27	28
Christus erscheint der Maria Magdalena	28	29
Christus erscheint seinen Jüngern	29	30
Der ungläubige Thomas	30	31
Himmelfahrt Christi	31	32

	V	S
Ausgießung des Heiligen Geistes	32	33
Krönung Mariens	33	34
Vollendung der Welt durch Feuer		35
Das Jüngste Gericht	34	36

III E 2: Die Prophezeiungen des Alten Bundes in den Armenbibeln des Vatikan (V) und von Salzburg (S)

Genesis:

49,6: Verschwörung der Juden, 12/17.
In consilium eorum non venit anima mea (V).
In consilium eorum non veni (S).
49,9: Auferstehung Christi, 26/27.
Catulus leonis Iuda: ad praedam fili mi ascendisti (Vulgata).
Catulus leonis Iuda, filius meus (V).
Catulus leonis Iuda (S).
49,9: Grablegung Christi, 24/25.
Requiescens accubuisti ut leo, et quasi leaena, quis suscitabit eum? (Vulgata).
Requiescens cubabit ut leo, et quasi leena quam nemo excitabit (V).
Requiescens acubavit ut leo (S).
Ad predam fili mei ivit (S).
49,9: Christus in der Vorhölle, 25/26.
Ad predam fili ascendisti (V).
Ad predam fili mei ivit (S).
49,18: Auferstehung Christi 27/28.
Salutare tuum expectabo, Domine (V).
Salutare tuum expectabo (S).

Numeri:

24,17: Anbetung der Könige, 3.
Orientur stella ex Iacob, et consurget virga de Israel (Vulgata).
Orientur stella ex Iacob, et consurget homo ex Israel (V).
Orietur stella ex Jacob (S).

Deuteronomium:

32,11: Himmelfahrt Christi, V 31.
Sicut aquila provocans ad volandum pullos suos (Vulgata).
Sicut aquila provocans pullos suos ad volandum.

32,39: Auferweckung des Lazarus, S 13.
Ego occidam, et ego vivere faciam (Vulgata).
Ego occidere et ego vivere.

1 Samuel:

2,1: Christus als Gärtner, 28/29.
Exultavit cor meum in Domino, et exaltatum est cornu meum in Deo meo: dilatatum est os meum super inimicos meos. (Vulgata).
Exultavit cor meum in Domino et dilatatum est in Deo Ihesu meo (V).
Exultavit cor meum in Domino (S).

2,6: Auferweckung des Lazarus, S 13.
Dominus mortificat et vivificat.

2 Regum (Könige):

5,15: Der ungläubige Thomas, S 31.
Vere scio quod non sit alius Deus in universa terra (Vulgata).
Vere non est alius Deus in terra.

Job:

10,5: Kreuzabnahme Christi, V 23.
Sicut dies hominis dies tui, Domine.

14,14: Auferweckung des Lazarus, S.
Putasne mortuus homo rursum vivat? (Vulgata).
Putasne mortuus homo.

16,10: Versuchung Christi, 10.
Hosis meus terribilibus oculis intuitus est me (V).
Hostis me terribilis intuitus est (S).

36,17: Christus vor Pilatus 18/20.
Causa tua quasi impii iudicata est (V).
Causam tuam quasi in impio (S).

40,20: Kreuzigung Christi 21/23.
An extrahere poteris leviathan hamo? (Vulgata).
Numquid capies leviathan hamo (V).
Numquid capies leviathan (S).

Psalmi:

9,11: Christus als Gärtner, 28/29.
Non dereliquisti quaerentes te, Domine (Vulgata).
Non derelinquis querentes te, Domine (V).
Non derelinquent querentes (S).

10/11,5: Darstellung im Tempel, 4.
Dominus in templo sancto suo, Dominus in caelo sedes eius (Vulgata).
Dominus in templo suo, Dominus in celo sedes eius (V).
Dominus in templo sancto suo, Dominus (S).

15/16,10: Christus erscheint seinen Jüngern, 29/30.
Adimplebis me laetitia cum vultu tuo: delectationes in dextera tua usque in finem (Vulgata).
Replebis me leticia cum vultu tuo usque in finem (V).
Adimplebis me leticia (S).

21/22,8: Dornenkrönung Christi, 19/21.
Omnes videntes me deriserunt me, locuti sunt labiis et moverunt caput (V).
Omnes videntes me deriserunt (S).

21/22,17–18: Kreuzigung Christi 21/23.
Foderunt manus meas et pedes meos, dinumeraverunt omnia ossa mea (V).
Fodeunt manus meas (S).

25/26,8: Christus vertreibt die Händler, S 15.
Domine dilexi decorem domus.

27/28,3: Der Judaskuss, 17/19.
Qui loquuntur pacem cum proximo suo, mala autem in cordibus eorum (Vulgata).
Loquetur pacem cum proprio suo et cor eius machinatur dolum (V).
Qui loquitur pacem cum proximo (S).

29,4: Auferweckung des Lazarus, S 13.
Domine eduxisti ab infeno animam meam (Vulgata).
Domine abstraxisti ab inferis.

30/31,14: Verschwörung der Juden, 12/17.
In eo dum convenirent simul adversum me, accipere animan meam consiliati sunt (Vulgata).
In eo dum convenirent consiliati sunt accipere animam meam (V).
In eo dum convenirent (S).

32/33,6: Ausgießung des Heiligen Geistes, S 33.
Verbo Domini caeli firmati sunt: et spiritu oris eius omnis virtus eorum (Vulgata).
Verbo domini celi firmati sunt.
34/35,16: Versuchung Christi, 10.
Tentaverunt me, subsannaverunt me subsannatione (Vulgata).
Temptaverunt me subsannacione (V).
Temptaverunt me (S).
40/41,10: Der Judaskuss, 17/19.
Homo pacis meae, in quo speravi: qui edebat panes meos, magnificavit super me supplantationem (Vulgata).
Homo pacis mee, in quo speravi, magnificavit super me supplantationem (V).
Homo pacis in quo speravi (S).
44/45,3: Verklärung Christi, 11.
Speciosus forma pre filiis hominum, diffusa est gracia in labiis tuis (V).
Speciosus forma (S).
44/45,13: Krönung Mariens, 33/34.
Vultum tuum deprecabuntur omnes divites plebis (V).
Vultum tuum deprecabuntur omnes (S).
46/47,6: Himmelfahrt Christi, 31/32.
Ascendit Deus in iubilo et Dominus in voce tube (V).
Ascendit Deus in iubilacione (S).
50/51,19: Gastmahl Simons, 14/12.
Cor contritum et humiliatum Deus non despicies (Vulgata).
Cor contritum et humiliatum non despicies (V).
Cor contritum et humiliatum (S).
54/55,8: Flucht nach Ägypten, 5.
Ecce elongavi fugiens et mansi in solitudine (V).
Ecce elongavi fugiens (S).
67/68,27: Taufe Jesu, 9.
In ecclesiis benedicite Deo Domino de fontibus Israel (Vulgata).
In ecclesiis benedicite Deo de fontibus Salvatoris (V).
In ecclesiis benedicite Domino (S).
68/69,10: Christus vertreibt die Händler, S 10.
Quoniam zelus domus tuae comedit me (Vulgata).
Zelus domus tue comedit.

68/69,27: Seitenwunde Christi, 22/24.
Super dolorem vulnerum meorum addiderunt (V).
Super dolorem vulnerum meorum (S).
71/72,6: Verkündigung des Herrn 1.
Descendet sicut pluvia in vellus: et sicut stillicidia stillantia super terram (Vulgata).
Descendet Dominus sicut pluvia in vellus et sicut stillicidia stillantia super terram (V).
Descendet sicut pluvia in vellus (S).
71/72,10: Anbetung der Könige 3.
Reges Tharsis et insulae munera offerent, reges etc. (V).
Reges Tharsis et insulae (S).
75/76,3: Grablegung Christi, 24/25.
Et factus est in pace locus eius: et habitatio eius in Sion (Vulgata).
In pace factus est locus eius, et in Syon habitacio eius (V).
In pace factus est locus eius (S).
77/78,25: Abendmahl, 16.
Panem angelorum manducavit homo (V).
Panem angelorum manducavit (S).
77/78,65: Auferstehung Christi, 26/27.
Excitatus est tamquam dormiens Dominus, tamquam potens crapulatus a vino (Vulgata).
Excitatus est Dominus tamquam dormiens crapulatus a vino (V).
Excitatus est tamquam dormiens Dominus (S).
78/79,10: Betlehemitischer Kindermord, 7.
Ultio sanguinis servorum tuorum, qui effusus est (Vulgata).
Vindica, Domine, sanguinem sanctorum tuorum, qui effusus est (V).
Effuderunt sanguinem (S).
85/86,4: Der ungläubige Thomas, V 30.
Letifica animam servi tui, quoniam ad te, Domine, animam meam levavi.
85/86,9: Anbetung der Könige, 3.
Omnes gentes quascumque fecisti venient et adorabunt etc. (V).
95/96,5: Sturz der Götzen Ägyptens, 6.
Omnes dii gentium demonia (S).
95/96,10: Kreuzabnahme Christi, V 23.
Dicite in gentibus quia Dominus regnavit (Vulgata).
Dicite in gentibus, quia Dominus regnavit a ligno.

103/104,30: Ausgießung des Heiligen Geistes 32/33.
Emitte spiritum tuum, et creabuntur, et renovabis faciem terre (V).
104/105,3–4: Frauen am Grab Christi, 27/28.
Letetur cor querentium Dominum, querite eum et confirmamini (V).
Letetur cor querencium (S).
105/106,4–5: Rückkehr aus Ägypten, 8.
Visita nos in salutari tuo, ad videndum in bonitate electorum tuorum (V).
Visita nos in salutari tuo (S).
106/107,16: Christus in der Vorhölle, 25/26.
Contrivit portas ereas et vectes ferreos confregit (V).
Contulit portas ereas (S).
108/109,8: Judas verkauft Christus, 15/18.
Fiant dies eius pauci, et episcopatum eius accipiat alter (V).
Fiant dies eius pauci (S).
128/129,3: Kreuztragung Christi, S 22.
Supra dorsum meum fabricaverunt peccatores (Vulgata).
Supra dorsum meum fabricaverunt.
149,2: Einzug in Jerusalem, 13/14.
Filii Sion exultent in rege suo (Vulgata).
Filie Syon exultent in rege suo (V+S).

Proverbiorum (Sprichwörter):

9,5: Abendmahl, 16.
Venite, comedite panem meum et bibite vinum, quod miscui vobis (V).
Venite, comedite panem et vinum (S).
16,30: Judas verkauft Christus, V 15.
Qui attonitis oculis cogitat prava (Vulgata).
Qui attonitis oculis non videt, cogitat prava in corde suo.
17,20: Der Judaskuss 17/19.
Qui vertit linguam, incidit in malum (V).
Qui convertit linguam (S).
18,5: Christus vor Pilatus, 18/20.
Accipere personam impii non est bonum, ut declines a veritate iudicii (Vulgata).
Accipere personam impii in iudicio non est bonum (V).
Accipit personam in iudicio (S).

19,29: Dornenkrönung Christ, 19/21.
Parata sunt derisoribus iudicia: et mallei percutientes stultorum corporibus (Vulgata).
Parata sunt derisoribus iudicia et mallei persecuciencium (V).
Parata sunt derisoribus iudicia (S).

21,30: Verschwörung der Juden, 12/17.
Non est sapiencia, non est prudentia, non est consilium contra Dominum (Vulgata).
Non est sapiendia neque prudencia neque consilium contra Dominum (V).
Non est sapientia, non est concilium (S).

28,15: Betlehemitischer Kindermord, 7.
Leo rugiens, et ursus esuriens, princeps impius super populum pauperem (Vulgata).
Leo rugiens et ursus esuriens princeps iniquus (V).
Leo rugiens et ursus esuriens (S).

Canticum Canticorum (Hohes Lied):

2,8–9: Himmelfahrt Christi, 31/32.
Ecce iste venit saliens in montibus, transiliens colles: similis est dilectus meus capreae, hinnuloque cervorum (Vulgata).
Ecce iste venit saliens in montibus quasi cervus (V).
Ecce iste venit saliens (S).

3,11: Einzug in Jerusalem, 13/14.
Egredimini et videte filiae Sion regem Salomonem (Vulgata).
Egredimini, filie Syon, et videte regem Salomonem (V).
Egredimini, filie Syon, Salomonem (S).

5,2: Grablegung Christi, 24/25.
Ego dormio, et cor meum vigilat (V).
Ego dormio et cor meum (S).

8,5: Krönung Mariens,33/34.
Que est ista, que ascendit de deserto deliciis affluens (V).
Que est ista, que ascendit (S).

Sapientiae (Weisheit):

1,2: Christus erscheint seinen Jüngern, 29/30.
Apparet autem eis, qui fidem habent in illum (Vulgata).
Apparet Dominus hiis, qui fidem habent in eum (V).
Apparet Dominus hiis (S).

1,7: Ausgießung des Heiligen Geistes, 32/33.
Spiritus Domini replevit orbem terrarum, et hoc, quod continet omnia, scientiam habet vocis (V).
Spiritus Domini replevit orbem terrarum (S).
4,1: Krönung Mariens, 33/34.
O quam pulchra est casta generatio cum claritate (Vulgata).
O quam pulchra est casta generacio cum caritate (V).
O quam pulchra est ista generacio (S).
16,20: Abendmahl, 16.
Panem de caeleo praestitisti illis sine labore, omne delectamentum in se habentem (Vulgata).
Panem de celo dedi eis in eo habentem omne delectamentum (V).
Panem de celo dedisti (S).

Isaias:
1,4: Dornenkrönung Christi, 19/21.
Blasphemaverunt sanctum Israhel, abalienati sunt retrorsum (V).
Blasphemaverunt sanctum (S).
3,11: Der Judaskuss, 17/19.
Vae impio in malum: retributio enim manuum eius fiet ei (Vulgata).
Ve impio in malum: retribucio manuum fiet ei (V).
Ve impio retribucio enim manuum (S).
7,14: Verkündigung des Herrn, 1.
Ecce virgo concipiet et pariet filium, et vocabitur nomen eius Emmanuel (V).
Ecce virgo concipiet et pariet (S).
9,6: Geburt Christi, 2.
Parvulus enim natus est nobis, et filius datus est nobis (Vulgata).
Parvulus natus est nobis, et filius datus est nobis (V).
Parvulus natus est nobis (S).
11,10: Grablegung Christi, V 24.
Et erit sepulchrum eius gloriosum.
12,3: Taufe Jesu, 9.
Haurietis aquas in gaudio de fontibus Salvatoris (V).
Haurite aquam de fontibus Salvatoris (S).
19,1: Sturz der Götzen Ägyptens, 6.
Ecce Dominus ascendet super nubem levem, et ingredietur Aegyptum, et commovebunter simulachra Aegypti a facie eius (Vulgata).
Ecce ingreditur Dominius Egyptum et movebuntur simulachra (V).

Ecce Dominus ingreditur (S).
29,13: Einzug in Jerusalem, V 13.
Appropinquat populus iste ore suo, et labiis suis glorificat me, cor autem eius longe est a me (Vulgata).
Populus hic labiis me honorat, cor autem eorum longe est a me.
29,16: Versuchung Christi, V 10.
Perversa est haec vestra cogitatio: quasi si lutum contra figulum cogitet (Vulgata).
Perversa est vogitatio, quasi lutum contra figulum.
35,2: Krönung Mariens, 33/34.
Gloria Lybani data est ei, decor Carmeli et Saron (V).
Gloria Libani data est (S).
50,9: Kreuzabnahme Christi, V 23.
Ecce Dominus Deus auxiliator meus: quis est qui me condempnet?.
51,1: Christus erscheint seinen Jüngern, 29/30.
Attendite ad petram unde excisi estis (V).
Adtendite ad petram (S).
53,6: Seitenwunde Christi, 22/24.
Posuit Dominus in eo iniquitatem omnium nostrum (Vulgata)
Dominus posuit super eum omnes iniquitates nostras (V).
Et Dominus posuit in eo iniquitates (S).
53,7: Kreuztragung Christi, 20/22.
Sicut ovis ad occisionem ducetur, et quasi agnus coram tondente se obmutescet (Vulgata).
Sicut ovis ad occisionem ductus est, ac quasi agnus coram tondente obmutuit (V)
Sicut ovis ad occisionem (S).
53,7+11: Kreuzigung Christi, 21/23.
Oblatus est quia ipse voluit ... et iniquitates eorum ipse portavit (Vulgata).
Oblatus est, quia ipse voluit, et peccata nostra ipse portavit (V).
Oblatus est, quia ipse voluit (S).
55,1: Kreuztragung Christi, V 20.
... properate, emite, et comedite ...
Comedite, properate, currite ad victimam.
55,2: Abendmahl, 16.
Audite audientes me, et comedite bonum (V).
Audite me et comedite hoc (S).

55,6: Frauen am Grab Christi, 27/28.
Querite Dominum, dum inveniri potest; invocate eum, dum prope est (V).
Querite Dominum, dum inveniri (S).
57,18: Der ungläubige Thomas, 30/31.
Vias eius vidi, et sanavi eum, et reduxi eum (Vulgata).
Videns vidi eum et dimisi eum et reduxi eum (V).
Vidi eum et timui (S).
59,14: Christus vor Pilatus, 18/20.
Et conversum est retrorsum iudicium (Vulgata).
Conversum est iudicium eius retrorsum (V).
Perversum est iudicium (S).
60,1: Verklärung Christi, 11.
Surge illuminare Ierusalem: quia venit lumen tuum, et gloria Domini super te orta est (Vulgata).
Iherusalem, venit lumen tuum, et gloria super te orta est (V).
Jerusalem venit lux tua (S).
60,6: Anbetung der Könige, S 3.
Omnes de Saba venient, aurum.
61,10: Christus als Gärtner, 28/29.
Gaudens gaudebo in Domino, et exultabit anima mea in Deo meo (Vulgata).
Gaudens gaudebo in Donimo Deo meo (V).
Gaudens gaudebo in Domino (S).
66,10: Ende der Welt durch Feuer, S 35.
quia in igne Dominus diiudicabit (Vulgata).
In igne Domini iudicabo.

Jeremias:

3,21: Betlehemitischer Kindermord, 7.
Vox in viis audita est, ploratus et ululatus filiorum Israel (Vulgata).
Vox in Rama audita est, ploratus et ululatus (V).
Vox in Rama audita est (S).
9,8: Der Judaskuss, 17/19.
Dolum locuta est: in ore suo pacem cum amico suo loquitur, et occulte ponit ei insidias (Vulgata).
Loquetur pacem cum proprio suo et cor eius machinatur dolum (V).
Qui loquitur pacem cum proximo (S).

11,19: Kreuztragung Christi, 20/22.
Ego quasi agnus mansuetus, qui portatur ad victimam (V).
Ego quasi agnus mansuetus (S).
11,19: Kreuztragung Christi, V 20.
Venite, mittamus lignum in panem eius et eradamus eum de terra viven-cium.
12,7: Flucht nach Ägypten, 5.
Reliqui domum meam, dimisi hereditatem meam (V).
Reliqui domum meam (S).
31,22: Verkündigung des Herrn, 1.
Creavit Dominus novum super terram: Femina circumdabit virum (Vulgata).
Dominus novum faciet super terram, mulier circumdabit virum (V).
Novum faciet Dominus super terram (S).

Threni (Klagelieder):

3,10: Versuchung Christi, S 10.
Ursus insidians factus est mihi (Vulgata).
Insidiator factus est mihi.
3,14: Dornenkrönung Christi, 19/21.
Factus sum in derisum omni populo meo, canticum eorum tota die (Vulgata).
Factus sum in derisum omni populo et canticum eorum tota die (V).
Factus sum in derisum omni populo (S).
5,21: Der ungläubige Thomas, 30/31.
Convertere nos, Domine, ad te et convertemur (V).
Converte nos Domine ad te (S).

Baruch:

4,25: Versuchung Christi, V 10.
Persecutus est enim te inimicus tuus, sed cito videbis perditionem ipsius (Vulgata).
Posuit te inimicus tuus, sed cito videbis perditum.

Ezechiel:

18,2 cf.: Gastmahl Simons, 14/12.
Si autem impius egerit poenitentiam ab omnibus peccatis suis, quae operatus est ... Omnium iniquitatum eius, quas operatus est, non recordabor (Vulgata).

Quacumque hora peccator ingemuerit omnium iniquitatum suarum non recordabor (V).
Quacumque hora peccator ingemuerit (S).

18,32: Gastmahl Simons, S 12.
Nolo mortem peccatoris.

34,11: Christus erscheint seinen Jüngern, 29/30.
Ecce ego ipse requiram oves meas, et visitabo eas (Vulgata).
Ecce ego ipse oves meas requiram et eas inveniam (V).
Ecce ego ipse requiram (S).

36,25: Taufe Jesu, 9.
Effundam super vos aquam mundam, et mundabimini ab omnibus inquinamentis vestris (V).
Effundam super vos aquam mundam (S).

36,27: Ausgießung des Heiligen Geistes, 32/33.
Spiritum meum ponam in medio vestri (V).
Spiritum meum ponam in medio (S).

37,20: Kreuztragung Christi, S 22.
Erunt autem ligna, super quae scripseris in manu tua (Vulgata).
Lignum super que scripseris.

44,2: Verkündigung des Herrn, 1.
Porta haec clausa erit: non aperietur, et vir non intrabit per eam (Vulgata).
Porta hec clausa erit non aperietur in eternum (V).
Porta hec clausa erit (S).

Daniel:

2,34: Geburt Christi, 2.
Abscissus est lapis de monte sine manibus (Vulgata).
Lapis angularis sine manibus abscissus de monte (V).
Lapis abscisus est de monte sine manibus (S).

7,14: Anbetung der Könige, S 3.
Omnes populi, tribus et linguae ipsi servient (Vulgata).
Omnes gentes obedientes.

Osee:

2,14: Christus als Gärtner, V 28.
Ducam eam in solitudinem: et loquar ad cor eius (Vulgata).
Ducam eam in solitudinem et loquar cum ea.

5,6: Flucht nach Ägypten, 5.
Vadent ad quaerendum Dominum, et non invenient: ablatus est ab eis (Vulgata).
Vadent ad querendum Dominum et metuent, et ablatus est ab eis (V).
Venient ad querendum Dominum (S).

6,3: Auferstehung Christi, 26/27.
In die tertia suscitabit nos, et vivemus in conspectu eius. Sciemus sequemurque ut cognoscamus Dominum (Vulgata).
In die tercia suscitabit nos, sciemus et sequemur eum (V).
In die tercia suscitabit nos (S).

8,4: Betlehemitischer Kindermord, 7.
Ipsi regnaverunt et non ex me; principes extiterunt (V).
Ipsi regnaverunt, sed non ex me (S).

9,15: Christus vertreibt die Händler, S 15.
De domo mea eiiciam eos (Vulgata).
Eiciam eos de domo mea.

10,2: Sturz der Götzen Ägyptens, 6.
Ipse confringet simulachra eorum, depopulabitur aras eorum (Vulgata).
Ipse confringet simulachra et depreliabitur aras (V).
Ipse confringet simulacra (S).

11,1: Rückkehr aus Ägypten, 8.
Ex Aegypto vocavi filium meum (Vulgata).
Ex Egypto vocavi filium meum ut salvet populum suum (V).
Ex Egipto vocavi filium (S).

11,7: Rückkehr aus Ägypten, 8.
Populus meus pendebit ad reditum meum (Vulgata).
Populus meus plaudebit manibus ad reditum meum (V).
Populus meus preparabit se ad reditum (S).

13,14: Christus in der Vorhölle, 25/26.
Ero mors tua o mors, morsus tuus ero inferne (Vulgata).
O mors, ero mors tua, morsus tuus ero, inferne (V).
O mors, ero mors tua (S).

Joel:

2,3: Ende der Welt durch Feuer, S 35.
Ante faciem eius ignis,

2,12: Gastmahl Simons, 14/12.
Convertimini ad me in toto corde vestro (Vulgata).
Convertimini ad me, et ego convertar ad vos (V).
Convertimini ad me (S).

2,29: Ausgießung des Heiligen Geistes, 32/33.
Super servos meos et ancillas in diebus illis effundam spiritum meum (Vulgata).
Super servos meos et ancillas meas effundam de spiritu meo (V).
Effundam de spiritu meo (S).

Amos:

3,8: Das Jüngste Gericht, S 36.
Leo rugiet, quis non timebit? (Vulgata).
Leo rugiet et onagri.

5,7: Christus vor Pilatus, V 18.
Qui convertitis in absinthium iudicium et iustitiam in terra relinquitis (Vulgata).
Qui convertit in absinthium iudicium cogitat malum.

8,9: Seitenwunde Christi, 22/24.
Et erit in die illa, dicit Dominus Deus: occidet sol in meridie, et tenebrescere faciam in die luminis (Vulgata).
In die illa occidet sol et radios suos obumbrabit (V).
In die illa occidet sol (S).

9,6: Himmelfahrt Christi, S 32.
Qui aedificat in caelo ascensionem suam (Vulgata).
Qui edificat in celis ascensionem.

Abdias:

15, Das Jüngste Gericht, S 36.
Iuxta est dies Domini.

Michaeas:

2,13: Himmelfahrt Christi, 31/32.
Ascendet enim pandens iter ante eos (Vulgata).
Ascendens rex iter pandens ante eos (V).
Ascendit iter pandens (S).

4,1: Anbetung der Könige, V 3.
Fluent ad eum populi. Et properabunt gentes multae (Vulgata).
Fluent ad eum omnis populi et properabunt gentes.

5,2: Geburt Christi, 2.
Et tu Bethlehem Ephrata, parvulus es in millibus Iuda: ex te mihi egredietur qui sit dominator in Israel (Vulgata).
Tu Bethleem terra Iuda non eris minima, ex te enim exiet dux (V).
Tu Bethlehem terra Iuda Effrata (S).

6,2: Das Jüngste Gericht, S 36.
Audiant Montes iudicium Domini (Vulgata).
Audiant montes.
7,7: Christus als Gärtner, S 29.
Audiet me Deus meus.
7,7: Frauen am Grab Christi, 27/28.
Ego autem ad Dominum aspiciam, expectabo Deum salvatorem meum (Vulgata).
Ego autem aspiciam ad Dominum et expectabo eum (V).
Ego autem ad Deum aspiciam (S).
7,18: Gastmahl Simons, V 14.
Quis Deus similis tui, qui aufers iniquitatem (Vulgata).
Quis similis tui Deus, qui transferes iniquitatem

Nahum:

1,6: Ende der Welt durch Feuer, S 35.
Indignacio eius effusa est.
1,9: Verschwörung der Juden, 12/17.
Quid cogitatis contra Dominum consummacionem (V).
Quid cogitatis contra Dominum (S).
1,14: Sturz der Götzen Ägyptens, 6.
De domo Dei tui interficiam sculptile (Vulgata).
De domo Dei mei interficiam omne sculptile (V).
De domo Dei tui interficiam sculptile (S).

Habacuc:

1,4: Christus vor Pilatus, S 20.
Egreditur iudicium perversum (Vulgata).
Egredietur iudicium perversum.
2,9: Judas verkauft Christus, S 18.
Vae qui congregat avaritiam malam domui suae (Vulgata).
Ut quid congregat avariciam.
3,2: Geburt Christi, 2.
Domine audivi auditionem tuam, et timui. Domine opus tuum in medio annorum vivifica illud (Vulgata).
Consideravi opera rua et expavi in medio duum animalium (V).
In medio duorum animalium cognosceris (S).

3,4: Verklärung Christi, 11.
Splendor eius ut lux erit, cornua in manibus eius (V).
Splendor eius sicut lux (S).
3,4: Kreuzigung Christi, 21/23.
Cornua in manibus eius, ibi abscondita est fortitudo eius (V).
Cornua in manibus eius (S).

Sophonias (Zephania):

2,11: Sturz der Götzen Ägyptens, 6.
Attenuabit omnes deos terrae (Vulgata).
Attenuat Dominus omnes deos de terra (V)..
Atenuabunt omnes deos terre (S).
3,7: Der ungläubige Thomas, 30/31.
Attamen timebis me, suscipies disciplinam (Vulgata).
Verumptamen timebis me, suscipies disciplinam (V).
Verumtamen timebis me (S).
3,8: Frauen am Grab Christi, S 27.
Expecta me, dicit Dominus, in die resurrectionis meae (Vulgata).
Expecta me in die resurrectionis.
3,8: Ende der Welt durch Feuer, S 35.
In igne enim zeli mei devorabitur omnis terra (Vulgata).
In igne celi devorabo.
3,8: Auferstehung Christi, V 26.
In die resurrectionis meae in futurum, quia iudicium meum ut congregem gentes (Vulgata).
In die resurrectionis mee congregabo gentes.
3,15: Darstellung im Tempel, 4.
Rex Israel Dominus in medio tui, non timebis malum ultra (Vulgata).
Rex Israhel in medio tui, non timebis malum (V).
Rex Israel Dominus in medio (S).

Aggaeus (Haggai):

1,6: Judas verkauft Jesus, 15/18.
Qui mercedes congregavit misit eas in sacculum (V).
Qui mercedem congregat (S).
2,8: Darstellung im Tempel, S 4.
Inplebo domum istam gloria.

Zacharias (Sacharia):

1,16: Rückkehr aus Ägypten, 8.
Revertar ad Iherusalem in misericordia (V).
Revertar in Jerusalem (S).

2,10: Darstellung im Tempel, V 4.
Ecce ego venio et habitabo in medio tui.

3,1: Versuchung Christi, S 10.
Sathan stabat a dextris eius ut adversaretur ei (Vulgata).
Stabat Sathan a dextris.

9,9: Einzug in Jerusalem, S 14.
Ecce rex tuus venit.

9,9: Einzug in Jerusalem, 13/14.
Ipse pauper, et ascendens super asinam, et super pullum filium asinae. (Vulgata).
Ipse pauper ascendens super pullum asine (V).
Ipse pauper ascendet (S).

9,11: Christus in der Vorhölle, 25/26.
Tu quoque in sanguine testamenti tui emisisti vinctos tuos de lacu (Vulgata).
Tu in sanguine testamenti tui deduxisti vinctos tuos (V).
Tu in sanguine testamenti (S).

11,12: Judas verkauft Christus, 15/18.
Appenderunt mercedem meam triginta argenteis (V);
argenteos (Vulgata + S).

12,10: Kreuzabname Christi, V 23.
Aspicient ad me, quem confixerunt (Vulgata).
Viderunt enim in quem transfixerunt.

13,1: Taufe Jesu, 9.
In die illa erit fons patens domus (*domui* Vulg.) *David* (V).
In die illa erit fons patens (S).

13,2: Sturz der Götzen Ägyptens, V 6.
In die illa, dicit Dominus exercituum: Disperdam nomina idolorum de terra (Vulgata).
In die illa dispergam omnia nomina ydolorum de terra.

13,6: Seitenwunde Christi, 22/24.
Quid sunt plagae istae in medio manuum tuarum? (Vulgata).
Quid sicud plage iste in medio manuum tuarum? (V).
Quid sund plage iste in medio? (S).

14,5: Das Jüngste Gericht, S 36.
Veniet Dominus Deus meus, omnesque sancti cum eo (Vulgata).
Veniet Dominus et omnes sancti eius.
14,21: Christus vertreibt die Händler, S 15.
Non erit mercator ultra in domo Domini exercituum (Vulgata).
Non erit ultra mercator.

Malachias (Maleachi):

3,1: Darstellung im Tempel, 4.
Veniet ad templum suum Dominator, quem vos quaeritis (Vulgata).
Veniet ad templum sanctum suum Dominator quem queritis (V).
Venit ad templum sanctum suum (S).
4,2: Verklärung Christi, 11.
Orietur vobis timentibus nomen meum sol iustitie (V).
Orietur vobis timentibus Deum (S).

III E 3 Alttestamentliche Vorbilder für die Heilsgeschichte des Neuen Testamentes auf dem Verduner Altar (VA) und in den Armenbiblien des Vatikan (V) und von Salzburg (S).

Genesis:

2,21–22: Erschaffung der Eva	Seitenwunde Christi, V 22; S 24.
3,1–6: Sündenfall der Stammeltern	Kreuzabnahme Christi VA. Versuchung Christi, V+S 10.
3,14–15: Verfluchung der Schlange	Verkündigung des Herrn, V+S 1.
4,8: Ermordung Abels	Der Judakuss, VA.
5,24: Henoch wird von Gott aufgenommen	Himmelfahrt Christi, VA; V 31; S 32.
6,7: Beschluß Gottes die Menschen zu vertilgen (Sintflut)	Ende der Welt durch Feuer, S 35.
8,11: Die Taube bringt Noach den Ölbaumzweig	Pfingsten, VA.
9,21–23: Noach wird von Ham verspottet	Dornenkrönung Christi, V 19; S 21.
14,18–20: Opfer Melchisedechs	Abendmahl, VA; V+S 16.
14,20: Abraham und Melchisedech	Anbetung der Könige, VA.

18,1–3: Abraham sieht drei Männer	Verklärung Christi, V+S 11.
18,1–16: Verkündigung Isaaks	Verkündigung des Herrn, VA.
19,24–25: Untergang von Sodom und Gomorra	Ende der Welt durch Feuer, S 35.
21,1–3: Geburt Isaaks	Geburt Christi, VA.
22,1–10: Abraham und Isaak gehen zum Opfer	Kreuztragung Christi, V 20; S 22.
22,10–11: Opferung Isaaks	Kreuzigung Christi, VA; V 21; S 23.
25,29–34: Esau verkauft das Erstgeburtsrecht	Versuchung Christi, V+S 10.
27,42–45: Rebekka warnt Jakob vor Esau	Flucht nach Ägypten, V+S 5.
31,17–18: Jakob kehrt in die Heimat zurück	Rückkehr aus Ägypten, V+S 8.
32,14–22: Jakob will sich mit Esau versöhnen	Rückkehr aus Ägypten, S 8.
32,24–29: Jakobs Kampf mit dem Engel	Der ungläubige Thomas, V 30; S 31.
37,22–24: Josef wird in die Zisterne geworfen	Grablegung Christi, VA; V 24; S 25.
37,25–28: Josef wird an die Ismaeliter verkauft	Judas verkauft Christus, V 15; S 18.
37,29–30: Ruben sucht Josef	Frauen am Grab Christi, V 27; S 28.
37,31–33: Josefs Gewand wird in Blut getaucht	Verschwörung der Juden, V 12; S 17.
37,36: Josef wird an Potifar verkauft	Judas verkauft Christus, V 15; S 18.
45,1–15: Josef gibt sich zu erkennen	Christus erscheint seinen Jüngern, V 29; S 30.
49,1–27: Segen Jakobs	Auferstehung Christi, VA.
49,33: Jakobs Tod	Kreuzabnahme Christi, V 23.

Exodus:

3,1–22: Der brennende Dornbusch	Geburt Christi, V+S 2.
4,20: Moses geht nach Ägypten	Einzug in Jerusalem, VA.
12,1–30: Tod der Erstgeburt in Ägypten	Christus in der Vorhölle, VA.

12,3–11: Das Osterlamm	Einzug in Jerusalem, VA.
14,23–29: Durchzug durch das rote Meer	Taufe Christi, VA; V+S 9.
16,2–15: Der Mannaregen	Abendmahl, VA, V+S 16.
17,1–7: Wasser aus dem Felsen	Seitenwunde Christi, V 22; S 24.
24,12: Moses erhält die Gesetzestafeln	Ausgießung des Heiligen Geistes VA; V 32; S 33.
32,15–20: Das goldene Kalb	Sturz der Götzen Ägyptens, V+S 6.

Levitius:

12,6–8: Reinigungsopfer der Wöchnerin	Darstellung im Tempel, V+S 4.

Numeri:

12,1–15: Mirjam und Aaron werden bestraft	Gastmahl Simons, V 14; S 12.
13,23–24: Die Kundschafter mit der Traube	Taufe Christi, V+S 9. Kreuzigung Christi, VA.
17,16–25: Der Stab Aarons	Geburt Christi, V+S 2.
21,6–9: Die eherne Schlange	Kreuzigung Christi, V 21; S 23.

Josue:

8,1–29: Abnahme des Königs von Ai	Kreuzabnahme VA.

Judicum (Richter):

6,11–16: Berufung Gideons	Der ungläubige Thomas, V 30; S 31.
6,36–40: Gideons Vlies	Verkündigung des Herrn, V+S 1.
13,2–5: Verkündigung Simsons	Verkündigung des Herrn, VA.
13,20: Geburt Simsons	Geburt Christi, VA.
14,5–6: Simson zerreißt den Löwen	Christus in der Vorhölle, VA; V 25; S 26.
16,3: Simson trägt die Stadttore Gazas fort.	Auferstehung Christi, VA; V 26; S 27.

1 Samuel:

1,23–28: Samuel wird dem Herrn geweiht	Darstellung im Tempel, V+S 4.

5,1–6: Zerstörung des Dagon	Sturz der Götzen in Ägypten, V+S 6.
17,50–51: David besiegt Goliat	Christus in der Vorhölle, V 25; S 26.
17,50–18,7: Davids Triumphzug	Einzug in Jerusalem, V 13; S 14.
19,11–12: David flieht vor Saul	Flucht nach Ägypen, V+S 5.
22,17–18: Saul tötet die Priester von Nobe	Betlehemitischer Kindermord, V+S 7.

2 Samuel:

2,1: David zieht nach Hebron	Rückkehr aus Ägypten, V+S 8.
3,20–21: Abner geht zu David über	Anbetung der Könige, V+S 3.
3,27: Joab tötet Abner	Der Judaskuss, VA; V 17.
12,1–14: David und Nathan	Gastmahl Simons, V 14; S 12.
15,1–6: Abschaloms Verschwörung	Verschwörung der Juden, V 12; S 17.
18,6–14: Abschaloms Tod	Kreuzabnahme Christi, V 23.
20,8–10: Joab tötet Amasa	Judaskuss, S 19.

1 Regum (Könige):

2,19: Salomo und Batseba	Krönung Mariens, V 33; S 34.
3,16–28: Das Solomonische Urteil	Das Jüngste Gericht, S 36.
7,23–29: Wasserbecken des Tempels	Taufe Christi, VA.
10,1–10: Die Königin von Saba	Anbetung der Könige, VA; V+S 3.
17,10–12: Die Witwe von Sarepta sammelt Holz	Kreuztragung Christi, V 20; S 22.
17,17–24: Elija erweckt den Sohn der Witwe	Auferweckung des Lazarus, S 13.
18,30–39: Opfer des Elija auf dem Karmel	Ausgießung des Heiligen Geistes, V 32; S 33.
19,2: Isebel will Elija töten lassen	Christus vor Pilatus, V 18; S 20.

2 Regum:

2,1–12: Himmelfahrt des Elija	Himmelfahrt Christi, VA; V 31; S 32.
2,15: Elischa wird wie Elija geehrt	Einzug in Jerusalem, V 13; S 14.
2,23–24: Elischa wird verspottet	Dornenkrönung Christi, V 19; S 21.

4,20–37: Elischa erweckt den Sohn der Frau aus Schunem	Auferweckung des Lazarus, S 13.
11,1: Atalja tötet die Königssöhne	Betlehemitischer Kindermord, V+S 7.

Esra:

1,1–4: Befehl des Königs Kyrus zum Wiederaufbau des Tempels	Christus vertreibt die Händler, S 15.

Ester:

5,1–3: Ester wird vom König gnädig aufgenommen	Krönung Mariens, V 33; S 34.

1 Makkabaeorum:

4,36–40: Tempelreinigung	Christus vertreibt die Händler, S 15.
12,39–48: Tryphons Verrat	Judaskuss, V 17; S 19.

Canticum (Hohes Lied):

3,1–2: Die Braut sucht den Geliebten	Frauen am Grabe, V 27; S 28.
3,4: Die Braut findet den Geliebten	Christus als Gärtner, V 28; S 29.

Daniel:

3,91–92: Die drei Jünglinge im Feuerofen	Verklärung Christi, V+S 11.
6,19–24: Daniel wird aus der Löwengrube befreit	Christus als Gärtner, V 28; S 29.
13,8–64: Susanna wird gerettet	Das Jüngste Gericht, S 36.
14,27–29: Volk verlangt Auslieferung des Daniel	Christus vor Pilatus, V 18; S 20.

Jonas:

1,3–21: Jonas vom Wal verschlungen	Grablegung Christi, VA; V 24; S 25.
2,11: Der Wal speit Jonas aus	Auferstehung Christi, V 26; S 27.

III E 4 Die Bilder des Verduner Altars von Klosterneuburg im Vergleich mit den alttestamentlichen Vorbildern zum Neuen Testament in den Armenbibeln des Vatikan (V) und von Salzburg (S).

Neues Testament	Verduner Altar	Armenbibeln
Verkündigung d. Herrn, VA, V+S 1	Verkündigung Isaaks, Gen 18,1–16	Verfluchung der Schlange, Gen 3,14–15
	Verkündigung Simsons, Jud 13,2–5	Gideons Vlies, Jud 6,36–40
Geburt Christi, VA, V+S 2	Geburt Isaaks, Gen 21,1–3	Brennender Dornbusch, Ex 3,1–22
	Geburt Simsons, Jud 13,24	Aarons Stab, Num 17,16–25
Beschneidung d. Herrn, VA	Beschneidung Isaaks Gen 21,4	
	Simsons Beschneidung (keine Schriftstelle)	
Anbetung d. Könige, VA, V+S 3	Abraham u. Melchisedech, Gen 14,20	Abner geht zu David über, 2 Sam 3,20–21
	Königin von Saba, 1 Reg 10,1–10	→
Darstellung im Tempel, V+S 4		Reinigungsopfer der Wöchnerin, Lev 12,6–8
		Samuel wird dem Herrn geweiht, 1 Sam 1,23–28
Flucht nach Ägypten, V+S 5		Rebekka warnt Jakob vor Esau, Gen 27,42–45
		David flieht vor Saul, 1 Sam 19,11-12
Sturz d. Götzen Ägyptens, V+S 6		Das goldene Kalb, Ex 32,15–20
		Zerstörung des Dagon, 1 Sam 5,1–6

Neues Testament	Verduner Altar	Armenbibeln
Bethlehemitischer Kindermord, V+S 7		Saul tötet d. Priester v. Nobe, 1 Sam 22,17–18 Atalja tötet d. Königssöhne, 2 Reg 11,1
Rückkehr aus Ägypten, V+S 8		David zieht nach Hebron, 2 Sam 2,1 Jakob kehrt in d. Heimat zurück, Gen 31,17–18 (V) Jakob will sich m. Esau versöhnen, Gen 32,14–22 (S)
Taufe Christi, VA, V+S 9	Zug durchs rote Meer, Ex 14,23–29	→
	Wasserbecken d. Tempels, 1 Reg 7,23–29	Kundschafter m. Traube, Num 13,23–24
Versuchung Christi, V+S 10		Esau verkauft d. Erstgeburtsrecht, Gen 25,29–34 Sündenfall d. Stammeltern, Gen 3,1–6
Verklärung Christi, V+S 11		Abraham sieht drei Männer, Gen 18,1–3 Die drei Jünglinge im Feuerofen, Dan 3,91–92

Verschwörung d. Juden, V 12, S 17		Josefs Gewand wird in Blut getaucht, Gen 37,31–35
		Abschaloms Verschwörung, 2 Sam 15,1–6
Einzug in Jerusalem, VA, V 13, S 14	Moses geht nach Ägypten, Ex 4,20	Davids Triumphzug, 1 Sam 17,50–18,7
	Das Osterlamm, Ex 12,3–11	Elischa wird wie Elija geehrt, 2 Reg 2,15
Gastmahl Simons, V 14, S 12		David und Nathan, 2 Sam 12,1–14
		Mirjam u. Aaron werden bestraft, Num 12,1–15
Auferweckung d. Lazurus, S 13		Elija erweckt d. Sohn d. Witwe, 1 Reg 17,17–24
		Elischa erweckt d. Sohn d. Frau a. Schunem, 2 Reg 4,20–37
Christus vertreibt d. Händler, S 15		König Kyrus befiehlt d. Wiederaufbau d. Tempels, Esra 1,1–4
		Tempelreinigung, 1 Macc 4,36–40
Judas verkauft Christus, V 15, S 18		Josef wird an d. Ismaeliter verkauft, Gen 37,25–28
		Josef wird an Potifar verkauft, Gen 37,36
Abendmahl, VA, V+S 16	Melchisedech opfert, Gen 14,18–20	→
	Das Manna, Ex 16,2–15 u. 32–34	→

Neues Testament	Verduner Altar	Armenbibeln
Der Judaskuss, VA 14.Jh., V 17, S 19	Ermordung Abels, Gen 4,8	Joab tötet Amasa, 2 Sam, 20,8–10(S)
		Tryphons Verrat, 1 Macc 12,39–48
	Joab tötet Abner, 2 Sam 3,27	→ (V)
Christus vor Pilatus, V 18, S 20		Isebel will Elija töten lassen, 1 Reg 19,2
		Volk verlangt Auslieferung Daniels, Dan 14,27–29
Dornenkrönung Christi, V 19, S 21		Noach wird von Ham verspottet, Gen 9,21–23
		Elischa wird verspottet, 2 Reg 2,23–24
Kreuztragung Christi, V 20, S 22		Abraham u. Isaak gehen zum Opfer, Gen 22,1–10
		Die Witwe von Sarepta sammelt Holz, 1 Reg 17,10–12
Kreuzigung Christi, VA, V 21, S 23	Opferung Isaaks, Gen 22,10–14	→
	Die Traube an d. Stange, Num 13,1–26	Die eherne Schlange, Num 21,6–9
Seitenwunde Christi, V 22, S 24		Erschaffung d. Eva, Gen 2,21–22
		Wasser a. d. Felsen, Ex 17,1–7

Kreuzabnahme Christi, VA 14. Jh., V 23	Sündenfall d. Stammeltern, Gen 3,1–6	Jakobs Tod, Gen 49,33
	Abnahme d. Königs v. Ai, Jos 8,1–29	Abschaloms Tod, 2 Sam 18,6–14
Grablegung Christi, VA, V 24, S 25	Josef in d. Zisterne, Gen 37,22–24	→
	Jonas v. Wal verschlungen, Jon 1,3–21	→
Christus in d. Vorhölle, VA, V 25, S 26	Tod d. Erstgeburt Ägyptens, Ex 12,1–30	David besiegt Goliat, 1 Sam 17,50–51
	Simson zerreißt d. Löwen, Jud 14,5–6	→
Auferstehung Christi, VA, V 26, S 27	Der Segen Jakobs, Gen 49,1–27	Der Wal speit Jonas aus, Jon 2,11
	Simson trägt d. Stadttore Gazas fort, Jud 16,3	→
Frauen am Grab Christi, V 27, S 28		Ruben sucht Josef, Gen 37,29–30
		Die Braut sucht d. Geliebten, Cant 3,1–2
Christus als Gärtner, V 28, S 29		Daniel wird a. d. Löwengrube befreit, Dan 6,19–24
		Die Braut findet d. Geliebten, Cant 3,4
Christus erscheint seinen Jüngern, V 29, S 30		Josef gibt sich zu erkennen, Gen 45,1–15
		Der verlorene Sohn, Lc 15,11–24

Neues Testament	Verduner Altar	Armenbibeln
Der ungläubige Thomas, V 30, S 31		Die Berufung Gideons, Jud 5,11–16
		Jakobs Kampf m. d. Engel, Gen 32,24–29
Himmelfahrt Christi, VA, V 31, S 32	Hennoch wird von Gott aufgenommen, Gen 5,24	→
	Himmelfahrt des Elija, 2 Reg 2,1–12	→
Pfingsten, VA, V 32, S 33	Die Taube bringt Noach einen Ölzweig, Gen 8,11	Opfer d. Elija auf d. Karmel, 1 Reg 18,30–39
	Moses erhält d,. Gesetzestafeln, Ex 24,12	→
Krönung Mariens, V 33, S 34		Salomo u. Batseba, 1 Reg 2,19
		Esther u. Artaxerxes, Est 5,1–3
Ende der Welt durch Feuer, S 35	Wiederkunft Christi, Mt 24,1–42; Par.	Gott beschließt d. Sintflut, Gen 6,7
	Posaunenengel, Mt 24,30	Untergang v. Sodom u. Gomorra, Gen 19,24–25
Das Jüngste Gericht, V 34, S 36	Auferstehung d. Toten, Dan 12,2	(V) Prophezeiung v. Weltgericht, Mt 25,31–39 (Gerechte); 25,41–42 (Verdammte)
	Das himmlische Jerusalem, Apoc 21+22	
	Jüngstes Gericht, Mt 26,30–46	(S) Das salomonische Urteil, 1 Reg 3,16–28
	Hölle, Job 41	Susanna wird gerettet, Dan 13,8–64

III E 5 **Übersicht über Gliederung und Inhalt** von Ruperts „De Victoria Verbi Dei"*

Buch	Zeit	Leitwort	Angreifer	Verteidiger	Ergebnis	Reich
I	Von der Erschaffung der Engel bis zum Engelsturz.	Joh. 1, 1 (c. 2); Apoc. 12, 3 (c. 6) Apoc. 5, 6 (c. 7)	Teufel und seine Engel Ez. 28, 1 f.. (c. 8, 9) Ez. 31, 3 ff. (c. 11, 15) Is. 14, 12 ff. (c. 10)	Michael Dan. 10 (c. 18); Job 38 (c. 19) und 25 (c. 20)	Satans Sturz Luc. 10. 18, Belohnung der Engel Ps. 32, 6	
II	Von der Erschaffung des Menschen bis zu Noah.	Ez. 28, 11–13 (c. 1) Eph. 3, 9 f. (c. 4)	Teufel und erste Menschen Gen. 1–9	Maria Gen. 3, 15 (c. 16), Abel Gen. 4 (c. 19) Seth Gen. 4 (c. 22) Noah Gen. 6 (c. 29 ff.)	Noah und Nachkommen bleiben gesegnet	
III	Vom Turmbau zu Babel bis zur Errettung Israels aus Ägypten.	Gen. 9, 27 (c. 1)	Söhne Adams Söhne Jakobs Pharao Gen. 11–Deut. 28.	Joseph von Ägypten Ps. 104, 19 (c. 6); Rachel-Maria Jer. 31, 15 Matth. 2, 17 (c. 7) und Apoc. 12, 1–4 (c. 10)	Erwählung und Erhöhung Israels Deut. 26, 18 (c. 21)	1. Weltreich
IV	Von der Anbetung des goldenen Kalbes bis zu Salomo.	Apoc. 12, 4; Ez. 32, 2 (c. 1)	Israel Exod. 32 (Kap. 2) Heli I. Sam. 4, 18 (Kap. 10) Saul I. Sam. 15, 22 f. (Kap. 14).	Moses Num. 12, 3 (c. 2) Richter Jud. 2, 16 (c. 5); David Ps. 50, 3–6 (c. 16)	Verheißung des Davidsohnes III. Reg. 11, 12 f. 34–36 (c. 25)	2. Weltreich

* Das folgende Schema wurde dem Anm. 18 zitierten Werk wörtlich entnommen.

Buch	Zeit	Leitwort	Angreifer	Verteidiger	Ergebnis	Reich
V	Vom Götzendienst Jeroboams bis zu Elisaeus und Tobias.	III. Reg. 12, 28	Jeroboam III. Reg. 12, 26 (c. 2) und andere Könige Israels Os. 8, 5f. (c. 2)	Jehu IV. Reg. 10, 28; III. Reg. 16, 1 (c. 2. 5) Elias Eccli. 48, 1 (c. 9) Elisaeus IV. Reg. 2, 9ff. (c. 10); Tobias Tob. 1 1ff. (c. 23)	Propheten werden Träger der Verheißung Luc. 24, 44 (c. 26)	2. Weltreich
VI	Von den babylonischen Gefangenschaft bis zu Nebukadnezar.	Exod. 9, 16 (c. 1)	Assyrer IV. Reg. 19, 35–37 und Chaldäer Jer. 52, 12 (c. 2. 6), Nebukadnezar (c. 7ff.)	Daniel und Gefährten Dan. 2, 46 (c. 9ff.)	Untergang Nebukadnezars (c. 29); auch die Nachfolgerreiche zum Untergang bestimmt (c. 16)	2. Weltreich
VII	Von Balthasars Gastmahl bis zur Rückführung aus Babylon.	Dan. 5, 25.	Balthasar (c. 1ff.) Meder und Perser (c. 15)	Daniel (c. 18) Esdras (c. 31–32) Dan. 5–9; Eccli. 49, 13–15	Dem 2. Tempel wird die Herrlichkeit zugesichert. Agg. 2, 8 (c. 30)	4. Weltreich
VIII	Bedrängnis und Rettung der Israeliten in Susa.	Esth. 1, 1	Aman und Assuerus Esth. 1–16.	Esther und Mardochaeuss	Israels Gefangenschaft ist glorreicher als die Freiheit der Heiden	2. Weltreich

Buch	Zeit	Leitwort	Angreifer	Verteidiger	Ergebnis	Reich
IX	Von Alexander bis Antiochus.	Job 37, 22	Griechen (c. 3) Alexander (c. 11–14) Antiochus (c. 16) Dan. 10, 20; 8, 5–8; I. Mach. 1, 1; ib. 1, 11.	Onias II. Mach. 15, 12 (c. 17) Makkabäische Märtyrer II. Mach. 7 (c. 29)	Bezeugung des Auferstehungs-glaubens (c. 32).	5. Welt-reich
X	Von Judas Makkabäus bis zu Herodes.	Hebr. 11, 33	Antiochus II. Mach. 11 (c. 16)	Makkabäische Helden, Nehemias (c. 19)	Ewiger Ruhm der Makkabäer Eccli. 44, 14 (c. 26)	5. Welt-reich
XI	Von Herodes bis zur Menschwerdung des Wortes Gottes.	Is. 14; 24 (c. 1); Apoc. 12, 4 (c. 3)	Herodes (c. 8) und die Römer (c. 5) Gen. 49, 10	Märtyrer Christi (c. 5), Zacharias, Elisabeth und viele andere (c. 11) Luc. 2, 26	Der Geist des Siegerkönigs Is. 11, 2 (c. 29).	6. Welt-reich
XII	Vom Bethlehemitischen Kindermord bis zur Himmelfahrt Christi.	Apoc. 12, 4; Is. 9, 6 (c. 1)	Herodes (c. 2), Satan als Ver-sucher Christi (c. 4), die Juden (c. 6. 15)	Christus selbst.	Sakramente (c. 11) Vermählung mit der Kirche im Leiden (c. 20) und in der Auferstehung (c. 23–26).	6. und 7. Welt-reich

Buch	Zeit	Leitwort	Angreifer	Verteidiger	Ergebnis	Reich
XIII	Von der Mission der Apostel bis zum Sturz des Antichrist.	Apoc. 12, 5	Irrlehrer (c. 6) Nero (c. 12), Antichrist (c. 11)	Konzil von Nikäa (c. 7); Christus besiegt den Antichrist II. Thess. 2, 8 und zerstört den Tod I. Cor. 15, 26 (c. 14, 15)	Christus offenbart sich als den Träger von Schöpfung und Erlösung (c. 20); Durch ihn hat Gott in sechs Tagen alles geschaffen und am siebenten geruht. Joh. 1, 3 und Gen. 2, 2	6. und 7. Weltreich

III F. Tabellen und Übersichten

1. Die alttestamentlichen Gestalten.

a) Alttestamentliche Gestalten auf einigen Reliquiaren.

MS = Mauritiusschrein; DS = Dreikönigenschrein; HeS = Heribertusschrein; BR = Beinreliquiar; TRg = Großes Turmreliquiar; KuR = Kuppelreliquiar; ET = Eilbertus-Tragaltar; MT = Mauritiustragaltar; GT = Gregorius-Tragaltar.

		MS	DS	HeS	BR	TRg	KuR	ET	MT	GT
Urväter:	Adam					+				
	Noach					+				
Patriarchen:	Abraham				+	+				
	Isaak				+					
	Jakob	+			+			+		
	Melchisedek							+		
Gesetz:	Mose	+	+	+	+	+		(+)		
	Aaron		+		+					
	Bileam							+		
Könige:	David	+	+	+		+		+		+
	Salomo	+	+			+		+		+
	Hiskia									+
Propheten,	Jesaja		+	+		+		+	+	+
(große):	Jeremia	+	+	+				+	+	+
	Ezechiel		+	+				+	+	
	Daniel		+	+	+			+	+	+
Propheten,	Hosea			+			+	+	+	+
(kleine):	Joel		+	+				+	+	+
	Amos		+	+			+		+	+
	Obadja		+				+	+	+	+
	Jona		+			+	+	+	+	+
	Micha								+	+
	Nahum		+	+			+	+	+	+
	Habakuk		+	+					+	+
	Zefanja			+			+	+	+	+
	Haggai						+		+	+
	Sacharja			+			+	+	+	+
	Maleachi			+			+	+	+	+
	Joachim		+							
	Elija					+				
	Elischa					+				

B 1b: Kurze Beschreibung dieser Reliquiare.

Dreikönigenschrein (DS): Linke Seite der Prophetenreihe, also rechts von Christus: Aaron, Habakuk, Ezechiel, Salomo, Joel, Nahum, Amos. Rechte Seite: Mose, Jona, Obadja, David, Daniel, Joachim, Jeremia. Der Prophet Jesaja ist auf der Rückseite dargestellt zwischen der Geißelung und der Kreuzigung Christi.
Der Meister d. Dreikönigenschreins, S. 428 ff; RM, K 1; OE, E 18.

Heribertusschrein (HeS): Siehe die Kurzbeschreibung unter den: Anmerkungen zu den Apostelserien; F 2 d.

Beinreliquiar (BR): Auf der Deckplatte wird Christus flankiert von Petrus und Jakobus d. Ä (rechts von Christus) und von Paulus und Johannes. Die vordere Breitseite nehmen ein die Apostel Thomas, Bartholomäus, Andreas und Simon. Auf der Rückseite sind dargestellt Philippus, Matthias, Matthäus, Jakobus und Judas Thaddäus. Auf den beiden Schmalseiten sechs Personen aus dem Alten Bund: Daniel, Aaron, Mose (rechts); Jakob, Isaak, Abraham (links).
OE, F 61.

Großes Turmreliquiar (TRg): Zu dem 16-eckigen Untergeschoß mit den Aposteln vgl. Anm. zu d. Apostelserien F 2 d. Im 12-eckigen Obergeschoß als einzige nichtbiblische Gestalt der Papst Silvester. Von ihm ausgehend nach rechts: Adam, Noach, Abraham, Jesaja, Unbekannt, Elija, Elischa, Mose, Jona, David, Salomo.
Hüpsch, Nr. 17; OE, F 59.

Kuppelreliquiar (KuR): An dem zwölfseitigen Rundbau sind heute noch sieben Propheten erhalten Obadja, Amos, Maleachi, Haggai, Zefanja, Hosea und Sacharja. Der Prophet Nahum befindet sich im Kölner Schnütgen-Museum. Jona wird im Victoria & Albert Museum in London aufbewahrt.
Hüpsch, Nr. 24; RM, H 12; OE, F 53+54.

Eilbertus-Tragaltar (ET): Vgl. A 2.

Mauritius-Tragaltar (MT): Die Kastenwände zeigen die 16 Propheten in dieser Reihenfolge: Vorne von links nach rechts: Maleachi, Habakuk, Ezechiel, Joel, Jeremia; rechte Schmalseite: Amos, Micha, Nahum; Rückseite: Daniel, Jesaja, Haggai, Hosea, Jona; Linke Schmalseite:

Obadja, Zefanja und Sacharja. Dies ist nach Zehnder S. 437, wohl nicht die ursprüngliche Reihenfolge. Vgl. IV. Die ursprüngliche Anordnung der Propheten am Mauritius-Tragaltar.
Zehnder, Nr. 10; RM, H 8; MA, D 12; OE, F 46.

Gregorius-Tragaltar (GT): Er enthält auf den Kastenwänden 18 Gestalten aus dem Alten Bund in folgender Reihe: Vorne von links nach rechts: Hosea, Amos, Obadja, Jona, Micha, Zefanja; rechte Schmalseite: Joel, Jeremia, Salomo; hinten: David, Haggai, Daniel, Jesaja, Habakuk, Sacharja; linke Schmalseite: Nahum, Maleachi, Ezechias (Hiskia). Hiskia ist vermutlich durch eine Verwechslung an den Altar gekommen statt Ezechiel: Ezechias – Ezechiel. Er ist aber wie David und Salomo mit Krone als König dargestellt.
Zehnder, Nr. 11; RM, H 11; MA, D 13; OE, F 47.

F 1c: Übersicht der erörterten Möglichkeiten, die alttestamentlichen Gestalten am Mauritiusschrein zu ergänzen.

Die A 4a und A 4b behandelten Gruppen sind durch Umrandung kenntlich gemacht: A = Patriarchen, B = Gesetz, C = Könige, D = Propheten. Die Christusseite ist unten, die Marienseite oben.

A 1: Dreikönigen-Schrein

Isaias	Jeremias
Jakob	Joachim
Joel	Daniel
Salomon	David
Ezechiel	Amos
Habakuk	Jonas
Aaron	Moses

A 2: Eilbertus-Tragaltar

Jeremias	Isaias
Salomon	Jonas
Joel	Balaam
Jakob	Moses
Daniel	Malachias
Ezechiel	Osee
David	Melchisedech

A 3: Verduner Altar

Ante legem	Sub lege
Josef	Jonas
Jakob	Jeremias
Isaak	Elias
Melchisedech	Salomon u. Königin v. Saba
Abraham	David
Noe	Samson
Henoch	Moses

A 4: Gruppenaufteilung a

D. Isaias	Ezechiel
Jeremias	Daniel
B. Balaam	C. Gedeon
Aaron	David
Moses	Salomon
A. Isaak	Jakob
Abraham	Melchisedech

A 4b: Gruppenaufteilung b

B. Balaam	C. David
Aaron	Salomon
Moses	Ezechias
A. Jakob	D. Isaias
Isaak	Jeremias
Melchisedech	Ezechiel
Abraham	Daniel

A 5: Verklärung Christi

Jakob	Gedeon od. Samuel
Isaak od. Melchised.	David
Abraham	Salomon
Moses	Elias
Noe	Elisäus
Abel od. Henoch	Jeremias
Adam	Kleiner Prophet

F 2a: Die Apostel des Dreikönigenschreins (DS) im Vergleich mit folgenden Reliquiaren: Schreine: Anno (AS), Honoratus (HS), Heribertus (HeS), Servatius (SS), Maurinus (MS), Eleutherius (ES); Tragaltäre: Gregorius (GT), Eilbertus (ET), Mönchengladbach (TM), Wolbero (TW), Köln/Berlin (TK), Maria im Kapitol (TMK), Paderborn (TPb); Reliquiare: Kreuzrel. (KR), Kleines Turmrel. (TRk), Großes Turmrel. (TRg).

	Schreine						Tragaltäre							Reliquiare		
DS	AS	HS	HeS	SS	MS	ES	GT	ET	TM	TW	TK	TMK	TPb	KR	TRk	TRg
Linke S.:																
Petrus	4	4	1	1	3	1	6	1	1	1	6	1	5	1	1	1
Andreas	6	8	3	3	5	3	4	2	2	3	5	2	7	3	3	7
Jak. d.J.	12	5	4	4	4	6		6	7	9	12	5	11	7		
Johannes	2	6	7	8	9	4	7	4	5	11	1	12	12	5	8	4
Jud.Thad.	9	11	12	9	10		2/9	11	12	12	7	3	9	12		
Thomas	8	10	11	7	13	12	11	5	9	4	2	9	3	10	5	10
Rechte S.:																
Paulus	3	3	2	12	2	2	12		3	2			6	2	2	2
Matthäus	1	1	8	5	6		3	9	6	8	3	10	10	9	4	6
Bartholom.	7	9	9	6	12	7	10	8	8	6	10	8	8	8		9
Jak.d.Ä.	5	2	5	10	7	5	5	3	4	5	4	11	2	4	6	3
Simon	11	12	10	11	8		8	10	10	10	9	6	1	11		12
Philippus	10	7	6	2	11	10		7	11	7	8	4	4	6	7	5
Markus	13															
Lukas	14															
Matthias					14	11	1	12			11					8
Barnabas						8						7				
Joh. d.T.					1	16										

F 2b: Die Apostelliste des römischen Meßkanons, verglichen mit den Listen der Evangelien, der Apostelgeschichte und den hier verglichenen Reliquiaren:

	Mt	Mk	Lk	AG	DS	AS	HeS	HS	SS	MS	ES	GT	ET	TM	TW	TK	TMK	TPb	KR	TRk	TRg
Petrus	1	1	1	1	1	4	1	4	1	3	1	6	1	1	1	6	1	5	1	1	1
Paulus					2	3	2	3	12	2	2	12		3	2			6	2	2	2
Andreas	2	4	2	4	3	6	3	8	3	5	3	4	2	2	3	5	2	7	3	3	7
Jakobus d. Ä.	3	2	3	3	8	5	5	2	10	7	5	5	3	4	5	4	11	2	4	6	3
Johannes	4	3	4	2	7	2	7	6	8	9	4	7	4	5	11	1	12	12	5	8	4
Thomas	7	8	8	6	11	8	11	10	7	13	12	11	5	9	4	2	9	3	10	5	10
Jakobus d.J.	9	9	9	9	5	12	4	5	4	4	6		6	7	9	12	5	11	7		
Philippus	5	5	5	5	12	10	6	7	2	11	10		7	11	7	8	4	4	6	7	5
Bartholomäus	6	6	6	7	6	7	9	9	6	12	7	10	8	8	6	10	8	8	8		9
Matthäus	8	7	7	8	4	1	8	1	5	6		3	9	6	8	3	10	10	9	4	6
Simon	11	11	10	10	10	11	10	12	11	8		8	10	10	10	9	6	1	11		11
Thaddäus	10	10	11	11	9	9	12	11	9	10		2/9	11	12	12	7	3	9	12		
Johannes d.T.										1	16										
Matthias				(12)						14	11	1	12			11					8
Barnabas											8						7				
Markus						13															
Lukas						14															

F 2 c: Anordnung der Apostel und einiger anderer Heiligen an folgenden Reliquiaren: Dreikönigsschrein (DS), Annoschrein (AS), Honoratusschrein (HS), Heribertusschrein (HeS), Servatiusschrein (SS), Maurinusschrein (MS), Tragaltar v. Mönchengladbach (TM), Tragaltar Köln/ Berlin (TK), Tragaltar v. Paderborn (TPb) und Großes Turmreliquiar (TRg).

(An = Andreas, Bm = Bartholomäus, Bn = Barnabas, JÄ = Jakobus d. Ältere, JJ = Jakobus d. Jüngere, Jo = Johannes, JT = Johannes d. Täufer, Ju = Judas Thaddäus, Lk = Lukas, M = Maria, Ma = Matthias, Mk = Markus, Mt = Matthäus, Pa = Paulus, Pe = Petrus, Ph = Philippus, Si = Simon, Th = Thomas, XP = Christus)

	13	11	9	7	5	3	1	Vorn	2	4	6	8	10	12	14	Hinten
DS		Th	Ju	Jo	JJ	An	Pe	XP	Pa	Mt	Bm	JÄ	Si	Ph		XP
AS	Mk	Si	Ju	Bm	JÄ	Pa	Mt	XP	Jo	Pe	An	Th	Ph	JJ	Lk	M
HS		Ju	Bm	Ph	JJ	Pa	Mt		JÄ	Pe	Jo	An	Th	Si		M
HeS		Th	Bm	Jo	JÄ	An	Pe	M	Pa	JJ	Ph	Mt	Si	Ju		Heribert
SS		Si	Ju	Th	Mt	An	Pe	XP	Ph	JJ	Bm	Jo	JÄ	Pa		Servat.
MS	Th	Ph	Jo	JÄ	An	Pe	JT	XP	Pa	JJ	Mt	Si	Ju	Bm	Ma	(M)
TM		Ph	Th	JJ	Jo	Pa	Pe	XP	An	JÄ	Mt	Bm	Si	Ju		
TK		Ma	Si	Ju	An	Mt	/Jo	XP	Th/	JÄ	Pe	Ph	BM	JJ		
TPb		JJ/	Ju	An	Pe	Th	Si	XP	JÄ	Ph	Pa	Bm	Mt	/Jo		M
TRg			Bm	An	Ph	JÄ	Pe	XP	Pa	Jo	Mt	Ma	Th	Si		

F2d Anmerkungen zu den Apostelserien an den Reliquiaren

Auf folgende Ausstellungskataloge wird mit einer Abkürzung verwiesen:
Monumenta Annonis, Köln 1975=MA; Ornamenta Ecclesiae, Köln 1985=OE; Rhein und Maas, Köln 1972=RM; Die Sammlungen des Barons von Hüpsch, Köln 1964=Hüpsch.

Annoschrein (AS): Apostel und Evanglisten sind als kleine Figuren in Bronzeguß in den Zwickeln angebracht, die sich zwischen und oberhalb der Nischen bilden, in denen ursprünglich Heilige dargestellt waren. An den Ecken befinden sich die Evangelisten als Engel mit dem Kopf ihres Symbols: Matthäus – Mensch, Markus – Löwe, Lukas – Stier, Johannes – Adler. Da zwei Evangelisten – Markus und Lukas – keine Apostel sind, ergeben sich 14 Figuren. Die Zählung auf den Tabellen ist folgende: Linke Seite, Matthäus bis Markus, ungerade Zahlen 1–13; rechte Seite,

Johannes bis Lukas, gerade Zahlen 2–14. Da auf jeder Seite die Evangelisten die erste und die letzte Stelle einnehmen, stehen Petrus und Paulus erst an zweiter Stelle. Im Unterschied zu den meisten hier verglichenen Schreinen (DS, HeS, MS und SS), die Petrus rechts von Christus, Paulus links von ihm darstellen, ist hier die Plazierung umgekehrt: Paulus neben Matthäus und Petrus neben Johannes.
Zehnder, Nr. 1; RM K 3; MA E 2; OE f90.

Honoratusschrein (HS): Die Apostelfiguren befanden sich an diesem Schrein in den je sechs Nischen der Langseiten. Nach der Beraubung des Schreins zu Beginn des 19. Jahrhunderts sind noch 5 Apostel vorhanden, die anderen durch die Inschriften auf den Bögen der Nischen gesichert. Der Schrein hat ein Querhaus. Im rechten Querhausgiebel ist Christus dargestellt. Auf dem vorderen Giebel waren ursprünglich Honoratus mit Quirinus und Pankratius, auf dem hinteren Giebel Maria mit Balbina und Katharina dargestellt. Was auf dem linken Querhausgiebel dargestellt war, ist nicht bekannt. Die Zählung auf der Tabelle ist folgende: Links 1–11; Rechts 2–12.
Zehnder, Nr. 4; MA E 8.

Heribertusschrein (HeS): Im vorderen Giebelfeld thront Maria, die Patronin des von Erzbischof Heribert gegründeten Benediktinerklosters in Köln-Deutz. Rechts von ihr auf den Langseiten Petrus – Thomas (1–11), links Paulus – Judas Thaddäus (2–12). Auf dem hinteren Giebel ist Heribert der Titelheilige des Schreins dargestellt. Zwischen den Aposteln befinden sich 14 Emailplatten mit alttestamentlichen Gestalten. Es sind rechts von Maria: David, Jesaja, Sacharja, Ezechiel, Habakuk, Hosea und Zaphanja. Links von ihr: Mose, Daniel, Jeremia, Maleachi, Nahum, Joel und Amos. Da in dieser Serie die beiden Gestalten fehlen, die für den Mauritiusschrein bezeugt sind, nämlich Jakob und Salomo, kommt sie als Vorbild für das Alte Testament an unserem Schrein nicht infrage.
RM H 17; OE E 91.

Servatiusschrein (SS): Die Langseiten dieses Schreins sind in je drei Felder aufgeteilt, die paarweise die Apostel in folgender Reihe enthalten: Rechts von Christus, der die Vorderseite einnimmt, Petrus – Simon (1–11); Rechts von Servatius, der an der rückwärtigen Giebelfront dargestellt ist, schließen sich Paulus – Philippus (12–2) an.
R. Kroos, Der Schrein d. hl. Servatius in Maastricht, München 1985; RM G 8.

Maurinusschrein (MS): In den jeweils sieben Feldern der Langseiten waren folgende Personen dargestellt: Rechts von Christus Johannes d. T. - Thomas (1-13); links von ihm Paulus - Matthias (2-14). Man hat offensichtlich, um weder Paulus noch Matthias wegen der Zwölfzahl ausschließen zu müssen, den Vorläufer des Herrn hinzugenommen, der ja mehrere seiner Jünger dem Herrn zuführte (vgl. Joh 1,35-51).
RM H 18; OE E 79.

Eleutheriusschrein (ES): Weil er in seinem ganzen Aufbau aus dem Rahmen des bisher betrachtenen Schemas herausfällt, ist er in der Tabelle: Anordnung der Apostel ... nicht berücksichtigt. An den Langseiten befinden sich jeweils nur vier Apostel: Links: Petrus - Johannes (1-4); Rechts: Jakobus d. Ä. - Barnabas (5-8). Auf den Dachflächen sind dargestellt: Links: Synagoge - Thomas (9-12); Rechts: Ecclesia, Gabriel, Maria, Johannes d. Täufer (13-16). Unter den 16 Gestalten finden sich 11 Apostel; unter ihnen Matthias und Barnabas. Es fehlen: Matthäus, Simon und Judas Thaddäus.
RM M 11.

Gregorius-Tragaltar (GT): Oberhalb des Altarsteins sind zwölf Apostel dargestellt. Sie beginnen links mit Matthias und enden rechts mit Paulus (1-12). Da Judas Thaddäus fälschlicherweise zweimal, nämlich als Judas und als Thaddäus abgebildet ist, sind in Wirklichkeit nur elf Apostel vorhanden. Von den Altaposteln fehlen Jakobus d. J. und Philippus.
Zehnder, Nr. 11; MA D 13; RM H 11; OE F 47.

Eilbertus-Tragaltar (ET): Rings um den Altarstein sind die Apostel in dieser Reihenfolge angebracht: Oben, von links beginnend Petrus - Johannes (1-4); unter Johannes Thomas und Jakobus d. J. (5-6); unter dem Altarstein von rechts nach links Philippus - Simon (7-10); über Simon nach oben an Petrus anschließend Thaddäus und Matthias (11-12). Die Apostel halten jeweils den Artikel des apostolischen Glaubensbekenntnisses in Händen, den ihnen eine pseudo-Augustinische Homilie des 6. Jahrhunderts zuordnet. Es fehlt Paulus.
Welfenschatz, S. 121 ff.

Tragaltar von Mönchengladbach (TM): Der auf die vordere Schmalseite hin ausgerichtete Altar zeigt vorne die Auferstehung Christi, hinten die *Majestas Domini*. Die beiden Langseiten füllen je sechs

Apostel: Rechts von rechts nach links Petrus – Philippus (1–11); links von links nach rechts Andreas – Judas Thaddäus (2–12). Es fehlt Matthias.
RM H 9; OE F 45.

Tragaltar des Wolbero (TW): Die vordere Langseite nimmt Christus ein. Zu seiner Rechten Johannes d. T. und Laurentius; zu seiner Linken Maria und Cäcilia. Die rückwärtige Langseite und die beiden Schmalseiten sind mit Aposteln besetzt. Auf der Rückseite sind Petrus und Paulus die beiden Zentralfiguren. Wenn man von Petrus mit den ungeraden und von Paulus mit den geraden Zahlen ausgehend zählt, ergibt sich die Anordnung, wie sie die Tabellen aufzeigen.
Hüpsch 23; OE F 51.

Tragaltar Köln/Berlin (TK): Auf der vorderen Schmalseite Christus mit Johannes (1) und Thomas (2). An Johannes schließen sich auf der linken Längsseite an Matthäus – Matthias (3–11). Auf der rechten Seite sind Jakobus d. Ält. – Jakobus d. Jün. (4–12) dargestellt. Auf der rückwärtigen Schmalseite finden sich die drei Gestalten aus dem alten Bund: Elija, Hennoch und Elischa. In der Apostelreihe fehlt Paulus.
OE F 50.

Tragaltar aus Maria im Kapitol (TMK): Die Schmalseiten zeigen alttestamentliche Gestalten: Links Jeremia, David, Jesaja; Rechts Habakuk, Salomo, Jonas. Die Langseiten gruppieren die Apostel vorne um Christus, hinten um Maria. Rechts von Christus beginnt die Reihe mit Petrus und endet links von Maria mit Jakobus dem Ält. (1–11). Links von Christus steht Andreas. Am Ende dieser sechs Apostel steht Johannes rechts von Maria (2–12). Da Barnabas unter den Zwölfen seinen Platz hat (7), fehlen Paulus und Matthias.
RM H 13; OE E 102.

Tragaltar von Paderborn (TPb): Auf der vorderen Schmalseite ist Christus mit den beiden Paderborner Patronen Liborius und Kilian abgebildet. Die beiden Längsseiten zeigen je fünf Apostel. Auf der Rückseite findet sich Maria, flankiert von Jakobus d. J. und Johannes. Rechts von Christus Simon – Judas Thadd. mit Petrus in der Mitte (1–9). Zur Linken des Herrn Jakobus d. Ä. – Matthäus mit Paulus in der Mitte (2–10).
Organ f. christl. Kunst, 11. Jh., Köln 1861, S. 76 ff. u. S. 88 ff.

Kreuzreliquiar (KR): Die Apostel sind paarweise angeordnet. Links Petrus – Philippus (1–6); rechts Jakobus d. J. – Judas Thadd. (7–12). Es fehlt Matthias.
RM G 5.

Kleines Turmreliquiar (TRk): In den acht Nischen sind nach rechts hin dargestellt Petrus – Johannes (1–8). Es fehlen: Jakobus d. J., Judas Thaddäus, Bartholomäus, Simon u. Matthäus.
Hüpsch, Nr. 18; OE F 60.

Großes Turmreliquiar (TRg): In den 16 Nischen des Unterbaues sind die Drei-Könige Kaspar, Balthasar und Melchior dargestellt, die sich Maria mit dem Kinde nahen. Auf der anderen Hälfte des 16-Ecks steht Christus, genau Balthasar gegenüber. Rechts von ihm schließen sich fünf Apostel an: Petrus – Bartholomäus (1–9). Links von Christus sind es sechs Apostel: Paulus – Simon (2–12). Zwei Bögen sind ohne Namen ergänzt; Petrus ist durch den Schlüssel erkennbar; der andere dürfte wegen seiner Stellung Jakobus d. Ä. sein. Es fehlen Jakobus d. J. und Judas Thaddäus.
Hüpsch, Nr. 17; OE F 59.

IV. DIE URSPRÜNGLICHE ANORDNUNG DER PROPHETEN AM MAURITIUS-TRAGALTAR

Daß die Anordnung der 16 Propheten an den Wänden des Altars gewechselt hat, zeigen die alten Bilder[1] und auch eine Beschreibung des Portatile, die sich heute im Pfarrarchiv von St. Servatius[2] befindet. Zehnder sagt zum heutigen Zustand: „... an[3] den Langseiten je fünf, an den Breitseiten je drei Emailplättchen (6,7 cm x 4,8 cm) mit Propheten (mit verschiedenen Schriftbändern; rot, blau und weiß ausgeschmolzene Schrift auf Goldgrund, nur bei Jeremias und Isaias Goldlettern auf Weiß) auf wechselnd dunkel- und hellblauem Grund, vierfach umrandet: goldschraffiert, weiß, rot und nochmals golden. Die Figuren in Gold ausgespart; die Binnenzeichnung graviert und rot und blau ausgeschmolzen. Zitronengelbe Nimben. Die Propheten über den Rand hinaustretend, gestikulierend und meist paarweise einander zugeordnet, auch über die Ecken hinweg. Ursprünglich vielleicht um eine frontale Mitte angeordnet (Schnitzler)". Dann folgt die heutige Anbringung, die im folgenden als ein Schema gebracht wird.

Zu dieser Aufstellung folgende Anmerkungen vorab: Die großen Propheten sind in der Reihenfolge, wie sie in der Bibel aufgeführt werden, mit römischen Zahlen, die kleinen mit arabischen Zahlen numeriet. H und D zeigen an, ob der Untergrund hell oder dunkel ist. → und ← zeigen die Richtung an, in welcher der Prophet diskutiert. Frontale Darstellung wird durch ↓ angezeigt.

---

[1] Vgl. Abb. 6.

[2] Signatur: VI, 21,2.

[3] Zehnder, S. 437.

Heutige Anordnung:

V.: Malachias, 12; Habakuk, 8; Ezechiel, III; Joel, 2; Jeremias, II.
D ← H → D ← H → D ←

H.: Daniel, IV; Isaias, I; Aggaeus, 10; Osee, 1; Jonas, 5.
D ↓ H → D ↓ H ← D →

R.: Amos, 3; Michaeas, 6; Nahum, 7.
H → D ← H ←

L.: Abdias, 4; Sophonias, 9; Zacharias, 11.
H → D ← H →

Diese heutige Anordnung der Propheten dürfte erst 1901/03 durch den Düsseldorfer Goldschmied P. Beumers hergestellt worden sein, denn eine Abbildung des Altars von 1888[4], die Abbildung in den Kunstdenkmälern des Rheinlandes[5] und ein Blatt im Pfarrarchiv von St. Servatius[6], das der ersten Hälfte des 19. Jahrhunderts entstammt, zeigen folgende Anordnung:

V.: Jonas, 5; Isaias, I; Aggaeus, 10; Osee, 1; Nahum, 7.
D → H → D ↓ H ← H ←

H.: Daniel, IV; Habakuk, 8; Ezechiel, III; Joel, 2; Jeremias, II.
D ↓ H → D ← H → D ←

R.: Abdias, 4; Sophonias, 9; Malachias, 12.
H → D ← D ←

L.: Amos, 3; Michaeas, 6; Zacharias, 11.
H → D ← H →

Die Propheten sind also je zur Hälfte auf dunkel- und hellblauem Hintergrund dargestellt. Heute sind sie so angeordnet; daß jeweils helle und dunkle Plättchen miteinander abwechseln. Dies ist bis zur Restaurierung von 1901/03 nicht der Fall gewesen. Da standen die beiden dunklen Propheten Sophonias und Malachias auf der rechten Seite und die beiden hellen Osee und Nahum auf der Vorderseite nebeneinander. Das scheint darauf hinzudeuten, daß die Anordnung, wie sie uns die Zeugnisse vor

---

[4] Anm. 1.
[5] Kunstdenkmäler, Siegkreis, Taf. XIX.
[6] Anm. 2.

der letzten Restaurierung zeigen, nicht die ursprüngliche war, sondern wahrscheinlich bei der ersten Überarbeitung des Schatzes um 1819[7] entstand. Für diese Annahme spricht auch, daß die beiden Propheten, die frontal dargestellt sind, nämlich Daniel und Aggeus wohl offensichtlich einmal die Mitte einer Seite einnahmen; wobei es zunächst offen bleiben muß, ob sie die Breit- oder die Schmalseiten halbierten. Die übrigen Propheten sind zu je sieben nach rechts bzw. nach links gewendet.
Kompliziert wird die Sache aber, wenn man die Propheten nach ihrer Hinwendung und ihrem Untergrund sortiert: Dunkel, frontal = 2; Dunkel, rechts = 1, Dunkel, links = 5; Hell, rechts = 6; Hell, links = 2.
Wenn die Propheten, wie Schnitzler vermutet „Ursprünglich[8] vielleicht um eine frontale Mitte angeordnet" gewesen waren, müßten die beiden frontal dargestellten Prohpeten Daniel und Aggaeus die Mitte der Vorder- bzw. Rückseite eingenommen haben. Die übrigen hätten sich dann darum gruppiert, so, daß sie sich gegenseitig zugewendet hätten, dabei aber auch der Wechsel von Hell und Dunkel gewahrt gewesen wäre.
Eine weitere Überlegung wäre die, ob nicht jedem der großen Propheten je drei der Kleinen beigeordnet waren. Da aber die vier zu besetzenden Wände fünf und drei Felder haben, müßten die Zuordnungen über Eck gegangen sein. Dann könnte die ursprüngliche Anordnug eventuell so ausgesehen haben:

V.:	Ezechiel/	Zacharias,	Aggaeus,	Isaias,	Sophonias/	R.: Abdias,
	D ←	H →	D ↓	H →	D ←	H →

Jeremias,	Nahum,	H.:	Malachias/	Joel,	Daniel,	Osee,	Michaeas/
D ←	H ←		D ←	H →	D ↓	H ←	D ←

L.:	Amos,	Jonas,	Habakuk.
	H →	D →	H →

Bei dieser Anordnung nehmen die beiden frontal ausgerichteten Propheten Daniel und Aggaeus die Mitte der beiden Langseiten ein. Jedem der großen Propheten sind drei der kleinen Propheten zugeordnet. Auch der Wechsel von hellem und dunklem Hintergrund ist gewahrt. Es muß nicht so gewesen sein, denn alle kleinen Propheten, die einen hellen Untergrund haben und nach rechts gewendet sind, sind austauschbar. Es sind dies folgende: Abdias, Amos, Habakuk, Joel, Zacharias.

---

[7] Vgl. hierzu: I 1 d u. 1 e.
[8] Zehnder, S. 437.

Ezechiel steht links vorne als Abschluß der großen Propheten. Rechts von ihm folgen die beiden auf Isaias hin geordneten kleinen Propheten Zacharias und Aggaeus. Dabei nimmt Aggaeus als Frontalgestalt die Mitte ein. Ebenfalls auf Isaias ausgerichtet ist der rechts von ihm stehende Sophonias. Die rechte Schmalseite nimmt Jeremias ein, dem von links Abdias und von rechts her Nahum und, über die Ecke weg, Malachias zugeordnet sind. In der Mitte der Rückseite steht die Frontalfigur Daniels, auf den von links Joel, von rechts her Osee und Michaeas hin geordnet sind. Amos, Jonas und Habakuk schauen nach links auf Ezechiel hin, der als Erster der Vorderseite den Kreis der Propheten schließt.
Dies als ein Vorschlag, bei dem ich aber auch nicht ganz glücklich bin, denn so einiges scheint mir daran zu konstruiert, ja gequält. Es sind die beiden frontal angeordneten Propheten in der Mitte, die sie wahrscheinlich einmal innehatten. Aber die Reihenfolge der großen Propheten ist doch dadurch gestört. Sicher war dem mittlalterlichen Mönch, der das Konzept entwarf die Reihenfolge „Isaias, Jeremias, Ezechiel und Daniel" geläufig. Dann dieses Hinüberziehen über die Ecken weg!
Wenn man die beiden nach vorn blickenden Propheten Daniel und Aggaeus die Mitte der beiden Schmalseiten einnehmen läßt, ergibt sich keine bessere Lösung.
Es könnte natürlich auch so gewesen sein, daß die vier Seiten je einem großen Propheten zugeteilt war, wobei dann zwei von vier kleinen und die anderen zwei von zwei kleinen Propheten begleitet wurden. Dann aber ergibt sich wiederum die Schwierigkeit, daß einer der kleinen Propheten, Aggaeus, die Mitte der Vorder- oder Hinterseite eingenommen hätte.
Mehr als obige Vermutungen wissen wir über die ursprüngliche Anordnung nicht. Sebastiani beschreibt zwar in groben Zügen den Altar[9] und gibt auch die wichtigsten Reliquien an, die in ihm aufbewahrt werden, aber diese sind uns ja durch die Inschrift auf dem Boden ohnehin bekannt. Die Anordnung der Propheten interessiert ihn nicht. Wohl überliefert er uns die heute nicht mehr lesbare Inschrift auf der Bodenplatte: *Hoc vere Altare est S. Mauriti Martyris & gloriosi Ducis.* – Dies ist in Wahrheit der Altar des heiligen Martyrers und glorreichen Feldherren Mauritius.

[9] S. 32 f.

V. UNTERSUCHUNGEN ZUM GREGORIUS-TRAGALTAR

A. Die Propheten

Nach Zehnder[1] sind „Die Kastenwände durch gegossene, mehrkantige Stützen (an den Ecken runde) mit gleichen Basen und Kapitellen in 18 gleiche Felder unterteilt. Darin an den Langseiten je 6, an den Breitseiten je 3 Plättchen (4,6 x 7,1 cm) mit Propheten sowie David und Salomon mit verschiedenen Schriftbändern auf einheitlich grünem, blau und weiß umrandetem Grund. Die in Gold ausgesparten Figuren mit gravierter, rot ausgeschmolzener Binnenzeichnung. Gelbe Nimben. Die Propheten vor dem Rahmen auf einer Bodenerhebung stehend, gestikulierend, entweder im Disput einander zugewandt oder zur Mitte hin orientiert, wie es die beiden Breitseiten sowie die Längsseite mit Daniel zeigen. (Vielleicht haben wir hierin die ursprüngliche Anordnung zu sehen). Heute in folgender Reihenfolge von links nach rechts umlaufend: Oseas, Amos, Abdias, Jonas, Michäas, Sophonias, Joel, Jeremias, Salomon, David, Aggäus, Daniel, Isajas, Habakuk, Zacharias, Nahum, Malachias und Ezechiel".

Leider ist Zehnder hier ein Irrtum unterlaufen, denn als letzter Prophet ist nicht Ezechiel sondern der König Ezechias (Hiskia) dargestellt. Im Unterschied zu den übrigen Propheten ist er wie David und Salomon durch die Krone als König gekennzeichnet. Es ist natürlich mehr als merkwürdig, daß gerade Ezechiel in der Reihe der Propheten fehlt. Deshalb bedarf es einer Erklärung. Die einfachste ist die, daß man wegen der Namensähnlichkeit beide miteinander verwechselt hat. Diese Verwechslung könnte sowohl auf das Konto des Goldschmieds wie auch des Mönches gehen, der das Programm zusammenstellte. Falls der König Ezechias durch den Siegburger Mönch hier Eingang fand, könnte das *Canticum Ezechiae* der Anlaß gewesen sein, das sowohl im römischen wie im monastischen Brevier in den Laudes des Dienstags gesungen wird. Es ist ein Danklied nach Heilung von schwerer Krankheit, aufgezeichnet beim Propheten Isaias, 38, 10–20. Außer Isaias berichtet das 2. Buch der Könige im 20. Kapitel über diese Krankheit des Königs. Dennoch dürfte

[1] Zehnder, S. 444.

dieser Gesang kaum der Anlaß gewesen sein, den König Ezechias[1a] in die Reihe der Propheten aufzunehmen, denn in den Laudes werden noch folgende alttestamentlichen Cantica gesungen: Moses (Ex 15, 1–19, Deut 32, 1–43), Anna (1 Sam 2, 1–10), Judith (16, 15–21), Tobias (13, 1–10). Mir ist nicht bekannt, daß man in Siegburg zum König Ezechias eine besondere Beziehung oder sogar Bindung gehabt hätte. Auch muß man sich ja fragen, wenn eine solche bestanden hätte, wäre dann nicht eher einer der kleinen Propheten ausgefallen. Denn gerade Ezechiel hat die großartigen Visionen, die auf Christus und die Kirche hin gedeutet werden. Man denke nur an den Bildzyklus der Schwarzrheindorfer Doppelkirche[2], der wiederum auf dem Ezechielkommentar des Rupert von Deutz[3] basiert.

Eine weitere Frage ist die nach der ursprünglichen Anordnung, der Reihenfolge der Propheten. Zehnder spricht das Problem oben mit den Worten an: „Vielleicht[4] haben wir hierin die ursprüngliche Anordnung zu sehen". Wie eine fotografische Aufnahme von 1888 beweist[5], waren damals nämlich die Propheten in anderer Reihenfolge angebracht. Leider kann man nur die vordere Langseite und die rechte Schmalseite sehen. Für die übrigen beiden Seiten sind wir deshalb auf Vermutungen angewiesen. Die Vorderseite zeigt in dieser Anordnung auch die Abbildung der Kunstdenkmäler des Siegkreises[6] von 1907. Eine Gegenüberstellung der Abbildung von 1888 und dem heutigen Zustand ergibt folgende Anordnung:

[1a] Ezechias ist zusammen mit dem Propheten Isaias auf der etwa 150 Jahre älteren Deutschen Kaiserkrone dargestellt. Allerdings paßt er zusammen mit David und Salomon in den Kreis der alttestamentlichen Vorbilder, die ihre Erfüllung in dem ebenfalls abgebildeten Christus finden. Vgl. R. Staats, Die Reichskrone, Göttingen 1991, Abb. 13. Über die Krone als Abbild der Kirche in ihrer Vollendung, vgl. ebda. V Anschaulichkeit, S. 53 ff.

[2] Vgl. hierzu Rhaban Haacke OSB, Programme zur bildenden Kunst in den Schriften Ruperts von Deutz, SS IX, Siegburg 1974, 8. Kap., S. 34 ff. Zuerst auf den Einfluß Ruperts von Deutz auf die Fresken von Schwarzrheindorf hat hingewiesen W. Neuß mit seinem Buch: Das Buch Ezechiel in Theologie und Kunst bis zum Ende des 12. Jh., Münster 1912.

[3] Ruperti Tuitiensis, De sancta Trinitate et operibus eius, XXX und XXXI, In Hiezechielem prophetam commentarius, ed. Hrabanus Haacke, CC Cont. med. XXIII, Tournolt 1972, S. 1643 ff.

[4] S. Anm. 1.

[5] Abb.: 7.

[6] Die Kunstdenkmäler der Rheinprovinz ... 5, IV, Die Kunstdenkmäler des Siegkreises ... bearb. v. E. Renard, Düsseldorf 1907, S. Taf. XIX. Auch Heinekamp, bringt vor S. 59 eine Abbildung.

Vorne 1888: Aggaeus Daniel Isaias Ezechias Jeremias Osee
heute: Osee Amos Abdias Jonas Michaeas Sophonias
Rechts 1888: Joel Sophonias Salomon
heute: Joel Jeremias Salomon
Die beiden übrigen Seiten sind heute so besetzt:
Hinten: David Aggaeus Daniel Isaias Habakuk Zacharias
Links: Nahum Malachias Ezechias.

Da bei dieser Anordnung, die uns von 1888 her überliefert ist, offensichtlich die vier großen Propheten auf der Vorderseite die Mitte bilden, falls man Ezechias als Ezechiel gelten läßt, und die rechte Schmalseite an den rechts außen stehenden Osee zwei weitere kleine Propheten mit Salomon anschließt, könnte die linke Schmalseite, anschließend an den links außen stehenden Aggaeus ebenfalls zwei kleine Propheten mit David als Abschluß gehabt haben. Die übrigen sechs kleinen Propheten hätten dann die rückwärtige Langseite innegehabt. Wenn man sie jeweils paarweise gestikulierend und einander zugewandt ordnet, würde sich vielleicht folgende Reihenfolge ergeben:
Links: Joel, Sophonias, David.
Hinten: Nahum, Amos, Abdias, Jonas, Michaeas, Malachias.

Dabei steht allerdings auch die Frage im Hintergrund, ob die Anordnung von 1888 die ursprüngliche ist, oder, ob bei der ersten Restauration von 1819 einiges, wenn nicht alles, durcheinandergeworfen wurde, wie wir das z.B. vom Annoschrein[7] wissen.

B. Die Deckplatte

Nach Zehnder[8] besteht die „Deckplatte“ aus dem „herausnehmbarem Serpentin (18,7x12,8 cm) und vier umrahmenden, verschieden großen Platten; das Figürliche in ausgesparter Vergoldung mit gravierter und dunkel ausgeschmolzener Binnenzeichnung. Am äußeren Rand umlaufend ein schmaler Inschriftenstreifen: ein weiterer Streifen mit Inschriften um den Stein und die seitlich kleineren Szenen“.

Obwohl es sich bei unserem Altar nach Zehnder[9] „um einen Schreinsaltar mit Rundum-Orientierung“ handelt, so geben doch die beiden

---

[7] Vgl. den Artikel Der Annoschrein, Verluste, Veränderungen, Deutungen, Nr. II in diesem Band.

[8] Zehnder, S. 444.

[9] Zehnder, S. 446.

Kreuzchen, die den Beginn und das Ende der Inschriften bezeichnen, einen Anhalt, der uns berechtigt auch hier von vorn und hinten zu sprechen.
So sind links vom Altarstein vier Szenen aus der Kindheitsgeschichte Jesu, rechts davon vier aus dem öffentlichen Leben dargestellt. Hinten befinden sich 12 Apostel, vorne 12 Bischöfe, links vier Märtyrerjungfrauen und rechts vier Märtyrer. Zu den einzelnen Gruppen nun folgende Überlegungen.

1. Die Szenen aus dem Leben Jesu

Die vier Bilder aus der Kindheitsgeschichte zeigen: Verkündigung, Geburt, Anbetung der Könige und Darstellung im Tempel. Die gegenüberstehenden Bilder aus dem öffentlichen Leben zeigen: Taufe Jesu, Fußwaschung, Kreuzigung und Auferstehung, bzw. die Frauen am Grabe. Jede dieser beiden Reihen beginnt mit der Herabkunft des Heiligen Geistes, der in Maria das Wunder der Menschwerdung Gottes bewirkt, Jesus bei der Taufe als Gottes Sohn ausweist.

a) Die Kindheitsgeschichte – die Märtyrer-Jungfrauen

Die Kindheitsgeschichte des Herrn ist zugleich aufs tiefste mit seiner Mutter Maria verknüpft[10]. Das dürfte auch der Grund sein, daß man diesen Bildern vier Frauen beiordnete. Es sind: Über der Verkündigung Caecilia, über der Geburt Ursula, über der Anbetung der Könige Agatha und über der Darstellung Jesu im Tempel Catharina.
Vielleicht kann man auch überlegen, warum gerade diese Zuordnung vorgenommen wurde. Erfüllte sich etwa gerade im Leben der Heiligen das in besonderer Weise, was die Szene aus der Heilsgeschichte kündet?

aa) Verkündigung – Cäcilia

Nach der Legende bekehrte Cäcilia den Heiden Valerian, der vergeblich um ihre Hand anhielt, und dessen Bruder Tiburtius zum christlichen Glauben. Alle drei wurden um dieses Glaubens willen mit dem Martyrium gekrönt. So hat sie wie Maria ihr Ja zu Gottes Willen gesprochen. Durch ihren Glauben wurden dem fortlebenden Leib Christi, der Kirche, neue Glieder zugeführt. Dürfte aber nicht auch der Name „Caecilia“ bei dieser Zuordnung eine Rolle gespielt haben? In diesem Namen steckt doch auch das lateinische Wort „caecus-blind“. Hat nicht Maria, trotz

---

[10] Vgl. hierzu Zehnder, S. 445 f; Abb. 12.

aller Erklärung des Engels, im Glauben ihr Ja-Wort gegeben? Glaube ist eben nicht Wissen, nicht Schauen. Er ist das Vorläufige, das einst in die Vollendung übergehen soll: „Jetzt schauen wir in einem Spiegel und sehen nur rätselhafte Umrisse, dann aber schauen wir von Angesicht zu Angesicht" (1 Kor 13, 12).

bb) Geburt – Ursula

Der Geburt Christi ist Ursula zugeordnet. Der jungfräulichen Mutter des Herrn wird die jungfräuliche Königstochter beigesellt. Maria ist vor allem im Hinblick auf ihre Gottesmutterschaft die Große und Erhabene, die Königin des Himmels und der Erde. Ursula gewinnt als geistliche Mutter nach der Legende 11 000 Jungfrauen für Christus, für sein Reich. So nimmt sie in besonderer Weise teil an den Mutterfreuden Marias.

cc) Anbetung der Weisen – Agatha

Über der Anbetung der Weisen steht Agatha, zu deutsch: „Die Güte". Die Weisen aus dem Morgenland bringen als Zeichen ihrer Anbetung und Hingabe die Güter der Erde: Gold, Weihrauch und Myrrhe. Dies sind Symbole für Reichtum, Macht und Ehre. Nach dem Laudeshymnus[11] vom Fest der Erscheinung des Herrn bedeuten Gold die Königsherrschaft, Weihrauch die Gottheit und die Myrrhe die Menschheit Christi. Agatha brachte nicht nur Gaben, Güter dem Herrn zum Opfer, sondern sich selbst; sie „Die Gute" wurde so selbst zum Gut, zur Opfergabe.

dd) Darstellung Jesu – Katharina

Der Darstellung Jesu im Tempel ist Katharina beigesellt. Hier könnte man eine doppelte Beziehung sehen. Der Name besagt ja „Die Reine". So kann sie hindeuten auf den, der als der ganz Reine und Sündenlose sich als einer von uns dem gesetzlichen Reinigungsopfer stellt. Das gilt übrigens nicht nur für Jesus, sondern auch für Maria, die wir ja als die *Imma-*

---

[11] Dieser Hymnus *O sola magnarum urbium* ... stammt von Prudentius. Die entsprechenden Strophen lauten: *Videre postquam illum Magi,/ Eoa promunt munera:/ Stratique votis offerunt/ Thus, myrrham et aurum regium. Regem Deumque annuntiant/ Thesaurus, et fragrans odor/ Thuris Sabaei, ac myrrheus/ Pulvis sepulchrum praedocet.* In der Übersetzung von Schenk lauten sie so: Als dann die Weisen ihn gesehn,/ Weihn Schätze sie aus Morgenland/ Und opfern betend tiefgebeugt/ Die Gaben Weihrauch, Myrrhen, Gold. Das Gold gibt ihn als König kund,/ Der Weihrauchduft als Gott den Herrn,/ Indes die Myrrhe, wie der Staub,/ Erinnert an die Totengruft.

culata, die Unbefleckte von Anfang[12] an bekennen. Aber Katharina ist auch die Patronin der Weisen, der Philosophen, weil sie nach der Legende[13] die Weisen, die sie zum Abfall bewegen sollten, zum Glauben an Christus bekehrte. Ist sie so nicht durch ihr Leben und Sterben Erfüllung dessen geworden, was der greise Simeon bei der Darstellung verkündete: „Ein Licht zur Erleuchtung der Heiden und zum Ruhm deines Volkes Israel" (Lc 2,32)?

b) Das öffentliche Leben – Die Märtyrer

Den vier Bildern aus dem öffentlichen Leben Jesu sind Männer beigegeben, die für Christus in den Tod gegangen sind, Märtyrer. Über der Taufe Jesu steht Mauritius, über der Fußwaschung Gereon, über dem Kreuz des Herrn Georg und über dem Osterbild Merkurius.
Versuchen wir auch hier Beziehungen zwischen der jeweiligen Szene aus dem Leben Jesu und des Märtyrers aufzuspüren.

aa) Taufe Jesu – Mauritius

Das Mauritius dargestellt ist, dürfte seinen Grund darin haben, daß er der Konpatron der Abtei Siegburg ist. Warum aber hier bei der Taufe Jesu? Johannes[14] bekennt Jesus als das Lamm Gotes, das durch seinen Tod uns das Leben bringt. Haben sich die Thebäischen Märtyrer unter der Ermunterung ihres Anführers Mauritius nicht wie Schlachtlämmer[15] hinopfern lassen? Durch ihren Tod wurden sie aber auch dem ähnlich, der für seine Treue zu seinem Auftrag das Leben hingab, Johannes dem Täufer[16].

[12] Das Dogma von der Unbefleckten Empfängnis Marien wurde erst 1854 durch Papst Pius IX verkündet. Aber dieses Dogma hat eine lange Vorgeschichte, die eigentlich mit dem Satz aus dem Lukasevangelium (1,28) beginnt: Sei gegrüßt, du Begnadete, der Herr ist mit dir! Vgl. hierzu der Artikel „Unbefleckte Empfängnis Mariä" in LThK 10, Sp. 467ff; vor allem die Abschnitte 2. Geschichte und 3. Wurzeln.

[13] Kurze Zusammenfassung dieser Legende bei Torsy, Namenstagskalender, S. 333: „Die Legende berichtet, daß Katharina in einer Disputation fünfzig heidnische Gelehrte besiegt habe. Da das Rad zerbrach, auf dem sie gerädert werden sollte, wurde sie mit dem Schwert enthauptet. Ihr Leichnam wurde von Engeln auf den Berg Sinai getragen, wo Kaiser Justinian I. später (557?) das berühmte Katharinenkloster erbaute". Eine Katharinenkirche befindet sich in Hennef-Blankenberg mit Fresken aus dem 13. Jahrhundert.

[14] Jo 1,29 + 36.

[15] Vgl. hierzu Torsy, Namenstagskalender, S. 270: „Nach dem ältesten Bericht des Bischofs Eucherius von Lyon (um 450) wurde die aus Christen bestehende Legion niedergemetzelt, weil sie sich nicht an der Christenverfolgung des Kaisers Maximianus Hekulius beteiligen wollte". Die lateinische Passio: AA SS 22. Sept.

[16] Mt 14,3–12; vgl. die Parallelstellen: Mk 6, 17–29 und Lc 3,19f.

bb) Fußwaschung – Gereon

Gereon ist neben der hl. Ursula der große Stadtpatron von Köln. Deshalb ist seine Auswahl für diesen Altar sehr gut erklärbar. Was aber könnte er mit der Fußwaschung zu tun haben? Nach der Legende[17] wurde der Offizier der thebäischen Legion wegen seines Glaubens bei Köln auf einem Felde, das später Mechtern (ad martyres = zu den Märtyrern) genannt wurde, enthauptet. Der Leib sei dann in einen Brunnen geworfen worden, über dem später die hl. Helena die heutige Kirche St. Gereon erbauen ließ. Das wäre ein rein formaler Bezug zur Fußwaschung. Könnte nicht auch die Einheit der Kirche in diesen beiden Bildern angedeutet sein? Bei der Fußwaschung Christus im Kreis seiner Apostel, denen er ein Beispiel dienender Liebe gibt. Er wäscht gerade Petrus die Füße, dem ersten der Apostel, der auch der erste Patron des Kölner Domes ist. Über dieser Szene der Stadtpatron von Köln.

cc) Kreuzigung – Georg

Georg ist mit der Kreuzigung Christi verbunden. Seine Verehrung dürfte wohl von Anno mit nach Köln gebracht[18] worden sein, denn er ist der Patron des Bamberger Domes, wo Anno seine Ausbildung[19] erhielt, wo er Leiter der Domschule war. Georg wird als der Drachentöter dargestellt. So steht er in den Spuren Christi, der durch seinen Tod am Kreuz den Drachen, den Teufel, besiegt und entmachtet hat. Die Errettung der Königstochter aus der Gewalt des Drachen könnte Sinnbild der Rettung der Menschheit aus der Gewalt des Bösen sein, falls diese legendarische Ausschmückung nicht später ist, als unser Altar.

dd) Auferstehung – Merkurius

Mit der Verkündigung der Auferstehung an die Frauen ist der Märtyrer Merkurius verbunden. Und hier macht eine Zuordnung am meisten Kopfschmerzen. Zunächst aber erhebt sich die Frage, wie kommt dieser

---

[17] Vgl. Torsy, Namenstagskalender, 10.10; weitere Angaben LThK.

[18] Während die Gründung von Mariengraden in Köln wohl mehr als Ausführung eines Planes der Königin Richeza von Polen, der Schwester des Pfalzgrafen von Niederlothringen, war, ist das Stift St. Georg die erste Gründung, die aus Annos eigenem Antrieb erfolgte. Vgl. hierzu VA I, 16; VAm I, 12.

[19] Vgl. hierzu VA I, 1 u. I, 2; VAm I, 1 u. I, 2; Hier auch von besonderem Interesse der Anhang zu VAm mit dem Titel: „*Quid in Bavinbergensi civitate per Annonem gestum sit* – Was in der Stadt Bamberg durch Anno geschah".
Vgl. hierzu auch den Artikel von Heinz Kurth: Das Hochstift Bamberg. Siegburger Vorträge zum Annojahr 1983, SS XVI, Siegburg 1984, S. 95 ff.

Heilige, einer von den 10 000 Gefährten des hl. Achatius, überhaupt unter die vier auf dem Altar abgebildeten Märtyrer? Zwar wird eine Reliquie von ihm im Mauritiusschrein[20] aufbewahrt, aber das ist eine von über 700 Reliquien, die für Siegburg namentlich bekannt sind. Könnte da nicht der Name die Hauptrolle gespielt haben? Der Name Merkurius erinnert doch an den griechisch-römischen Gott Hermes-Merkur, den Götterboten. Auf dem Osterbild sind aber vier Boten dargestellt: Der Engel, der den drei Frauen die Frohbotschaft der Auferstehung Christi verkündet; sodann die drei Frauen, die nun wiederum hingehen und diese Kunde den Aposteln weitermelden. So wurde diese Zuordnung zugleich zum Schlüssel, auch bei den anderen Märtyrern[21] darauf zu schauen, ob nicht der Name für die Zuordnung zu einem Ereignis der Heilgeschichte maßgeblich gewesen sein könnte.

2. Die Apostel

Wie oben schon gesagt, sind hinter dem Altarstein zwölf Apostel von links nach rechts in folgender Reihenfolge abgebildet: Matthias, Judas, Matthaeus, Andreas, Jacobus, Petrus, Johannes, Simon, Thaddaeus, Bartholomaeus, Thomas und Paulus.
An der Auswahl und der Reihenfolge der Apostel fallen mehrere Besonderheiten auf, die es nun zu betrachten gilt.

a) Fehlende Apostel

Da Matthias und Paulus dargestellt sind, muß einer der Altapostel fehlen. Hinzu kommt aber noch, daß einer - wohl durch einen Irrtum - zweimal vertreten ist, nämlich Judas Thaddäus, der als Judas und als Thaddäus dargestellt ist. In der Tat fehlen denn auch Jakobus der Jüngere und Philippus.
Wie konnte es zu diesem Irrtum kommen? Das Neue Testament überliefert uns folgende Apostellisten: Mt 10,2-4; Mc 3,16-19; Lc 6,14-16; Act 1,13-14. Matthäus und Markus kennen einen Thaddäus, Lukas und die Apostelgeschichte kennen hingegen statt dessen einen Judas, den Sohn des Jakobus im Unterschied zu Judas Iskarioth. Beide werden in der kirchlichen Tradition als eine Person angesehen, die mit zwei verschiedenen Namen überliefert ist. Ähnlich ist es ja bei Bartholomäus, der bei

---

[20] Vgl. SS XIII, 22.6., S. 32, Nr. 241.
[21] Vgl. oben die Betrachtungen zu den Martyrer-Jungfrauen: Cäcilia, Ursula, Agatha, Katharina; Bei den Martyrern findet sich sonst eine solche „Wortbeziehung“ nicht.

Johannes[22] mit Natanael bezeichnet wird. Der Mönch, der das Programm für den Altar zusammenstellte sah aber offenbar hier zwei verschiedene Apostel. Zusammen mit dem Verräter Judas, der aber sicher nicht in diesem Kranz der Heiligen abgebildet werden konnte, hätten dann für ihn 13 Apostel existiert? Möglicherweise verwechselte er aber den Apostel Philippus mit dem in der Apostelgeschichte erwähnten Diakon Philippus (Act 6,5; 8,4–13; 26–40).

b) Matthias

Da man dann aber immer noch einen Apostel zuviel hatte, um die stereotype Zwölfzahl zu erreichen, wurde auch noch Jakobus d.J. ausgeschieden, damit man für den Apostel einen Platz übrig hatte, denen sich seit dem Beginn des 12. Jahrhunderts die Deutschen besonders verbunden fühlten: Matthias. Nach der Legende sollen seine Reliquien im Auftrag der Kaiserin Helena durch den Bischof Agritius[23] nach Trier gebracht worden sein. Sie wurden 1050 zum erstenmal und 1127 wiederum erhoben. Die Eucharius-Basilika wurde deshalb seit 1127 nach Matthias benannt. Lambertus de Legia[24] schrieb zwischen 1180 und 1200 das Buch: *„De vita, translatione, inventione ac miraculis sancti Matthiae Apostoli libri quinque"*. Es sorgte für die Verehrung des Apostels vor allem in Deutschland. Eine Matthias-Bruderschaft ist für die Pfarre St. Servatius zwar erst viel später bezeugt. Ein gedrucktes Gebetbuch für die Siegburger Wallfahrt nach Trier stammt aus dem Jahre 1744[25]. Weitere schriftliche Nachrichten im Pfarrarchiv von St. Servatius gehen nicht über das 18. Jahrhundert hinaus. Aber unter den sechs Apostelfiguren, die um 1500 der Kölner Meister Tilmann für die St. Servatius-Kirche schnitzte, befindet sich bereits ein Matthias[26].

---

[22] Vgl. Jo 1,45.

[23] Torsy, Namenstagskalender, 24. 2., S. 76.

[24] Lambertus de Legia, De vita ..., herausgeg. v. R. M. Kloos, Trierer Theol. Stud. 8, Trier 1958.

[25] New in Druck außgegebener Stadt Sigburgischer Pilgrams-Trost Nacher Trier Zu dem Weit in der Welt berühmten Teutschen Apostel MATTHIAM ... Bonn 1744, PAS, II, 9.

[26] Im Osterpfarrbrief 1978 von St. Servatius Siegburg habe ich auf Grund von Fotografien von 1888 versucht, die damalige Reihenfolge der Apostel festzustellen. Danach dürfte der Heimatbuch Siegburg II, Abb. 117 abgebildete Apostel ursprünglich Matthias gewesen sein. Dort hat er noch das Beil in der Hand, das heute verschwunden ist.

c) Reihenfolge

Auch die Reihenfolge bietet einige Möglichkeiten zur Betrachtung und Überlegung. Zunächst einmal fällt auf, daß die beiden Nachzügler unter den Aposteln, nämlich Paulus und Matthias, an erster und letzter Stelle stehen. So wurden denn auch die Apostel in den Tabellen gezählt, die vorne bei den Untersuchungen zum Mauritiusschrein[27] zu finden sind. Zunächst einmal stellt man fest, daß die beiden Brüderpaare, Petrus und Andreas, Johannes und Jakobus d. Ä., ziemlich zentral stehen (4–7). Allerdings nicht nach Brüdern geordnet, sondern gemischt: Andreas, Jakobus, Petrus und Johannes. Nimmt man die vier Apostel, die ja offensichtlich eine besondere Stellung im Apostelkollegium einnahmen, als eine Gruppe, so könnte man die zwölf Apostel in folgende Gruppen aufteilen: 1.: Matthias, Judas, Matthaeus; 2.: Andreas, Jakobus, Petrus, Johannes; 3.: Simon, Thaddaeus, Bartholomaeus, Thomas, Paulus. Dann ergäben sich drei ungleiche Gruppen von 3, 4 und 5 Aposteln.

d) Zwei Gruppen

Wahrscheinlicher dürfte folgendes Schema hier Pate gestanden haben, nämlich das der Petrus- und Paulusseite[28]. Dann ergäben sich nämlich zwei Gruppen von je sechs Aposteln. Allerdings müßte man dann von rechts nach links zählen, von Paulus bis Johannes, von Petrus bis Matthias. Diese Aufteilung ist dann ähnlich wie am Servatiusschrein von Maastricht[29]. Dort beginnt ja auch auf der linken Seite, also rechts von Christus die Gruppe der sechs Apostel beginnend mit Petrus. Die gegenüberliegende Seite hingegen beginnt neben Servatius mit Paulus an der Spitze. Beide Seiten zählen auch von rechts nach links. Wie ein Blick auf die oben verglichenen Reliquiare[30] zeigt, finden sich diese beiden Seiten öfters. Dabei beginnen aber meist beide Reihen rechts und links von dem die Stirnseite einnehmenden Christus. Dabei zählt die Petrusseite von rechts nach links, die Paulusseite von links nach rechts.

[27] Vgl. III.: Das Bildprogramm des Mauritius- und Innozentius-Schreines; F 2a–d; vor allem das Schema F 2c.

[28] Ebda.

[29] Vgl. hierzu außer den o. a. Tabellen, R. Kroos, Der Schrein des heiligen Servatius in Maastricht, München 1985.

[30] Vgl. die oben Anm. 27 aufgeführten Schemata.

3. Die Reihe der Bischöfe!

Als Gegenstücke zu den zwölf Aposteln sind vorne auf der Deckplatte zwölf Bischöfe dargestellt. Es sind von links nach rechts: Kunibert, Heribert, Bruno, Severin, Evergislus, Martin, Ambrosius, Brictius, Dunstan, Nikolaus, Servatius, Augustinus.

a) Kölner Bischöfe

Die ersten fünf sind Kölner Bischöfe bzw. Erzbischöfe. Sie sind aber weder in chronologischer noch in alphabetischer Reihenfolge aufgeführt. Die Zeit ihres Bischofsamtes[31] war für Kunibert 623–663; für Heribert 999–1021, für Bruno 953–965; für Severin um 400; Evergislus, der erste Bischof mit einem fränkischen Namen - Ebergisil - starb 594. Daß Anno, der Gründer der Abtei Siegburg in dieser Reihe fehlt erklärt sich wohl damit, daß er noch nicht heiliggesprochen war. Damit muß der Altar vor den 29. April 1183 datiert werden.

b) Bischöfe der Weltkirche

Während diese fünf Bischöfe die Kölner Kirche repräsentieren, könnten die übrigen sieben für die Weltkirche stehen. Martin war Bischof von Tours 371–397; Ambrosius, Bischof von Mailand 374–397; Briktius, Nachfolger Martins in Tours, 397–444; Dunstan Bischof von Worcester, London und Erzbischof von Canterbury 957–988; Nikolaus, Bischof von Myra in Kleinasien im 4. Jahrhundert; Servatius, Bischof von Tongern und Maastricht im 4. Jahrhundet; Augustinus, Bischof von Hippo in Nordafrika 395–430.

c) Auswahl und Reihenfolge

Die Auswahl erscheint dennoch ziemlich willkürlich. So fragt man sich, warum unter den Kölner Bischöfen der erste, Maternus, fehlt. Ferner, warum diese Reihenfolge, hinter der kein Ordnungsschema erkennbar ist[32]? Diese Fragen muß ich zunächst einmal so stehen lassen. Ich weiß

---

[31] Nach LThK, Artikel Köln, B. Erzbistum u. Kurfürstentum. Auffällig ist auch der Unterschied zu den auf dem Annoschrein dargestellten Bischöfen. Hier fehlen Maternus und Agilolf; dort Bruno.

[32] Wie oben schon erkennbar, ist keine Reihenfolge feststellbar sowohl in chronologischer wie alphabetischer Sicht. Auch, wenn man die Festtage in Betracht zieht, ergibt sich keine Folge: Kunibert, 12.11.; Heribert, 16.3. od. 30.8.; Bruno, 11.10.; Severin, 23.10.; Evergislus, 24.10.

keine Antwort darauf. Aber die anderen sieben Bischöfe werfen auch Fragen auf. So z. B.: Warum zwei Bischöfe von Tours: Martin und Briktius? Darauf könnte folgende Antwort passen: Martin ist ganz einfach der Bekenner-Bischof schlechthin[33]. Sein Fest wird ja bis heute wirklich als Volksfest begangen. Er ist ja auch der Patron des fränkischen Reiches. Sein halber Mantel, der nach der Teilung mit dem Bettler übrig blieb, war die Reichsreliquie der Franken[34]. Er war zugleich eine dauernde Mahnung zu christlicher Caritas. Von Martins Nachfolger wurden im Siegburger Reliquienschatz Reliquien aufbewahrt. Er war aber auch der Konpatron der dem hl. Apostel Bartholomäus geweihten Siegburger Propstei Hirzenach[35].

d) Augustinus, Ambrosius, Servatius u. Nikolaus

Die beiden großen Kirchenlehrer Augustinus und Ambrosius kann man auch deshalb durchaus hier verstehen wegen der vielen Homilien, die von beiden vor allem in den Vigilien vorgelesen wurden. Servatius ist der Patron der Siegburger Pfarrkirche. Nikolaus ist genau so berühmt wie Martin von Tours. Dazu war ihm eine Kapelle an der Siegburger Abteikirche[36] geweiht, die übrigens der gleiche Abt erbauen ließ, unter dem dieser Altar entstand, Abt Gerhard 1. (1174–1184/85).

---

[33] Kurze Zusammenfassung bei Torsy, Namenstagskalender, 11. 11. Quellen und reiche Literaturangaben zu seinem Leben LThK. Der lateinische Hymnus *Iste confessor*..., der heute bei den meisten Bekennerfesten zur Vesper gesungen wird, war ursprünglich ein Lied zu Martins Ehren. Die Lebensbeschreibung Martins von Sulpicius Severus hat auf viele spätere Heiligenviten abgefärbt; vgl. hierzu VAm, SS X, Zitatenregister C, S, 174.

[34] Torsy, Namenstagskalender, sagt hierzu: „Martins Mantel wurde eine Reichsreliquie, die die fränkischen Könige auf ihren Heerzügen begleitete". Der Mantel = Cappa wurde durch die Teilung mit dem Bettler zur Capella = Mäntelchen. Damit hängen vielfältige Begriffe zusammen, wie Capellanus = Kaplan, Kapelle = kleine Kirche, Kapelle = Musikkapelle. Vgl. hierzu den Art. Kapelle in LThK.

[35] Vgl. Wisplinghoff, Siegburg, S. 82 ff.; dort wird Briktius nicht als Konpatron erwähnt. Nach SS XIII, 13. 11., S. 58, wird eine Reliquie von ihm im Großen Limogesreliquiar aufbewahrt, die die Bezeichnung trägt: *B. Brixii ep., praeposituraе Hircenacensis patroni*. Er ist auch in den Kalendern der beiden Siegburger Psalterien von Nancy und Wien genannt.

[36] Vgl. UBS I, 74, 1183, Abt Gerhard von S. weist den Mönchen mehrere Einkünfte zur Feier seines Jahrgedächtnisses an. Darin folgender Passus: ... *assignavimus ad luminare capelle sancti Nycolai a nobis super lobium secus turrim fundate* ... = wir weisen für die Beleuchtung der St. Nikolauskapelle, die wir auf der Galerie am Turm errichtet haben ... Zu Abt Gerhard vgl. Wisplinghoff, Siegburg, S. 159 f. Seine Bemühungen um Annos Heiligsprechung: Libellus des Translatione, SS III, S. 5 ff., Siegburg 1966.

e) Dunstan von England?

Warum der englische Bischof Dunstan hier abgebildet ist, läßt sich bisher nicht nachweisen. Eine Verehrung in Siegburg ist nicht bekannt. Auch in allen Kalendern, die im Bd. XIII der Siegburger Studien mit den Siegburger Kalendern verglichen wurden, ist er nicht genannt. Eine andere Beziehung zu Siegburg konnte ich bisher nicht finden, außer, daß er vor seiner Bischofsweihe Benediktinermönch war. Vielleicht sollte er aber neben den übrigen Bischöfen aus Frankreich, Italien, Kleinasien und Nordafrika eben die englische Kirche repräsentieren. War doch die Kirche Englands gleichsam die Mutterkirche, da von dort einmal die Missionare Willibrord und Bonifatius aufgebrochen waren, um ihren Stammesgenossen auf dem Festland die Botschaft Christi zu verkünden.

4. Die Inschriften

Zehnder sagt hierzu folgendes: „Am[37] äußeren Rand umlaufend ein schmaler Inschriftenstreifen; ein weiterer Streifen mit Inschriften um den Stein und die seitlich kleineren Szenen. Die Inschriften, in vier leonischen Hexametern, behandeln dogmatisch die Bedeutung des Altares, das materielle und geistige Opfer". Leider sind hier zwei Fehler anzumerken. Nach der Brockhaus-Enzyklopädie muß es „leoninisch" heißen; „leonisch" ist dort überhaupt nicht bekannt. Damit sind Hexameter oder Pentameter gemeint, bei denen sich Zäsur und Ende reimen. Das kann durch einen Druckfehler zu erklären sein, denn die Arbeit wurde unter ziemlichem Zeitdruck angefertigt, nachdem der ursprünglich vorgesehene Bearbeiter kurzfristig absagte. Aber es handelt sich nicht um zwei-mal-vier Hexameter, sondern die Verse des inneren Streifens enden nach drei Hexametern mit einem Pentameter. So besteht die Inschrift aus sechs Hexametern und einem Distichon.
Der Text des äußeren Randes lautet:

QUICQUID IN ALTARI / TRACTATUR MATERIALI

CORDIS IN ALTARI / CONPLETUR SPIRITUALI

HOSTIA VISIBILIS / MACTATUR OPERTA FIGURA

INMOLAT HANC PURA / DEVOTIO MENTIS IN ARA

[37] Zehnder, S. 445.

Bei genauerm Zusehen entdeckt man, daß der dritte Vers offensichtlich fehlerhaft ist, denn Zäsur und Endung reimen sich nicht. Wenn man aber HOSTIA und VISIBILIS umstellt, lautet der Vers:

VISIBILIS HOSTIA / MACTATUR OPERTA FIGURA

Nun stimmen sowohl das Versmaß wie der Reim. Vermutlich hat der Goldschmied den Text durcheinandergebracht. Dasselbe gilt auch für den letzten Vers der innen umlaufenden Inschrift. Deren Text lautet im Original:

ARA CRUCIS CRISTI / MENSE COMMUNICAT ISTI

HAC ETENIM RITE / SACRATUR VICTIMA VITE

IN QUA STRUCTURA / VIRTUTUM NON RUITURA

PONITUR HAC DOMINO / DIGNA DOMUS STRUITUR

Hier ist der letzte Vers, der Pentameter des Distichons, durcheinander geraten. Auch hier bietet sich die gleiche einfache Korrektur an wie oben. Wenn man entweder HAC DOMINO PONITUR oder DOMINO HAC PONITUR liest, ist sowohl der Vers wie der Reim in Ordnung. Unter Berücksichtigung dieser beiden Verbesserungen lautet dann der ganze Text:

QUÍCQUID IN ÁLTARÍ / TRACTÁTUR MÁTERIÁLI

CÓRDIS IN ÁLTARÍ / CONPLÉTUR SPÍRITUÁLI

VÍSIBILÍS HOSTIÁ / MACTÁTUR OPÉRTA FIGÚRA

ÍNMOLAT HÁNC PURÁ / DEVÓTIO MÉNTIS IN ÁRA

ÁRA CRUCÍS CRISTÍ / MENSÉ COMMÚNICAT ÍSTI

HÁC ETENÍM RITÉ / SACRÁTUR VÍCTIMA VÍTE

ÍN QUA STRÚCTURÁ / VIRTÚTUM NÓN RUITÚRA

HÁC DOMINÓ PONITÚR / DÍGNA DOMÚS STRUITÚR

Die deutsche Übersetzung lautet etwa so:

Was auf diesem materiellen Altar geschieht,
wird vollendet auf dem geistigen Altar des Herzens.
Unter verhüllter Gestalt wird die sichtbare Hostie geopfert.
Die reine Hingabe des Geistes bringt sie dar auf diesem Altar.

Der Kreuzaltar Christi ist mit diesem Tisch vereinigt.
Gebührend wird nämlich hier das Opfer des Lebens gefeiert.
Auf ihm wird der Tugenden unzerstörbares Gebäude errichtet.
Hier wird das Haus gebaut, das Gott würdig ist.

Zehnder[38] weist auch auf die Inschriften am Viktors-Altar in Xanten und am Tragaltar von Maria im Kapitol in Köln hin. Nach Braun entspricht die innere Inschrift des Viktors-Altars der äußeren des Gregoriusaltars. Während die äußere Inschrift die Namen der dort abgebildeten Heiligen nennt. Zum Altar von Maria im Kapitol schreibt Braun: „Die[39] Inschrift, welche außen die Umrandung umzieht, ist eine Variante der Inschrift am inneren Rand des Rahmens des Xantener Portatiles. Nach innen zu sind die Verse Hildeverts von Le Mans an ihr angebracht". Diese Verse lauten nach der Migne-Ausgabe[40].

ARA CRUCIS TUMULIQUE CALIX / LAPIDISQUE PATENA

SINDONIS OFFICIUM / CANDIDA BYSSUS HABET.

Die ganze Inschrift auf diesem Altar, der ja der gleichen Werkstatt oder dem gleichen Meister entstammt wie unser Tragaltar lautet:

QUÍCQUID IN ÁLTARÍ / PUNCTÁTUR SPÍRITUÁLI

ÍLLUD IN ÁLTARÍ / COMPLÉTUR MÁTERIÁLI

ÁRA CRUCÍS TUMULÍ / CALÍX LAPIDÍSQUE PATÉNA

SÍNDONIS ÓFFICIÚM / CÁNDIDA BÍSSUS HABÉT.

Die Ähnlichkeit der beiden ersten Verse, die ja die äußere Umrandung bilden mit den beiden ersten Versen des Gregoriusaltars ist auffällig. Rein zahlenmäßig sind von den zehn Worten, die beide Verse enthalten, acht identisch.
Die innen umlaufende Inschrift hebt sich dadurch von den beiden anderen Versen ab, daß es kein leoninisches Distichon ist. Ferner ist das dem *tumuli* angehängte *que* fortgelassen.
Nun wäre eigentlich eine Untersuchung fällig über die Herkunft der übrigen Texte. Sie stammen nicht von Hildebert von Le Mans, wie ein Vergleich mit den übrigen metrischen Werken dieses mittelalterlichen Au-

---

38 Ebda.
39 Jos. Braun, Der christliche Altar, 1. Bd., S. 481 f., München 1924.
40 Hildebertus ep. Cenomanensis, Versus de mysterio missae, PL 171, Sp. 1194. 35.

tors zeigt. Es wurden verglichen die Werke, die sich mit der Messe[41] beschäftigen, nicht die metrischen Heiligenviten desselben Verfassers. Außerdem verwendet Hildebert in all diesen Werken keine leoninischen Verse. Aber obige Texte können eine Anregung sein, sich auch einmal mit dem Problem der Autorschaft zu beschäftigen.

C. Zusammenfassung

Die obigen Überlegungen sollten das verdeutlichen, was Zehnder kurz zusammenfassend so beschreibt: „Reiches[42] ikonographisches Programm mit vielfältigen Zusammenhängen: Gegenüberstellung des Alten und Neuen Bundes; die Propheten als Vertreter des Alten Testaments, wie häufiger an Tragaltären, unten an den Wänden. Die Apostel als Zeugen des Neuen Testamentes oben auf der Deckplatte, hier allerdings auch einbezogen in einen großen Kreis heiliger Männer und Frauen, die wie zur Feier des Meßopfers den Altarstein umstehen. Die Ranken sind hier wohl eine Metapher des Paradieses, in das die heiligen Gestalten versetzt wurden".

1. Feier des Meßopfers

„Feier des Meßopfers": dafür ist der Altar geschaffen worden. Das, was bei der Feier der Messe geschieht, will er darstellen. Dabei ist auch zu berücksichtigen das alte Verständnis von Symbol[43], das ja nicht nur eine Abbildung sein will, sondern etwas von der größeren, undarstellbaren Wirklichkeit enthält. Denn das, was auf dem Altar abgebildet ist, konnte der Priester, der an ihm die Messe feierte, ja gar nicht sehen, weil es durch das Altartuch verdeckt war.

2. Wortgottesdienst

Die Feier der Messe selbst ist hier Bild geworden. Im Wortgottesdienst kommen die Gestalten des Alten Bundes zu Wort wie auch die Apostel. Im Evangelium wird das Heilswirken Gottes durch Christi Menschwerdung, seinen Tod und seine Auferstehung verkündet. Aber auch im Zen-

---

[41] Ebda, Sp. 1178 ff.

[42] Zehnder, S. 445.

[43] Vgl. den Artikel in LThK: Symbol, II. Theologisch und III, Bildhaftes Symbol. Etwas vereinfachend kann man sagen: Symbol bedeutet für den antiken Menschen, aber auch den des Mittelalters, mehr als nur ein Hinweis, als ein Abbild. Im Abbild ist etwas von der Wirklichkeit des Dargestellten gegenwärtig.

tralgeschehen der Messe, dem Hochgebet, wird auf das Alte Testament verwiesen durch das Gebet: „*Supra*[44] *quae* – Blicke versöhnt …" Hier werden aber nicht die Propheten und Könige genannt, die auf den Wänden des Altars dargestellt sind, sondern die Gestalten, mit denen vorbildliche Opfer des Alten Bundes verbunden sind: Abel, Abraham und Melchisedech.

3. Heilswirken Christi im Hochgebet

Auf das Heilswirken Christi wird verwiesen in dem Gebet: „*Unde*[45] *et memores* – Darum gütige Vater …" Darin heißt es: „Wir verkünden sein heilbringendes Leiden, seine Auferstehung von den Toten und seine glorreiche Himmelfahrt". Christi Menschwerdung wird darin nicht erwähnt, aber das ganze Heilswirken Gottes an uns wird ja im Laufe des Kirchenjahres gefeiert. In klassischer Weise faßt es zusammen die Präfation des heutigen zweiten Hochgebetes, die zwar nicht bekannt war, als dieser Altar entstand: „Er ist Mensch geworden durch den Heiligen Geist, geboren von der Jungfrau Maria. Um deinen Ratschluß zu erfüllen und dir ein heiligen Volk zu erwerben, hat er sterbend die Arme ausgebreitet am Holze des Kreuzes. Er hat die Macht des Todes gebrochen und die Auferstehung kundgetan".

4. Heilswirken Christi in Präfationen

Aber auch in den beiden heutigen Sonntagspräfationen II und IV wird das ganze Heilswerk Christi in Kurzfassung gemeldet. Beide sind aber, wie das *Corpus Praefationum* (CP)[46] beweist, alte Texte, die teilweise schon in karolingischer Zeit geschrieben wurden.

Die Präfation II am Sonntag sagt: „… Denn aus Erbarmen mit uns sündigen Menschen ist er Mensch geworden aus Maria der Jungfrau. Durch sein Leiden am Kreuz hat er uns vom ewigen Tod befreit und durch seine Auferstehung uns das ewige Leben erworben …" Diese Präfation ist im CP unter der Nummer 993 zu finden. Der kritische Apparat zeigt, daß sie in über 30 Handschriften auf uns gekommen ist.

Die Präfation IV am Sonntag bietet folgenden Text: „… Denn durch seine Geburt hat er den Menschen erneuert, durch sein Leiden unsere

[44] Missale Romanum, Canon missae I (sogen. Römisches Hochgebet), 2. Gebet nach der Wandlung.

[45] Ebda, 1. Gebet nach der Wandlung.

[46] Corpus Praefationum, ed. E. Moeller, CC SL 161, Turnhout 1980/81.

Sünden getilgt, in seiner Auferstehung den Weg zum Leben erschlossen und in seiner Auffahrt zu dir das Tor des Himmels geöffnet. . . ." Dieser Text findet sich CP Nr. 525 und wurde nach Ausweis des kritischen Apparates als Sonntagspräfation verwendet.

5. Gemeinschaft der Heiligen

In zwei Gebeten gedenkt das römische Hochgebet der Heiligen. Im „*Communicantes*[47] – In Gemeinschaft mit der ganzen Kirche" werden nach Maria die Apostel genannt und im Anschluß an sie zwölf weitere männliche Heilige, Päpste, Bischöfe und andere Märtyrer, die vor allem in Rom verehrt wurden.

Im letzten Gebet vor der abschließenden Doxologie im „*Nobis*[48] *quoque peccatoribus* – Auch uns, deinen sündigen Dienern" werden acht Märtyrer und sieben Märtyrinnen genannt.

So, wie diese beiden Gebete, deren erstes vor, das andere nach der Wandlung steht, gleichsam die Mitte der Meßfeier umschließen, so umstehen die Heiligen den Altarstein, auf dem Christus als das geopferte und erhöhte Lamm thront.

6. Ausblick auf Vollendung

Da haben denn auch die Ranken, in denen Zehnder ja „eine[49] Metapher des Paradieses" sieht, ihren Platz. Auch hier sagt wieder ein Gebet des Römischen Hochgebetes das aus, was auf geheimnisvolle, sakramentale Weise bei der Messe geschieht: „Wir[50] bitten dich, allmächtiger Gott: Dein heiliger Engel trage diese Opfergabe auf deinen himmlischen Altar vor deine göttliche Herrlichkeit; und wenn wir durch unsere Teilnahme am Altar den heiligen Leib und das Blut deine Sohnes empfangen, erfülle uns mit aller Gnade und allem Segen des Himmels".

So sind alle, die bei der Feier der Eucharistie den Altar umstehen und mitfeiern, in den Kreis derer aufgenommen, die ihre Vollendung bei Gott erlangt haben. Sie stehen hier schon quasi im Vorhof des Paradieses, dessen Bewohner die Heiligen schon sind. Bildprogramm und Inschriften deuten sich so gegenseitig. Beide ermuntern so, bei der Feier nicht nur materiell, sondern auch mit Herz und Verstand anwesend zu sein.

---

[47] Anm. 44, 2. Gebet vor der Wandlung.
[48] Ebda, abschließendes Gebet vor der Schlußdoxologie.
[49] Zehnder, S. 445.
[50] Anm. 44, 3. Gebet nach der Wandlung; vgl. auch VI B 1 c.

VI. DAS ANDREASRELIQUIAR

Zehnder beurteilt dieses Reliquiar mit folgenden Worten: „Ein[1] Werk von hohem künstlerischen Wert in Programm und Ausführung, das eine starke selbständige Künstlerpersönlichkeit vermuten läßt. Swarzenski nennt es das 'absonderlichste Stück nordwestdeutscher Schmelzkunst' und zeigt Zusammenhänge mit den Kästchen aus Vorau in Wien, der Sammlung Martin Le Roi im Louvre und der Pfarrkirche von Lette i. W. auf. Er weist diese Werke dem Wesergebiet zu".

Peters nennt es „Ein[2] Werk von einer ausgesprochen malerischen Kultur und von einer wundersamen Schönheit in goldblau funkelnder, ja atmosphärisch schimmernder Farbe". Nachdem er in hymnischen Worten die Seiten und die Deckplatte beschrieben hat, meint er: „Wieder[3] und wieder ist man überrascht ob all der Beobachtungen, ob einer so urwüchsigen, so kindlischen Ursprünglichkeit, die keinerlei tiefere Gründe, aber auch keinerlei Umschweif kennt".

Da möchte ich meine Bedenken anmelden. Ist die Deckplatte, sind die anderen Darstellungen an den Wänden einfach das Produkt einer „kindlichen Ursprünglichkeit", kennen sie wirklich keine „tieferen Gründe"? Mir scheint, daß hier noch eine Fülle von Geheimnissen aufzuspüren ist, die zur Gestaltung dieses Reliquiars führten.

Zunächst einmal die Frage: Warum heißt dieses Kästchen überhaupt Andreasreliquiar? Nach Zehnder befand sich am unteren Rand des Bodens ehemals die Inschrift[4]: *„Scrinium beati Andreae apostoli"*. Es erhebt sich sofort die weitere Frage: War diese Inschrift ursprünglich, oder wurde sie zu späterer Zeit beigefügt? Wenn sie ursprünglich war, die weitere Frage: Warum bekam dieses Reliquiar den Namen, obwohl der Heilige Andreas weder in besonderer Weise dargestellt ist – er befindet sich nur anonym bei den übrigen Aposteln –, noch Reliquien von ihm in dem Kästchen enthalten sind?

---

[1] Zehnder, S. 423 f.
[2] Peters, Servatiusschatz, S. 15
[3] Ebda.
[4] Zehnder, S. 423.

Im Siegburger Reliquienschatz werden Andreasreliquien[5] in drei Reliquiaren aufbewahrt: Benignusschrein, Honoratusschrein und Gregoriustragaltar. Die gleiche Frage stellt sich übrigens bei dem oben betrachteten Gregoriustragaltar[6], in dem sich ja auch keine Reliquien dieses Papstes befinden, während in anderen Reliquienbehältern solche aufbewahrt werden.

War diese Bezeichnung ursprünglich? Es spricht nichts dafür, daß später einmal diesem Kästchen der Namen des Apostels Andreas gegeben worden wäre. Dafür müßte ja auch ein Grund gewesen sein. Hieß es vielleicht deshalb so, weil die Zuordnung der Darstellungen auf der Deckplatte ein Andreaskreuz ergaben? Dann wäre also doch keine „kindlische Ursprünglichkeit" am Werk gewesen, sondern tiefe theologische Überlegungen. Sehen wir einmal zu!

A. Die Deckplatte

Sie wird von Zehnder so beschrieben: „Die[7] Deckplatte wird durch sich überschneidende, geschweifte Schriftbänder in sechs große und drei kleine Felder aufgeteilt. Im mittleren Feld oben die Majestas Domini in der Mandorla mit den Evangelistensymbolen, Darunter die Kreuzannagelung mit Maria, Johannes und Longinus, in den Zwickeln darüber Sol und Luna. Die Eckfelder unten links und oben rechts gehören zusammen. Im oberen Maria als Wöchnerin mit drei Engeln, Josef und Gottvater oder einem Propheten (Isaias?) mit geöffneter Schriftrolle (Ps 71,11). Im unteren Feld das Kind in der Krippe mit Ochs und Esel. Darüber wieder drei Engel. Im unteren rechten Feld die Verkündigung an die Hirten; oben links die Aussendung der Apostel Petrus und Paulus durch Christus. Überall verschiedenartige Nimben. Die gesamte Platte wird durch eine ringsumlaufende Inschrift gerahmt".

Zu diesen Angaben seien einige kritische Anmerkungen erlaubt. Zunächst einmal sehe ich zwar die sechs großen Felder, kann aber nur zwei kleine erkennen, nämlich die beiden Zwickel mit Sonne und Mond, die vor dem Geschehen auf Golgotha das Gesicht verhüllen. Ein drittes kleines Feld finde ich nicht, es sei denn, daß man die Mandorla, die Christus, den Pantokrator, umfaßt, als solches ansieht. Dann sind aber auch die Engel über der Krippe durch ein Schriftband in einem eigenen kleinen Feld versammelt.

---

[5] Siegburger Liturgie I, S. 60, 30. Nov.

[6] Vgl. V. Der Gregorius-Tragaltar.

[7] Zehnder, S. 423; vgl. Abb. 13.

Im großen Feld rechts oben meint Zehnder in der Gestalt, die das Schriftband hält, entweder Gottvater oder den Propheten Isaias sehen zu dürfen. Wenn aber hier ein Psalmvers als eine deutende Prophezeihung auf das Geschehen präsentiert wird, dann muß hier auch der dargestellt sein, der im ganzen Mittelalter als der Verfasser der Psalmen gilt, nämlich der König David. Der Text lautet eindeutig: *„Adorabunt eum omnes reges, omnes gentes servient ei“* (Ps 71/72,11). Im Unterschied zu allen anderen hier dargestellten Männern ist er nicht barhäuptig. Sollte vielleicht sogar eine Krone sein Haupt bedecken? Alle Frauen tragen nämlich einen Schleier auf dem Kopf. Dies ist die zweimal auf der Deckplatte und einmal auf der rechten Schmalseite dargestellte Maria und die heilige Frau, die ebenfalls auf dieser Seite rechts außen von Maria steht.

1. Versuch einer Deutung

Oben wurde die Vermutung geäußert, ob nicht die Zuordnung der vier Außenszenen in Form eines Andreaskreuzes zur Namengebung des Reliquienkästchens der Anlaß gewesen sein könnte. Auch Zehnder sieht eine Querverbindung von der Szene oben rechts nach unten links[8], also von der Mutter-Gottes im Wochenbett zu Jesus in der Krippe. Eine andere Verbindung sehe ich von dem Bild unten rechts nach links oben. Ein Engel verkündet den Hirten die Frohe-Botschaft von der Menschwerdung Gottes. Sie werden selbst dann zu Boten[9] von Gottes Liebe und Erbarmen. Die Apostel Petrus und Paulus werden durch Christus ausgesandt, die gleiche Botschaft allen Völkern zu verkünden. Im Galaterbrief sagt Paulus: „... denn Gott, der Petrus die Kraft zum Aposteldienst unter den Beschnittenen gegeben hat, gab sie mir zum Dienst unter den Heiden“ (2,8). In dem das Bild begleitenden und deutenden Text wird ja auch das Amt des hl. Paulus als Völkerapostel betont, das Amt Petri aber von der Szene bei Cäsarea Philippi hergeleitet (Mt 16,18–19).

Das Zentralgeheimis Christi aber wird durch die beiden Darstellungen in der Mitte vergegenwärtigt: Kreuzigung und Verherrlichung. Paulus sagt dazu im Philipperbrief: „Seid untereinander so gesinnt, wie es dem Leben in Christus Jesus entspricht: Er war Gott gleich, hielt aber nicht daran fest, wie Gott zu sein, sondern er entäußerte sich und wurde wie ein Sklave und den Menschen gleich. Sein Leben war das eines Men-

[8] Ebda.
[9] Vgl. Lc 2,15–20.

schen; er erniedrigte sich und war gehorsam bis zum Tod, bis zum Tod am Kreuz. Darum hat ihn Gott über alle erhöht und ihm den Namen verliehen, der größer ist als alle Namen, damit alle im Himmel, auf der Erde und unter der Erde ihre Knie beugen vor dem Namen Jesu und jeder Mund bekennt: Jesus Christus ist der Herr zur Ehre Gottes des Vaters" (2,5–11).

In diesem altchristlichen Hymnus, den Paulus wahrscheinlich schon vorfand, als er gegen 55 den Philipperbrief schrieb, wird eigentlich die ganze Thematik unseres Bildes[10] erklärt. Christi Erniedrigung in seiner Menschwerdung, dargestellt in der Jungfrau-Mutter Maria (oben rechts) und dem Kind in der Krippe, dem die Tiere Gesellschaft leisten (unten links). Zu dieser Entäußerung gehört auch, daß Gottes Menschwerdung nicht den Großen dieser Welt, sondern den einfachen, ja verachteten Hirten zuerst verkündigt wird (unten rechts). Diese beiden Szenen umklammern die äußerste Erniedrigung Gottes im Tod Jesu am Kreuz (unten Mitte). Die Hirten schauen aber bereits auf den Pantokrator, den erhöhten Herrn. Zum Zeichen seiner Allmacht ist er von den vier Lebewesen umgeben, die zuerst als Mischgestalten bei Ezechiel (1,10) vorkommen, als Einzelwesen aber in der Apokalypse genannt werden (4,7). Es sind die vier Gestalten, die dann den Evangelisten zugeordnet wurden: Matthäus der Mensch, Markus der Löwe, Lukas der Stier und Johannes der Adler. So halten denn auch diese vier Wesen alle ein Buch in Händen, ihr Evanglium, die Frohe Botschaft.

Nach dieser Gesamtschau der Deckplatte einige Beobachtungen und Betrachtungen zu den Einzelszenen.

a) *Oben rechts:* Maria ist die Zentralfigur. Drei Engel, Gottes Boten oder auch Gottes Hofstaat, erscheinen, um ihr zu dienen. Vielleicht schon ein Hinweis, daß sie die Königin des Himmels ist. Rechts in der Ecke ihr königlicher Ahnherr David, in seinen Händen eine Prophezeiung auf die göttliche Würde dessen, den Maria geboren hat. Der Psalmvers *„Adorabunt eum omnes reges, Omnes gentes servient ei* – Alle Könige müssen ihm huldigen, alle Völker ihm dienen" (71/72,11), erinnert an das Wort aus der Geheimen Offenbarung: *Rex regum et Dominus dominantium* – König der Könige und Herr aller Herrscher (19,16). Josef sitzt dabei, als wenn er all das nicht verstehen könnte. Ist er vielleicht der Vertreter aller Menschen, die ja auch Gottes Liebe nicht verstehen, sondern nur glaubend in Ehrfurcht annehmen können?

---

[10] Vgl. das Schema: Zuordnung... bei Abb. 13.

b) *Unten links:* Auf dieses Bild paßt wie der Schlüssel ins Schloß, das, was W. Nyssen in der Bistumszeitung Münster schrieb: „Man[11] kann dieses Bild im tiefsten Sinn des Wortes ein Mysterienbild nennen, d. h. ein Bild, in dem im Zeichen der Ankunft des Herrn in der Weihnacht dennoch die ganze Erlösung zum Ausdruck gelangt. ‚Bethlehem' heißt in der ursprünglichen Wortbedeutung ‚Haus des Brotes' und hier zeigt sich, daß die Erniedrigung des Sohnes in Bethlehem in seinem ersten Kommen durchsichtig wird auf seine Hingabe im Brot, seines Vermächtnisses an die Kirche. Der Kirchenlehrer Hieronymus berichtet im 5. Jahrhundert von der Pilgerin Paula, die das Heilige Land besuchte, wie sie beim Betreten der Geburtsgrotte von Bethlehem in die Worte ausbrach: „Sei gegrüßt Bethlehem, Haus des Brotes, wo jenes Brot geboren wurde, das vom Himmel herabgestiegen ist?' Durch eine solche Mysteriendarstellung erhalten auch die Tiere, die die Krippe der Weihnacht mit ihren Köpfen überwölben, eine tiefere Bedeutung. Die Frühzeit verwies auf den Propheten Habakuk gemäß der griechischen Übersetzung: ‚Inmitten[12] von zwei Lebendigen tust du dich kund' und sah in den beiden Tieren die Zeichen der beiden Völker der Kirche aus den Juden und der Kirche aus den Heiden (Hab 3,2). Es ist eigenartig genug, daß man auf dieser Tafel feststellen kann, wie der Esel seine Zähne in das Brot der Weihnacht gegraben hat, ähnlich wie es im Taufstein von Freckenhorst um 1129 von neuem zur Darstellung gekommen ist. Dem gläubigen Christen der Frühzeit, für den das Bild nicht Ausschmückung bedeutete, sondern Weg in die Tiefe unfaßlichen Heils, wurde in diesem Bild sichtbar, daß der, der Mensch geworden ist, in der Fülle der Zeit, der sich darbietet auf dem Altar seiner Krippe, durch seine Erlösungshingabe für die Welt zum Brot des Lebens geworden ist". Diese Beschreibung gilt dem vielleicht ältesten Weihnachtsbild[13], das im 6. Jahrhundert in Palästina entstand. Es schmückt den Innendeckel eines Reliquienkastens zusammen mit den Bildern der Taufe Jesu, der Kreuzigung, den Frauen am leeren Grab und der Himmelfahrt des Herrn.

Dieses Bild, das etwa 7x8 cm mißt, also in etwa den Größenverhältnissen unseres Reliquiars entspricht, verbindet die hier getrennten Bilder, wie es ja auch sonst üblich ist, zu einem. Maria ist spiegelbildlich dargestellt, ebenfalls Joseph, auch wenn er an der gleichen Seite sitzt wie in dem älteren Vorbild. Aber er schmiegt im älteren Bild die Wange in die rechte

[11] Kirche und Leben, Bistumszeitung Münster, Nr. 52/53, 1989.
[12] Hierzu vgl. auch die Ausführungen zum Mauritiusschrein: III,4,d.
[13] Vgl. Abb. 14.

Hand, auf unserem Kästchen ist es die Linke. Wenn das Kind in der Krippe auch so liegt, wie auf dem Bild des 6. Jahrhunderts, so haben doch hinwiederum die beiden Tiere ihren Platz gewechselt. Dies ist übrigens auch in Freckenhorst der Fall, aber da liegt auch das Kind in anderer Richtung.

Nun nach diesem langen Zitat und der Abschweifung ein paar Beobachtungen zu unserem Bild. Die beiden Bögen über Ochs und Esel sollen doch wohl an die Höhle erinnern, die den Hirten als Stall diente. Sodann scheinen mir die drei Engel, die hier und oben rechts dargestellt sind auch auf das eine Thema, die eine Szene zu verweisen, die in diesen beiden Bilder dargestellt ist.

c) *Unten rechts:* Einer Gruppe von drei Hirten mit Schafen und Ziegen erscheint der Engel mit dem Spruchband: „*Gloria in excelsis Deo* – Ehre sei Gott in der Höhe". Alle drei schauen nach oben; bei Zweien wird die Blickrichtung durch die nach oben ausgestreckte rechte Hand verstärkt. Der Blick der Hirten geht an dem Verkündigungsengel vorbei auf Christus, den Allherrscher, der die obere Mitte der Deckplatte einnimmt. Sie könnten aber auch auf die Szene links oben schauen, nämlich auf Christus, der die beiden Apostel Petrus und Paulus aussendet, die Frohe Botschaft allen Völkern zu verkünden.

Doch zuvor dürfte noch die Überlegung am Platz sein, ob diese beiden Darstellungen unten links und unten rechts nicht nur das Geschehen der Weihnacht berichten, sondern auch thematisch innerlich verbunden sind; Ob sie nicht die Basis bilden für die Mitteldarstellungen. Der da in dem Körbchen liegt ist ja der ewige menschgewordene Gottessohn. Er ist in die Windeln so eingepackt, daß sein Leib wie ein Brotlaib daliegt, an dem ja auch schon der Esel, Vertreter der Heidenvölker, knabbert. Er ist auch der, von dem Johannes sagt: „*Et Verbum caro factum est* – Und das Wort ist Fleisch geworden (Jo 1,14)". So wird links das Fleischwerden des Wortes dargestellt. Rechts aber begibt sich Gottes Wort in unsere menschliche Sprache. So könnte man die untere Hälfte mit *Exinanitio* – Entäußerung – Erniedrigung bezeichnen.

d) *Unten Mitte:* Diese Entäußerung Gottes findet im Kreuzestod Christi ihre tiefste Erfüllung. In diesem Bild ist das ganze über Stunden sich hinziehende Geschehen[14] in einem Bild zusammengefaßt. Christus hängt am Kreuz; seine rechte Hand und die Füße werden von zwei Henkern angenagelt. Von rechts her wird ihm der Schwamm mit Essig dargereicht, von links stößt aber auch der Soldat schon die Lanze in seine Seite, aus

der – angedeutet durch ein paar kleine Striche – Blut und Wasser herabfließen. Christus selbst hat das Haupt schon im Tode geneigt. Die beiden Trauernden, Maria und Johannes, begrenzen die Szenen an beiden Seiten.
Außer Christus sind sechs Personen abgebildet: Maria, Johannes, der Mann mit dem Schwamm auf dem Stock, die beiden, die Christus annageln, und der Soldat mit der Lanze. Drei von ihnen stehen auf der Seite des Herrn: Maria und Johannes sind voll Schmerz und Trauer; der Mann mit dem Essigschwamm gibt ihm eine Linderung in seinen Todesschmerzen. Zwei bereiten Christus durch die Annagelung ans Kreuz große Schmerzen. Der Soldat mit der Lanze öffnet dem toten Herrn die Seite und erfüllt damit nach Johannes die Prophezeiungen des alten Bundes: Man soll an ihm kein Gebein zerbrechen. Und ein anderes Schriftwort sagt: Sie werden auf den schauen, den sie durchbohrt haben (Jo 19,36 f,).
Eine sehr ähnliche Kreuzigungsdarstellung findet sich in der Nordapsis der Schwarz-Rheindorfer Doppelkirche[15] als Fresko. Dort fehlen aber die beiden, die Christus annageln, und Maria und Johannes sind zu einer vertrauten Zweiergruppe zusammengefaßt. Hier sind aber die verhöhnenden Hohenpriester und Schriftgelehrten dargestellt, von denen Matthäus (27,41–43) berichtet.

e) *Oben Mitte:* Umgeben von den vier Wesen, die durch ihr Buch als Evangelisten gekennzeichnet sind, thront Christus auf dem Regenbogen umgeben von der Mandorla, mit der Linken hält er das Buch des Lebens; die Rechte ist erhoben, als wenn er reden und zum Hören auffordern wolle. Die Füße stehen auf einem Halbrund, der wohl die Erde bedeuten soll. Er ist der Richter, der ein ernstes Gesicht macht, dessen Urteil unumstößlich ist.

f) *Oben links:* Auch hier bildet Christus die Mitte des Bildes. Auch hier sitzt er, aber nicht auf einem Regenbogen und die Erde ist nicht der Schemel seiner Füße. Hier ist es ein Thronsitz, der, wie es die Zeichnung vermuten läßt, mit einem Teppich bedeckt ist. Rechts und links von ihm

---

[14] Die Berichte über das Leiden Christi, die sogenannten Passionen finden sich Mt 26, 14–27,66; Mk 14,1–15,47; Lk 22,14–23,56; Jo 18,1–19,42. Sie werden in der Liturgie der Karwoche in folgender Weise vorgelesen: Mt, Mk und Lk am Psalmsonntag wechseln nach den Lesejahren A, B und C. Die Johannespassion wird alljährlich am Karfreitag vorgelesen. Nach dem alten *Missale Romanum,* das bis 1970 gültig war, waren die Passionen so aufgeteilt: Palmsonntag Mt, Dienstag Mk, Mittwoch Lk und Karfreitag Jo.

[15] Abb. 13 u. 15.

Petrus und Paulus. Jedem streckt er eine Hand hin. Christi Arme sind weit ausgebreitet, so als wollte er sagen: Kommt[16] alle zu mir, die ihr mühselig und beladen seid, ich will euch erquicken! Das Gesicht des Herrn strahlt Güte aus.

g) So darf man wohl aus dem *Gesamtbild* herauslesen: Gott erniedrigt sich aus Liebe zu uns, um uns zu sich emporzuheben. Er wird wirklicher Mensch, wenn auch auf eine ungewöhnliche Weise, da eine Jungfrau seine Mutter ist. Er liegt in einem Stall zwischen den Tieren der Herde. Diese Botschaft geht zuerst an die Hirten, die so zu Verkündern der Frohen Botschaft von Gottes Güte und Liebe werden. Aber diese Botschaft soll in die ganze Welt hinausgehen, deshalb werden wiederum Menschen mit der Verkündigung, der Mission, beauftragt. Petrus und Paulus stehen für alle mündigen Christen! Der Inhalt ihrer Verkündigung ist vor allem das, was die Mitte kündet, Gottes Erniedrigung und seine Erhöhung. Was Augustinus in die klassischen Worte kleidete: Gott[17] wurde Mensch, damit der Mensch vergöttlicht werde!

2. Die Inschriften.

Sie sind mehrfach auch in deutscher Übersetzung veröffentlicht[18], dennoch sollen sie hier nicht fehlen. Dabei wird die Reihenfolge eingenommen, die das Diagramm vorzeichnet, also von rechts oben nach links unten u.s.w.

O. r.: Íntroitús mortís/ fit et ópposité via sórtis:
Fémina dámnavít/ quos fémina sálvificávit.

U. l.: Pónderibús natúm/ pecus ésse probát geminátum,
Póndera nóstrorúm/ qui vénit férre malórum.

U. r.: Mórs quibus ínstabát/ et quós nox átra gravábat,
Índice vérací/ reddúntur cáelite páci.

O. l.: Áuspició parilí/ donó ditántur herílí:
Huíc sera célorúm/ tibi dógma datúr populórum.

U. M.: Quíd mors díra furís/ vitámque tuí fore iúris
Ésse putás? Cessá/ nec prémia stúlta capéssa:
Quánto tú plurá/ querés perdés tua iúra.

O. M.: Quód mens híc gestát/ verbúm Patris híc maniféstat:
Díctat opém mundó/ sapiéncia córde profúndo.

Im folgenden nun die Übersetzung dieser Verse mit den erklärenden Zwischenschüben, wie sie E. Arens[19] zusammen mit der Rekonstruktion des lateinischen Textes anfertigte:

O. r.: Der Eintritt des Todes (in die Welt durch den Sündenfall) wird auch zum Wege des entgegengesetzten Loses (der Erlösung zum Leben): Eine Frau[20] hat (die Menschen) ins Verderben gestürzt, und eine Frau[21] hat sie wieder zum Heil gebracht.

U. l.: Die (beiden) zusammengeketteten Tiere (Ochs und Esel) erweisen, daß Er geboren ist, der da kam, die Ketten unserer Sünden[22] zu tragen.

U. r.: Die Menschen, denen der Tod drohte und welche schwarze Nacht beschwerte, werden durch den himmlischen Boten dem wahrhaftigen Frieden wiedergegeben.

O. l.: Durch des Herren Gnade werden (beide) mit gleichem Geschenke bereichert: diesem[23] ist die Pforte zum Himmel verliehen, dir[24] aber die Lehre der Völker.

U. M.: Was rasest du, grauser Tod, und wähnst, das Leben sei in deiner Gewalt? Hör' auf, törichten Preis zu ergattern: je mehr (Rechte) du in Anspruch nimmst, desto mehr wirst du deine Rechte einbüßen.

O. M.: Was der Geist hier trägt, des Vaters Wort (der Logos) hier offenbart: das schreibt die Weisheit vor aus tiefem Herzen als Hilfe für die Welt.

---

16 Mt 11,28; voraus geht der sogenannte *Jubilus Christi,* in dem der Glaube der Kleinen und Unmündigen gepriesen und dem Wissen der Weisen und Klugen dieser Welt gegenüber gestellt wird.

17 De civitate Dei XXI,15, CC 48, Tournholti 1955, S. 781: ... *factus est hominis filius, ut nos, natura filii Dei per illum gratia fieremus* – ... er wurde Sohn der Menschen, um uns, die wir von Natur aus Söhne von Menschen sind, durch ihn aus Gnade Söhne Gottes würden.

18 Ed. Arens, Philologische Studien zu rheinischen Inschriften II, AHVNrh 118 (1931), S. 36 ff.; Zehnder, S. 424 f.

19 Vgl. Anm. 18.

20 Eva.

21 Maria.

22 Vgl. 1 Petr 2,24: Er hat unsere Sünden mit seinem Leib auf das Holz des Kreuzes getragen, damit wir tot seien für die Sünden und für die Gerechtigkeit leben.

23 Petrus.

24 Paulus.

So ist die Reihenfolge, wenn wir das Schema gelten lassen, das vorhin dargelegt wurde. Die einzelnen Strophen könnten auch eine andere Reihenfolge haben, da eigentlich jede eine in sich geschlossene Einheit darstellt. Dennoch scheint es sinnvoll zu sein, den Beginn des Todes durch die Sünde der Stammeltern an den Beginn zu setzen und seine Überwindung durch die Heilstat Christi stufenweise darzulegen und zu enden mit dem Geist, der sich im Logos offenbart.

Rein formal macht allerdings der Text, der die Kreuzigung deutet den Eindruck der Schlußstrophe, denn sie besteht nicht aus zwei, sondern drei Versen. Eventuell könnte der Schlußvers auch als Pentameter gelesen werden, dann müßten aber ein paar Worte umgestellt werden, damit der Reim zwischen Zäsur und Endung nicht verloren geht. So würde dann dieser Vers aussehen:

Quánto tu plúra querés/ túa iúra perdés.

Dann würde das ganze Gedicht mit einem Distichon enden, ähnlich, wie es auch die Inschrift des Gregorius-Tragaltars[25] kennt. Dennoch scheint mir vom Sinn und auch vom Aufbau her die Strophe mit der Vollendung der Erlösung durch den Logos besser den Schlußpunkt der Inschrift zu setzen.

B. Die Seitenwände

1. Zehnder[26] beschreibt sie so: „An der vorderen Längsseite das ‚letzte Abendmahl'. An einer Tafel sitzen Christus und zehn Jünger; davon sechs in liturgischer Gewandung. Ein Jünger kniet vor dem Tisch – wohl nicht Judas, wie gemeint –, um das Brot zu empfangen. Auf dem Tisch verschiedenes Gerät. Von links nähern sich zwei Engel in langen Gewändern mit Gefäßen (Lampen?) – eine ganz ungewöhnliche Zusammenstellung".

Hierzu gleich ein paar Anmerkungen und auch Deutungen.

a) Mit dem knienden Jünger ist sicher nicht Judas gemeint, denn dann müßten zwölf Apostel dargestellt sein. Judas muß bereits den Kreis der Jünger verlassen haben[27]. Die liturgischen Gewänder sollen wohl besagen, daß hier das dargestellt ist, was in der Feier der Eucharistie immer

---

[25] Vgl. V 4.

[26] Zehnder, S. 422, Abb. 16.

[27] Nach Jo 13,30 ging Judas nach der Fußwaschung weg. Da aber Johannes das Abendmahl nicht schildert, sondern statt dessen die langen Abschiedsreden bringt, wissen wir nicht, ob dieses Mahl schon vor der Fußwaschung stattfand. Nach Mt 26,20–25 hätte er dabei sein können.

wieder Gegenwart wird. Hat doch Christus seinen Jüngern aufgetragen bei diesem Mahl: „Tut dies zu meinem Gedächtnis". Es sei auch daran erinnert, daß der älteste Bericht über das Abendmahl im ersten Korintherbrief zugleich eine Anweisung ist, wie dieses Mahl gefeiert werden soll. Anlaß zu dieser Mahnung sind Mißstände, die die Würde der Feier befleckten. Es sei auch noch angemerkt, daß in diesem Bericht die Worte Christi beim Brechen des Brotes und über den Kelch den Wandlungsworten in der heiligen Messe am nächsten kommen. Die Berichte in den Evangelien weichen alle im Text mehr davon ab. Eine Gegenüberstellung kann das verdeutlichen:

1 Kor 11,23–25:

Denn ich habe vom Herrn empfangen, was ich euch dann überliefert habe: Jesus, der Herr, nahm in der Nacht, in der er ausgeliefert wurde, Brot, sprach das Dankgebet, brach das Brot und sagte: Das ist mein Leib für euch. Tut dies zu meinem Gedächtnis! Ebenso nahm er nach dem Mahl den Kelch und sprach: Dieser Kelch ist der Neue Bund in meinem Blut. Tut dies, sooft ihr daraus trinkt zu meinem Gedächtnis!

1. Hochgebet:

Am Abend vor seinem Leiden nahm er das Brot in seine heiligen und ehrwürdigen Hände, erhob die Augen zum Himmel, zu dir seinem Vater, dem allmächtigen Gott, sagte dir Lob und Dank, brach das Brot, reichte es seinen Jüngern und sprach: Nehmet und esset alle davon: Das ist mein Leib, der für euch hingegeben wird. Ebenso nahm er nach dem Mahl diesen erhabenen Kelch in seine heiligen und ehrwürdigen Hände, sagte dir Lob und Dank, reichte den Kelch seinen Jüngern und sprach: Nehmet und trinket alle daraus: Das ist der Kelch des neuen und ewigen Bundes, mein Blut, das für euch und für alle vergossen wird zur Vergebung der Sünden. Tut dies zu meinem Gedächtnis.

Der kniende Jünger dürfte wohl darauf hindeuten, daß man zu der Zeit, als das Reliquiar geschaffen wurde, also um 1200, die heiligen Kommunion nicht stehend empfing, sondern kniend.

b) Verschiedenes Gerät ist auf dem Tisch abgebildet. Man erkennt Teller, Messer, Trinkbecher, aber auch drei dreieckige Teile, die vielleicht Brotschnitten sein sollen, denn ein viertes Teil, das vor dem vierten Apostel von rechts liegt, sieht aus wie eine ganze Brotscheibe, während die anderen drei eine halbe darstellen können. Fünf Speiseschalen mit einem hohen Fuß fordern unsere besondere Aufmerksamkeit, denn auf jeder liegt ein Fisch. Nun wissen wir ja, daß Jesus mit seinen Jüngern zusammengekommen war, um das Paschamahl[28] mit ihnen zu feiern. Dabei wurden aber keine Fische gegessen, sondern es wurde das Paschalamm geschlachtet, dazu kam ungesäuertes Brot und Bitterkräuter, die an die bittere Zeit in Ägypten erinnern sollten. Deshalb die Frage, ob mit diesen Fischen nicht ein Hinweis auf Christus gegeben werden soll. Seit altchristlicher Zeit ist nämlich der Fisch ein Geheimzeichen, das auf Christus hindeutet, ja einen als Christen kenntlich macht. Griechisch heißt Fisch nämlich Ichthys. Die einzelnen Buchstaben dieses Wortes bedeuten aber:

I	Jesus	Jesus
Ch	Christos	Christus
Th	Theou	Gottes
Y	Hyios	Sohn
S	Soter	Retter

So konnte man sich zu Zeiten der Verfolgung als Christ bekennen, wenn man z. B. mit einem Stock in den Boden mit einfachen Strichen einen Fisch zeichnete.

c) Nun zu den beiden Engeln! Zehnder vermutet in den beiden Gefäßen, die sie in Händen halten, Lampen. Mir scheinen die beiden Gefäße aber ganz eindeutig Trinkgefäße zu sein, wie sie auch auf dem Tisch stehen. Sie erinnern übrigens an die bekannten Siegburger Trichterbecher. Durch das Hinzutreten der Engel dürfte das dargestellt worden sein, was im ersten Hochgebet, dem römischen Kanon der heiligen Messe nach der Wandlung in dem Gebet *Supplices te rogamus* gesagt wird: „Wir bitten dich, allmächtiger Gott, dein heiliger Engel trage diese Opfergabe auf deinen himmlischen Altar vor deine göttliche Herrlichkeit ..." Sie treten also offensichtlich hinzu, um an diesem Geschehen Anteil zu haben, von den Gaben zu empfangen, die der Herr an seine Jünger austeilt, seinen Leib und sein Blut. Deshalb auch die zwei Engel mit den beiden leeren Gefäßen! So soll das geschehen, was das Gebet weiter aussagt: „... und wenn wir durch unsere Teilnahme am Altar den heiligen Leib und das Blut deines Sohnes empfangen, erfülle uns mit aller Gnade und allem Segen des Himmels". So soll also in diesem Abendmahl die Wechselwirkung irdischen Tuns und seiner Erfüllung im Himmel und wiederum der himmlischen Liturgie auf unsere irdische Wirklichkeit bewußt gemacht werden.

2. Die übrigen drei Seiten beschreibt Zehnder[29] so: „An der rechten Schmalseite thront Maria mit dem Kinde auf einem Drachenstuhl (Beine aus Vogelfüßen und Tierköpfe an den Seiten des Sitzes) zwischen Petrus und Paulus (mit Attributen, einer Heiligen und einem Heiligen mit langer Rolle in der Hand".
Die hintere Längsseite[29a] und die linke Schmalseite zeigen Christus im Kreise von 13 Aposteln auf einer durchlaufenden langen Bank sitzend. Christus mit einem großen Kreuz in der Hand, die Apostel mit Rollen, Büchern und Bändern (ohne Text)".
Leider sind bei einer Restaurierung, ob 1819 oder 1901/03 ist nicht mehr feststellbar, die beiden Schmalseiten vertauscht worden. Maria und die vier begleitenden Heiligen gehören an die linke Seite, die fünf Apostel an die rechte, denn dann nimmt Christus die ungefähre Mitte zwischen den Aposteln ein. Ferner läuft dann die lange Bank, auf denen sie Platz genommen haben, über Eck weiter.

a) Nun einige Beobachtungen zu den Aposteln. Fünf tragen ein Buch in Händen, während sieben ein Schriftband halten. Petrus sitzt zur Rechten des Herrn; er ist an den Schlüsseln erkennbar, die von seiner Rechten gehalten werden. Ein Apostel sitzt nicht mit den anderen gemeinsam auf der Bank, sondern wie Christus auf der Deckplatte auf einem Regenbogen; seine Füße auf dem Rund der Erde. Ist hiermit vielleicht Paulus gemeint, der ja nicht zu Lebzeiten des Herrn zu den Aposteln zählte? Soll mit diesen sonst nur Christus zukommenden Attributen – Regenbogen und Erde – angedeutet werden, daß er der ist, der am meisten Christus verkündet hat und zum Apostel für die Heidenvölker[30] wurde? Er trägt ein Buch in der Hand. Heute ist er auf der linken Seite von links aus gesehen der Erste. Ursprünglich bildete er auf der gegenüberliegenden Seite den Abschluß. Damit sollte wohl angedeutet wer-

---

[28] Mt 26,17 und Par. Vgl. auch den Artikel Paschamahl im LThK.
[29] Zehnder, S. 422.
[29a] Abb. 18.
[30] Vgl. Gal 2,8.

den, daß er als Letzter berufen wurde. Die übrigen vier Apostel, die ein Buch tragen, dürften wohl die beiden Evangelisten Johannes und Matthäus sein, ferner die, von denen ein Brief überliefert ist, nämlich Jakobus und Judas. Man könnte nun versuchen festzustellen, wer welcher Apostel ist oder sein sollte. Dann würde sich aber ein ähnliches Puzzle-Spiel ergeben, wie wir es bei der Rekonstruktion des Mauritius-Schreines[31] gespielt haben. Sicher ist, daß bei 13 Aposteln sowohl Paulus wie auch Matthias dazu gehören.

b) Zum Gesamtbild kann man noch fragen: Soll hier vielleicht dargestellt werden, was Christus dem Petrus sagt, als er ihn um den Lohn für seine Nachfolge fragt: „Amen[32], ich sage euch: Wenn die Welt neu geschaffen wird und der Menschensohn sich auf den Thron der Herrlichkeit setzt, werdet ihr, die ihr mir nachgefolgt seid, auf zwölf Thronen sitzen und die zwölf Stämme Israels richten". Hier sind zwar keine Throne dargestellt, aber eine lange Bank, auf denen die Apostel zusammen mit dem Herrn sitzen, der das Kreuz wie ein Zepter in seiner linken Hand hält, die Rechte zum Schwur erhoben

3. Die *rechte Schmalseite:* Hierzu sagt Zehnder[33]: „... thront Maria mit dem Kinde auf einem Drachenstuhl (Beine aus Vogelfüßen und Tierköpfe an den Seiten des Sitzes) zwischen Petrus und Paulus (mit Attributen), einer Heiligen und einem Heiligen mit langer Rolle in der Hand".

a) Mir scheint, daß dieses Bild einer Deutung, einer Erklärung bedarf. Dabei dürften auch sicher Fragen offen bleiben. Beginnen wir mit Maria, der Mitte des Bildes. Sie sitzt auf einem „Drachenstuhl". Die Vogelfüße sind stabile Raubvogelkrallen, die beiden seitlich herausschauenden Tierköpfe lassen auch nicht viel Gutes ahnen. Maria thront auf einer Chimäre, halb Vogel, halb Schlange, Fisch oder auch sonst ein Raubtier. Es soll wohl das Böse oder besser den Bösen darstellen, den sie durch ihren Gehorsam, ihr Ja[34] zu Gottes Auftrag an sie, überwunden hat. Man denkt unwillkürlich an die dunkle Verheißung aus dem Buch Genesis nach der Schilderung des Sündenfalls (3,15): „Feindschaft setze ich zwischen dich und die Frau, zwischen deinem Nachwuchs und ihrem Nachwuchs". Jesus auf ihrem Schoß ist schon recht groß. Eindeutig ist er

[31] Vgl. III,C.
[32] Vgl. Mt 19,27–30.
[33] Zehnder, S. 422, Abb. 17.
[34] Vgl. Lk 1,26–38; vor allem das Wort Marias: „Ich bin die Magd des Herrn; mir geschehe, wie du es gesagt hast" (V. 38).

gekennzeichnet durch den Nimbus mit dem Kreuz. Sein rechter Zeigefinger liegt auf dem Kinn der Mutter. Will er sie liebkosen oder zeigt er auf sie hin; oder ist sogar beides gemeint? Vielleicht schon ein Hinweis auf das, was am Kreuz seine Erfüllung fand: „Als Jesus seine Mutter sah und bei ihr den Jünger, den er liebte, sagte er zu seiner Mutter: Frau, siehe dein Sohn! Dann sagte er zu dem Jünger: Siehe deine Mutter!" (Jo 19,26f). Nach Auffassung der Väter gab damit Jesus uns allen Maria zur Mutter.

Direkt neben Maria stehen Petrus und Paulus. Petrus ist eindeutig durch die beiden Schlüssel, die er in seiner Rechten hält, erkennbar. Paulus wird weniger eindeutig durch das Buch in seiner linken Hand als der zweite der Apostelfürsten dargestellt. Warum flankieren sie Maria mit dem Kind? Als Stellvertreter der ganzen Kirche? Das könnte der Grund sein, denn alle Apostel sind schon mit Jesus und auch beim Abendmahl an den Wänden vertreten. Außerdem mußte bei der Platzbeschränkung eine Auswahl auf das Nötigste erfolgen.

b) Wer sind aber die beiden anderen Gestalten, „die[35] Heilige und der Heilige mit langer Rolle in der Hand"? Könnte mit der neben Petrus stehender Heiligen nicht Elisabeth, die Mutter des Täufers Johannes, und der rechts außen stehende Heilige nicht dieser selbst sein? Dazu folgende Überlegungen: Elisabeth[36] wird im vorgerückten Alter noch Mutter. Ihre Kusine Maria besucht sie. Durch das Hüpfen des Kindes[37] in ihrem Schoß merkt sie, wer sie eigentlich besucht: Der Messias! Lukas berichtet weiter: „Da[38] wurde Elisabeth vom Heiligen Geist erfüllt und rief mit lauter Stimme: Gesegnet bist du mehr als alle anderen Frauen, und gesegnet ist die Frucht deines Leibes. Wer bin ich, daß die Mutter meines Herrn zu mir kommt". Damit wird sie zur Prophetin, die sowohl die Größe Christi wie die Würde und Aufgabe Mariens verkündet. Ihr Wort wird deshalb im Anschluß an den Gruß des Erzengels Gabriel zu einem Teil des „Ave Maria", dem meistgebeteten Gebet in der katholischen Kirche nach dem „Vater unser".

c) Der rechte Heilige mit der langen Rolle könnte Johannes der Täufer sein. Mit der Buchrolle könnte das ganze Alte Testament gemeint sein, das er Christus darreicht, der ja auf dem Schoß seiner Mutter sitzt. Damit könnte angedeutet werden, daß mit ihm der Alte Bund ein Ende hat. Das Neue

---

35 Zehnder, S. 422.
36 Vgl. Lk 1,5–25; 57–80.
37 Lk 1,41.
38 Lk 1,42/43.

beginnt mit Christus, dessen Wege[39] er bereiten soll. Es könnte aber auch ein Schriftband bedeuten, auf dem die Worte stehen müßten: „Siehe, das Lamm Gottes, das die Sünde der Welt hinwegnimmt" (Jo 1,29). Wie die Gestalt aber diese Rolle hält, wird eher angedeutet, daß hiermit die Schriften des Alten Testamentes gemeint sind, denn sie berührt die Schriftrolle nicht mit den Händen, sondern mit dem vorne hochgenommenen Obergewand. Ofensichtlich doch eine Geste der Ehrfurcht! Diese Ehrfurcht vor dem Wort Gottes zeigt sich bis heute im Gottesdienst der Synagoge, denn die Thorarolle wird nicht mit den bloßen Händen angefaßt, sondern mit dem eigens hierfür angelegten Tuch, das dem Segensvelum der katholischen Kirche ähnelt. Der Vorsteher weist mit einem Stab auf die vorzulesende Stelle und der Lektor umhüllt seinen Finger mit einem Gewandzipfel, um die Zeile zu verfolgen. Die gleiche Ehrfurcht spricht auch aus dem Bild eines Leviten im Siegburger Psalterium von Wien, das Monumenta Annonis, S. 234, abgebildet ist. Hier hält der Diakon das Evangelienbuch mit einer Gewandfalte fest.
Die geöffnete Rolle könnte vielleicht darauf hindeuten, daß das Alte Testament erfüllt ist im Neuen Bund.

d) Wenn man das Gewand etwas näher betrachtet, so könnte auch der Vater Johannes des Täufers gemeint sein, nämlich Zacharias, der ja auch gut zu seiner Gattin Elisabeth als letzte Repräsentanten des Alten Bundes passen würde. Von der Kleidung des Johannes berichtet z. B. Matthäus: „Johannes trug ein Gewand aus Kamelhaaren und einen ledernen Gürtel um seine Hüften" (3,4). Das Kleid aber, das der Heilige anhat, den wir hier betrachten, ist ein weit wallendes Obergewand und ein knöchellanges Unterkleid. Über die Gewänder der Priester handelt das 28. Kap. des Buches Exodus. Dort wird neben Lostasche, Efod und Turban auch bestimmt, daß der Priester Obergewand, Leibrock aus gewirktem Stoff und einen Gürtel tragen soll. Zacharias war aber, wie Lukas berichtet ein Priester aus der Klasse des Abija (1,5). Nach der Geburt seines Sohnes wurde sein verstummter Mund wieder geöffnet, und er dichtete das Lied auf die Barmherzigkeit Gottes, das *Benedictus*, das die Kirche jeden Morgen im Frühgottesdienst singt. So könnte das Schriftband in seinen Händen auf dieses *Canticum* (Lc 1,68–79) hindeuten.

[39] Vgl. z. B. Mk 1,2/3; dort wird Is 40,3 zitiert, das in Johannes seine Erfüllung gefunden habe.
[40] Zehnder, S. 423.

C. Resümee

Diese Betrachtungen zeigen, daß das Andreasreliquiar wirklich, wie Swarzenski sagt, das „absonderlichste[40] Stück nordwestdeutscher Schmelzkunst“ ist. Das gilt nicht nur für die künstleriche Art der Darstellung, sondern in gleichem Maße für die Darstellung selbst. Hier sollte nur der Versuch gemacht werden, die Bilder und die Inschriften zu entschlüsseln, damit das Kästchen für uns nicht nur ein Objekt der Kunstbetrachtung ist, sondern uns etwas von dem erzählt, was es uns verkünden soll: Gottes Größe und seine Liebe zu uns!

REGISTER

In allen Registern wird nicht auf die Seitenzahl verwiesen, sondern mit einer römischen Ziffer auf den jeweiligen Artikel; die Unterteilungen sind im Inhaltsverzeichnis aufgelistet.

1. Zitate:

a. *Heilige Schrift:*

(Die in den Aufstellungen III E 2–4 zitierten Schriftstellen sind hier nicht aufgeführt):

T

Z

5. Namenregister

K

6. Ortsregister

7. Sach- und Stichwortregister
(Bei diesem Register wird keine Vollständigkeit erstrebt; vielmehr soll die getroffene Auswahl auf verschiedene Themen hinweisen):

U

V

W

Z

BILDTEIL

Bildnachweis:

Abtei Michaelsberg: 8, 9, 16, 18.
G. von Bank, Siegburg: 10.
Dechant K. Königs, Bonn-Schwarzrheindorf: 15.
KuL, Bistumszeitung Münster 1989, Nr. 52/53: 14.
H. Schmölz, Köln: 11–13, 17.
St. Servatius, Siegburg, Pfarrarchiv: 1–7.

1: Der Reliquienaltar von 1750

2: Annoschrein 1888, Kölner Seite

3: Annoschrein, Siegburger Seite

4: Annoschrein, 1888, Rückseite

5: Annoschrein 1888, Vorderseite

6: Mauritius-Tragaltar 1888

7: Gregorius-Tragaltar 1888

8: Die Emailplättchen vom Annoschrein in der heutigen Reihenfolge

V = Vorderer Giebel; H = Hinterer Giebel; L = Linke Seite (Märtyrer); R = Rechte Seite (Bischöfe)
B = Belecker Bilder von 1764; 1888 = Fotografien von 1888
(Die Zählung geht von links nach rechts)

V 1; B: Lu 1; 1888: V 1

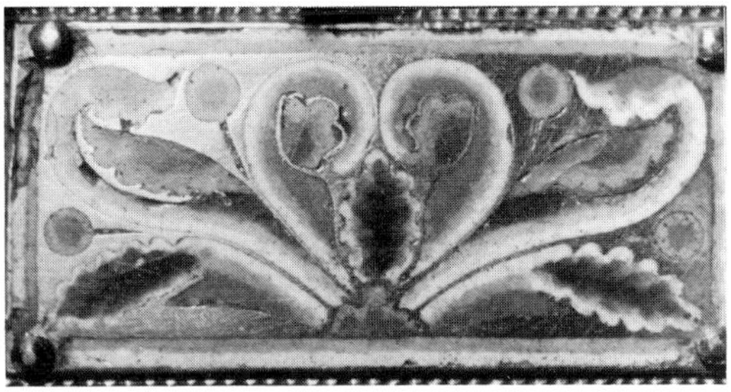

V 2; B: Lo 9; 1888: V 5

V 3; B: Ru 4; 1888: V 3

V 4; B: Ro 8; 1888: H 3

V 5; B: Ro 3; 1888: H 4

V 6; B: Lu 5; 1888: V 6

H 1; B: –; 1888: H 1

H 2; B: Lo 5; 1888: H 5

H 3; B: Lo 1; 1888: H 4

H 4; B: Ru 6; 1888: V 2

H 5; B: Lu 2; 1888: R 13

H 6; B: – ; 1888: H 6

L 1; B: Ro 5; 1888: L 1

L 2; B: Ro 6?; 1888: L 2

L 3; B: Ro 4 (Lȯ 7); 1888: L 3

L 4; B: Lu 6?; 1888: L 4

L 5; B: Hu 2; 1888: L 11

L 6; B: Lo 4; 1888: L 10

L 7; B: Lo 2; 1888: R 6 od. 7

L 8; B: Ro 2; 1888: L 8

L 9; B: Lo 10; 1888: L 7

L 10; B: Ro 10; 1888: L 9

L 11; B: Lo 3; 1888: L 5

L 12; B: Hu 1; 1888: H 2

L 13; B: Ro 5?; 1888: L 13

R 1; B: Ro 4; 1888: V 4

R 2; B: Ru od. Lu 3; 1888: E 2

R 3; B: Lo 2; 1888: R 11

R 4; B: Ro 9; 1888: R 3 od. 9

R 5; B: Ru 5; 1888: R 10

R 6; B?; 1888: R 8

R 7; B?; 1888: L 6

R 8; B: Lo 2; 1888: R 6 od. 7

R 9; B: Hu 3; 1888: R 5

R 10; B: 1888: R 4

R 11; B: Lo 6; 1888: R 3 od. 9

R 12; B: Ru 3; 1888: R 12

R 13; B: ; 1888: R 1

9. ANNOSCHREIN

Apostel und Evangelisten
Linke Seite: Markus – Matthäus

L 1: Evangelist Markus

L 2: Simon

L 3: Judas Thaddäus

L 5: Jakobus d. Ältere

L 4: Bartholmäus

L 6: Paulus

L 7: Matthäus

ANNOSCHREIN

Apostel und Evangelisten
Rechte Seite: Johannes – Lukas

R 1: Johannes

R 2: Petrus

R 3: Andreas

R 4: Thomas

R 5: Philippus

R 6: Jakobus d. Jüngere

R 7: Lukas

ANNOSCHREIN

Details

R 2: Kapitell mit Doppellöwen

R 4: Kapitell mit hundsköpfigen Vögeln

L 2: Kapitell mit Vögeln und Masken

L 3: Kapitell mit Vögeln

L 4: Kapitell mit Menschen und Affen

L 5: Kapitell mit Vögeln und Blattwerk

L 6: Kapitell mit Skorpionen

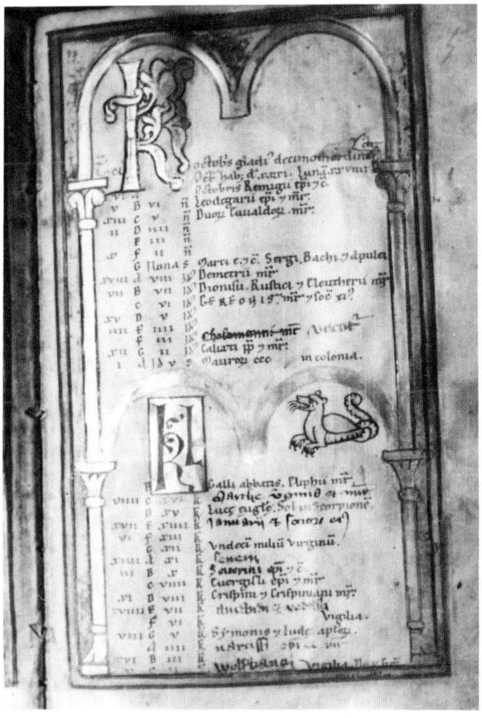

Siegburger Psalterium, Wien: Kalenderblatt Oktober mit Sternzeichen Skorpion

10: Vorderseite des Annoschreins nach den Belecker Bildern; Ausschnitt: Anno mit den Modellen der drei Kirchen von Siegburg, St. Georg und Mariengraden in Köln

11: Gregorius-Tragaltar, linke Seite mit dem Propheten Nahum und Malachias, sowie dem König Ezechias

12: Gregorius-Tragaltar: Deckplatte

Cäcilia | Ursula | Agatha | Katharina

Verkündigung | Geburt Jesu | Anbetung der Weisen | Darstellung im Tempel

Mauritius | Gereon | Georg | Merkurius

Taufe Jesu | Fußwaschung | Kreuzigung | Auferstehung

13: Andreas-Reliquiar, Deckplatte

Die Zuordnung der Bilder auf der Deckplatte des Andreasreliquiars:

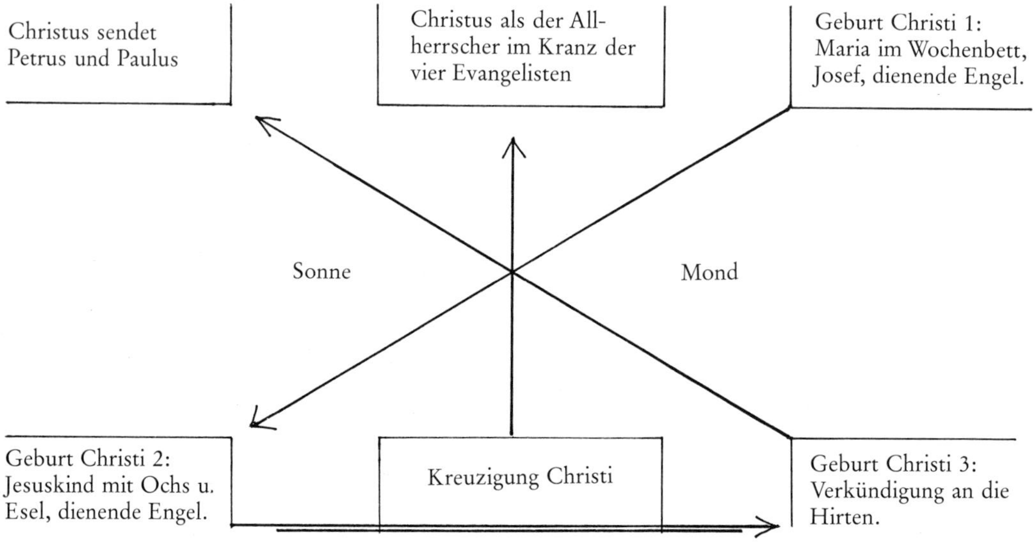

14: Weihnachtsbild aus Palästina, 6. Jh.

15: Schwarz-Rheindorf, Doppelkirche, Nordapsis

16: Andreas-Reliquiar, Vorderseite: Das Abendmahl

17: Andreas-Reliquiar, rechte Seitenwand. Maria mit Petrus und Paulus, Elisabeth und Zacharias?

18: Andreas-Reliquiar, linke Seite und Rückwand